私たちが命を守るためにしたこと

2019年台風19号、障害者施設〃けやきの郷〃の記録

社会福祉法人けやきの郷　編著

けやきの郷《さと》を襲った2019年台風19号

2019年10月12日、関東全域を台風19号による豪雨が襲い、埼玉県川越市にある「けやきの郷」近くを流れる越辺川《おっぺがわ》が氾濫。施設は浸水し、利用者と職員は救助を待つことになった。

【 10月13日 】

初雁の家は、1.8 m程水に浸かってしまった。

台風一過で広がる青空の下。これまでの景色を一変させた。午前５時。

越辺川の堤防は決壊し、広範囲にわたり浸水した。

10月13日早朝、川越市消防により、潮寮の利用者８名、第二潮寮５名（初雁の家利用者）、あかつき寮10名（しらこばとの家・七草の家利用者を含む）、支援スタッフ５名が救助された。

水が引き、惨状露わに

【 10月15日 】

水が引くと、床は泥や散乱している室内のもので埋め尽くされた。においもきつい。

部屋も浸水し、利用者の生活の場は失われた。

調理室では、大型冷蔵庫が流され、倒れた。

机の上の書類もすべて泥水に浸かり、床に散乱。重要データを保存していたパソコンの水没は、大きな痛手となった（法人本部）。

水が引いても、流れ込んだ大量のわらは初雁の家のあちらこちらに残ったままだった。

復興に向けて動き出す

被害の様子を報道各社が取材に訪れた。

調理室前の下足箱にも大量の土が残る。

たくさんのボランティアの方が手伝いに参加してくれた。

大量の廃棄物が園庭に積まれていく。

もとの位置にとどまるものはほとんどない。泥水の除去とごみの処理。気の遠くなる作業。

被災から一週間後、泥水と漂流物の処理が続く。

取り戻した日常

ワークセンターで弁当を作る利用者

やまびこ製作所

やまびこ製作所での利用者

周囲に残る豊かな自然

施設の周辺ではカワセミも
よくみかける。

近くを流れる大谷川沿いに群生するヒガンバナ。

社会福祉法人けやきの郷《さと》　概要

　義務教育修了後、適切な療育の場がなく在宅生活を余儀なくされていた「自閉症」をもつ子どもの親たち21人が、適切な療育の場を求めて１９８４年に埼玉県川越市に設立した自閉症総合支援施設。

「社会福祉法人けやきの郷」設立発起人会の発足は、１９７９年に遡る。自閉症スペクトラム障害を中心とする発達障害をもつ成人のための専門施設建設のための準備を着々と始めるものの、１９８１年に施設建設予定地で近隣住民の反対にあい、そこから再度建設候補地を探し、１９８５年に念願の最初の施設である障害者支援施設「初雁《はつかり》の家」（当時は精神薄弱者更生施設、定員50名、２０１１年より定員40名）を開所した。発達障害をもつ成人のための専門施設建設は、全国では２番目。障害者支援に関する様々な制度ができる前の設立であり、その後も全国に先駆け、次々に先取的な取り組みをしてきた。

　１９８９年には、木製パレット製作の作業棟を竣工。また、開所当初から入所施設としては、おそらく日本で初めて、利用者全員が地域に働く場所を見つけて、職員の運転するワゴン車で仕事に出るなどした。

　現在は、障害者支援施設「初雁の家」の他に就労継続Ａ型事業所「やまびこ製作所」（２０２１年１月より生活介護事業所）・多機能型事業所「ワークセンターけやき」・グループホーム５棟・障害者相談・地域支援センター「けやき」・埼玉県発達障害者支援センター「まほろば」を川越市内で展開している。

　２０１９年10月12日（土）、13日（日）に東日本を襲った台風19号により、「まほろば」を除く15施設（入所施設１棟入所施設作業棟４棟、Ａ型事業所３棟、多機能型事業所１棟、グループホーム５棟、相談・地域支援センター１棟）が、近隣を流れる越辺川堤防の決壊により、被害総額約４億円となる被害を受けた。

「けやきの郷」沿革

※2021年5月現在

1979年	「社会福祉法人 けやきの郷」設立発起人会の発足。
1981年	施設建設予定地での開所を近隣住民の反対のため断念。
1984年	「社会福祉法人けやきの郷」認可。
1985年	精神薄弱者更生施設（現：障害者支援施設）「初雁の家」 （当初定員50名、2011年より定員40名）を現地（川越）で開所。
1989年	「初雁の家」の作業棟として福祉工場の前身となる「やまびこ製作所」竣工。
1990年	埼玉県下初の知的障害者福祉ホーム「潮寮」開所（定員10名）。
1992年	初雁の家の作業班から独立（収益事業）「やまびこ製作所」設立。
1994年	知的障害者グループホーム「しらこばとの家」開所（定員７名）。
1995年	「やまびこ製作所」を増設、知的障害者福祉工場へ転換。 （定員20名）。
1998年	知的障害者グループホーム「第2潮寮」開所（定員５名：当時）。
1999年	知的障害者通所授産施設「ワークセンターけやき」開所（定員20名）。 8月、熱帯低気圧により浸水被害を受ける。
2002年	埼玉県からの委託事業として、埼玉県自閉症・発達障害支援センター 「まほろば」開所。
2004年	知的障害者グループホーム「七草の家」開所（定員７名）。
2006年	グループホームはケアホームへと移行。
2009年	「初雁の家」「やまびこ製作所」「ワークセンターけやき」 障害者自立支援法による施設へ移行。
2011年	ケアホーム「あかつき寮」開所（定員７名）。
2014年	指定特定相談支援事業「相談支援室けやき」開所。 ケアホームはグループホームに移行。
2019年	台風19号の被害を受ける。
2020年3月25日	2019年10月から約５か月の厳しい避難生活を経て、 「初雁の家」が完全復旧。
2020年4月13日	ワークセンターけやきの授産活動完全復活。
2020年6月	法人各事業所の完全復旧がなされた。
2021年1月	「やまびこ製作所」が就労継続A型事業所から生活介護事業所に変更。

所在地　〒350-0813　埼玉県川越市平塚新田高田町162
代表者　理事長　阿部叔子
設立年月日　1984年（昭和59年）10月
職員数　111名（内パート44名）
業務内容　■初雁の家（障害者支援施設）
■やまびこ製作所　（生活介護事業所）
■ワークセンターけやき（多機能型事業所）
■グループホーム 潮寮（全5棟）
■埼玉県発達障害者支援センター　まほろば
■障害者相談・地域支援センターけやき（相談支援・生活サポート事業・短期入所事業）

〈事業展開〉

◆初雁の家（障害者支援施設） 知的障害をあわせもつ自閉症の方たちの自立を目指し設立。法人内唯一の入所施設。40名中30名が強度行動障害をもつ。

◆やまびこ製作所（就労継続支援A型、2021年1月より生活介護事業所に変更） 初雁の家で作業班を創設し、積極的に地域社会へ作業の場を求め参加してきたことが起源。1995年には福祉工場（雇用型）として新たな出発をし、2009年より就労継続支援A型として27名の利用者と9名の支援スタッフが働いていたが、水害とコロナの影響をもろに受け、2021年1月より生活介護事業所に変更。

◆ワークセンターけやき（多機能型事業所） 就労継続支援多機能型事業所として、作綿、弁当製造・配達、老人保健施設の清掃などさまざまな職種を手がける。

◆グループホーム 20～60代の知的障害と自閉症をあわせもつ男女35人が生活。潮寮の他4棟がある。今回の台風19号で潮寮の利用者8名、第2潮寮5名（初雁の家利用者）、あかつき寮10名（しらこばとの家・七草の家利用者を含む）、支援スタッフ5名が救助された。

◆まほろば（埼玉県発達障害者支援センター） 埼玉県の公募を経て業務委託を受け、運営。埼玉県の発達障害者支援の中核を担う支援機関として、電話やメール相談・来所相談、「就労支援準備アセスメント」の実施、研修事業や県内を保健福祉圏域に分けて開催する地域巡回支援事業などを展開する。

◆障害者相談・地域支援センターけやき（相談支援・生活サポート事業・短期入所事業） 相談支援事業（川越市障害者等相談支援事業・指定特定相談支援事業所・障害児相談支援事業）、埼玉県障害児者生活サポート事業、単独型短期入所事業を実施。

はじめに

社会福祉法人けやきの郷　理事長　阿部叔子

私たち、社会福祉法人「けやきの郷」が、『私たちが命を守るためにしたこと――2019年台風19号、障害者施設〝けやきの郷〟の記録』を是が非でも公にしなければならないと思ったのは、被害にあった直後、いや、その瞬間です。

浸水しやすい地域に建てざるを得なかったこと、浸水を防ぐために地域ぐるみの運動でポンプ場を設置して、そのための新しい堤防もでき、この20年間守られてきたはずなのに。泥水、わらくず、流木、コンテナ――まるで津波にあったように押し流されてきた「もの」で、この35年間、重い知的障害をあわせもつ「自閉症」の人たちの生活の場、働く場、やすらぎの場、人との出会いの場など、築いてきたものすべてが失われてしまった……。その状況を目の当たりにした時、涙・怒り・後悔……といった様々な思いの中で、「検証としての記録、未来への記録」を残さなければならないと思ったからです。

けやきの郷は、1985年当時、義務教育を終わっても行き場のない重い知的障害をあわせもつ自閉症の親21名が発起人となって設立した成人期の自閉症専門施設です。本文に記したように地元住民の反対にあい、発起人会設立から7年かかって、最初の施設である障害者支援施設「初雁の家」を開所。以後、別図（P10）にありますように、働く場、地域で生活する場等を作ってきました。

「初雁の家」の位置するところは、正面を大谷川が流れ、そこに越辺川が合流。さらに小畔川、入間川に囲まれた地域で、ハザードマップでは、「浸水想定地域」。つまり浸水が最も懸念される場所（浸水深3～5ｍ）となっています。

なぜこのような地に建てざるを得なかったのかを含め、「命を守ること」が最大の責務である私たちが、幸い命は守れたものの、いろいろなすべきことはあったはず、という問いから、これからどうあるべきかを共有するべきと考えたのが、この記録集の根幹です。

本書の中で、最大のキーワードが「地域」「仲間」です。

泥水の中で孤立する我々を引っ張り上げ、救ってくれたのは、地域の人たち、仲間の施設でした。これからの危機管理――例えば避難にしても――地域の力が必要です。「どんなに障害が重くても地域の中で生きる」ことを理念に掲げているけやきの郷が、これからも利用者一人一人の命を守り、輝かせていくのは、地域作りの中でしかありません。

そんな意味をこめた記録集が、少しでも「共生社会」への一歩を踏み出すために役に立つことができれば、こんなうれしいことはありません。

そして、私たちに寄り添い、お力、智恵、尊い義援金をお寄せ下さったすべての方に心からの感謝と御礼を申し上げさせていただきます。

刊行に寄せて ―推薦のことば―

過去は変えられなくとも、未来を変えるために

発達障害者の支援を考える議員連盟 会長代行 衆議院議員 野田聖子

この度の『私たちが命を守るためにしたこと―2019年台風19号、障害者施設〝けやきの郷〟の記録』の出版にあたり、一言ごあいさつをさせていただきます。

本書を編纂《さん》された社会福祉法人けやきの郷は、まさに2019年（令和元年）の台風19号による被害を受けられた施設です。

私は台風被害からの復旧が一段落した頃、けやきの郷の皆さんより、台風被害の現状や行政に求める支援のあり方、そして何より施設利用者に対するケアの困難さについて聞か

せていただき、実際の経験にもとづいたご意見から様々なことを学ばせていただきました。その記録をまとめた本書は、同様の施設運営を行っている方のみならず、多くの方々の防災・減災への取り組みに大いに参考になるかと存じます。

近年、私たちの想定をはるかに超えた自然災害が頻発し、それにより多くの方々の生命・財産が脅かされています。

過去は変えられなくとも、未来は変えられます。本書がそのきっかけとなることを願います。

「絶対に入居者を守る。必ず乗り越える」という姿が今も焼きつく

埼玉県議会議員　深谷顕史

社会福祉法人けやきの郷より『私たちが命を守るためにしたこと―2019年台風19号、障害者施設〝けやきの郷〟の記録』が出版されますことを、大変意義あることとお喜び申し上げます。

令和元年台風19号によって入間川流域に甚大な被害が発生した当時、私は地元の県議会議員として無我夢中で被災現場を走り回っていました。初雁の家や避難所となった体育館も訪問し、阿部叔子理事長、やまびこ製作所事業所長(当時)伊得正則氏、けやきの郷総務部長 内山智裕氏との出会いがあったのです。

「絶対に入居者を守る。必ず乗り越える」と、苦難に立ち向かい、懸命に前を向く皆様の姿が今もまぶたに焼きついて離れません。

以来、何度となく意見交換を続け、課題解決のために微力ながら奔走してきました。

令和元年（２０１９年）12月定例県議会一般質問で、私は訴えました。「初雁の家は、幾多の反対運動を乗り越え設立まで7年かかり、１９８５年に設立されました。そのことは、施設が水害リスクの高い川沿いに位置していた理由でもあります。こうした背景を踏まえ、私は政治の責任において今後の施設の将来、そして入居者の方々の未来をあらゆる角度から最大限に支援していくべきと考えます」と。

この決意のままに、本書によって顕在化した課題解決のために、今後もけやきの郷の皆様と共に歩んでいくことを、お誓い申し上げます。

むすびに、社会福祉法人 けやきの郷の益々のご発展と皆様方のご健勝を心より祈念申し上げます。

けやきの郷の闘いを今後の災害時の障がい者支援のお手本に

一般社団法人日本自閉症協会 会長　市川宏伸

２０１９年の台風19号で、日本を代表する自閉症者施設であるけやきの郷は、水害という大きな災害に見舞われてしまいました。

驚くべきことに、この施設は20年ほど前にも水害にあっているのです。

災害時における障害者への支援の一つとして、特別な配慮を必要とする方々を受け入れるための設備や人材を備えた福祉避難所が存在しますが、実際に機能しているとはいえない状況にあります。

この本を読むと、けやきの郷の担当の方々は、それぞれの立場で冷静に水害に向かいあっているのがわかります。

これらの行動は、他の施設にもお手本になる素晴らしい対応だと思いました。

目　次

第2章　共助の力

第1章

2019年10月12日、13日の台風19号による被害・経過・課題

記録的な大雨をもたらした台風19号上陸 その時、けやきの郷はどう動いたか

序章として――けやきの郷はなぜ2度の水害にあったか

社会福祉法人けやきの郷 理事長　阿部叔子

16施設のうち15施設が水害にあい、約4億円の被害を受ける

２０１９年10月12日（土）、13日（日）に東日本を襲った台風19号により、社会福祉法人けやきの郷は、「まほろば」（埼玉県より委託を受けた発達障害者支援センター）を除く15施設（入所施設１棟、入所施設作業棟４棟、就労継続支援Ａ型事業所３棟、就労継続支援Ｂ型・生活介護事業所１棟、グループホーム５棟、障害者相談・地域相談支援センター１棟）が被害を受けた。近隣を流れる越辺川の決壊によるもので、被害総額は約４億円にのぼった。

けやきの郷の法人設立は１９８４年10月。最初の施設である障害者支援施設「初雁の家」（当時は精神薄弱者更生施設、定員50名、２０１１年より定員40名）の開所は、１９８５年7月である。

「はじめに」にも記したが、初雁の家は、川に囲まれた場所にある。

まず、正門前面には西から東にかけて流れる大谷川《おおやがわ》。この川は、通常は用水路ほどの流れといってもよいが、初雁の家から東へ300mほどの地点で一級河川の越辺川《おっぺがわ》に合流する。合流地点には小畔川《こあぜがわ》、その東には入間川《いるまがわ》が流れ、落合橋《おちあいはし》で合流する。

初雁の家の敷地及びその周辺区域一帯は、もともと桑畑である。養蚕が盛んな地域で、今でも古い農家には蚕室が残っている。

初雁の家の建設地は農業振興地域の「青地」にあたり、2009年の農地法改正前までは、第1種、第2種の社会福祉施設が建設可能な地域であった（農地法改正後は、福祉施設は建設不可能となる）。

当時、初雁の家の敷地の周囲には「まむし注意」と書かれた立て札と、初雁の家開所前に建設された朝日航洋のヘリコプターの補修基地があっただけで、「川越のチベット」と呼ばれていたことを後で知った。

また、現在、大雨時の浸水危険度を表す「水害ハザードマップ」が川越市により作成されているが、このハザードマップの上では、「浸水想定区域」、つまり浸水が最も懸念される場所（浸水深3〜5m）となっている。当時、このようなハザードマップがあれば……と、今更思っても仕方のないことだが、改めて「初雁の家」が、水害の危険性のある場所に位置することを認識せざるを得ない。

水害は「障害者差別による人災」……

なぜ、このような地域に、初雁の家を建設したかと問われれば、「自閉症に対する無理解・差別によって」といえる部分があったのではないだろうか。

けやきの郷は、義務教育修了後、適切な治療・教育の場がなく、在宅生活を余儀なくされていた重い知的障害をあわせもつ「自閉症」の子どもの親たちが、新しい療育の場を求めて設立した成人期自閉症の人たちのための専門施設である（けやきの郷概要参照）。

１９７９年の発起人会設立当時、埼玉県には「障害者施設建設に際しては、半径３００m以内の全住民の同意をとること」という行政指導があった。

発起人会は、「この行政指導は、障害者の人権無視・差別である」と抗議したが、聞き入れられることはなかった。その結果、発起人会設立3年目に林野庁の紹介により、やっと見つけた鳩山村（当時）にある４５００坪の山林を建設予定地として近隣住民の同意を求めたところ、一旦同意した同意書の撤回を求める反対運動がおこった。説明会では、住民から「障害者施設はゴミ捨て場と同じ迷惑施設だ。そのような施設ができたら土地の価格が下がり、自分たちの財産が減る」「自閉症は危険だ。婦女暴行、強盗、火付け、かっぱらい」「もし危険でないというなら、エビデンスをみせてほしい。そのために無人島を購入しそこで10年間実験して、危険でないという証明がされたら建設を許可する」などと反対者たちが声高に発していた。

地域住民に対しての説明会では、故佐々木正美先生ほか、自閉症の専門医の先生にも出席していただいて、自閉症のことを知っていただく説明会を3回、それ以外にも10～20人の人たちに集まってもらっての小規模説明会を30数回開いた。加えて周辺地域にある1500戸の住宅1戸ずつに「自閉症への理解、施設建設の必要性、施設運営のあり方」を説明したビラ配りを4回行い、親たちが自閉症を抱える子どもたちへの理解を求めるといった、家族ぐるみの運動を展開した。

この鳩山村の反対運動は、この年が国連が設けた「国際障害者年」だったこともあって、マスコミも連日のように報道。「障害者の人権」に関して、マスコミで取り上げられた最初の出来事といわれている。最終的に、住民が「投票によって、同意を決める」ことになり、この動きを察知した県が土地を探すことを条件に発起人会に建築撤退を求め、以後「土地探し」を県が主導し、県の関係者からあっせんされた土地が、この土地（水害ハザードマップの浸水区域）であった。1981年のことである。

付け加えていえば、現在の地は川越市の中でも県が4回目に紹介した地である。最初紹介された県有地は遊水地であることが判明したため適切とはいえず、その後紹介された2つの場所も、地域の反対にあった。結局、半径300m以内には文字通り1軒の人家もない、当時桑畑だったこの地を選ばざるを得なかったのである。

2019年11月に開催された全日本自閉症支援者協会の全国大会（開催地・川越市）でも、以上のような経緯からけやきの郷の水害を「差別による人災」であるとの声があがり、「初雁の家」の移転については、行政が責任をもって行うべきであることを決議した。

「50年前にも地域一帯が冠水」との情報で、建設時に1.5mの土盛り

建設が始まる直前、地元の人から発起人会に「この一帯は、かつて水害にあったことがあるので、建設にあたっては、かさ上げしたほうがいい」という情報がもたらされた。それを聞いて須田初枝副理事長（当時）と阿部（当時常務理事）は驚いて、以前床上浸水にあったという農家を訪ねた。そこの外壁には、50年前の水害の跡がかすかに残っていた。その跡を測ったところ75㎝のところにあった。そこで設計者と相談し、2倍の1.5mまで土盛りをし、水害に備えた。

1999年の水害―初雁の家が床上70㎝浸水

桑畑、水田に囲まれ、春にはヒバリ、ウグイス、シジュウカラ、コジュケイ、初夏にはキジ、ヨシキリ、カッコウ、ホトトギス、秋にはモズが鳴き、冬にはカワセミも姿を見せる、豊かな自然に囲まれたこの地にも、ぽつぽつと民家が建ち始めた。

「働くことを療育の中心に」「どんなに障害が重くても地域で自立していく――集団自立」を理念に掲げていたけやきの郷は、設立14年目の1999年には、「初雁の家」本体施設の敷地の中に作業棟3棟を建設。障害をもつ人たちが地域で働く場として福祉工場（当時）「やまびこ製作所」、通所授産（当時）「ワークセンターけやき」、地域生活の場としてグループホーム2棟を近隣に擁する法人となっていた。

「初雁の家」建設以来、台風・豪雨に見舞われるたびに「50年前」の豪雨が頭をよぎった。設計時、園庭

を遊水地とすることが義務づけられていたが、豪雨のたびに、園庭に水が浸水し、水がたまることもしばしばであった。また、県道からけやきの郷の諸施設に通じる４m道路の一部が冠水し県道までが不通になることも多く、徐々に「ここは川に囲まれた地域である」ことを実感していった。

そして、今回の台風のちょうど20年前の１９９９年８月。８月13〜15日にかけて降りつづいた熱帯低気圧による３３０㎜の集中豪雨によって、目の前の大谷川が氾濫し、「初雁の家」「やまびこ製作所」「ワークセンターけやき」「グループホーム潮寮」を含む平塚新田地域の一部、下小坂地域の一部が床上浸水となり、けやきの郷でも、「初雁の家」の床上浸水70㎝をはじめ、６棟が床上浸水し、総額１億円の損害を被った。

ただし、その時は「初雁の家」が１か月、「やまびこ製作所」、「グループホーム潮寮」は10日間で復旧、「ワークセンターけやき」や「グループホームしらこばとの家」は、清掃と消毒をすませると、３日後には復旧した。例外として、パンの発酵機等が被害を受けたパン作業棟の復活だけは12月となった。

大谷川にポンプ場設置後、２０１９年の台風19号まで屋内浸水なし

１９９９年の浸水被害は、川越市、坂戸市の広域にわたった。そのため以前から、洪水対策として、大谷川と越辺川の合流地点にポンプ場を設置し、大谷川の水を越辺川に放流することによって、大谷川の氾濫を防ぐことを陳情していたが、この機会に陳情が受け入れられ、２００１年にポンプ場が設置された。この時の説明会では、「２基のポンプの設置によって、今後大谷川の氾濫の危険性はほとんどなくなった」

ということで、災害にあった私たちにしても一安心というところであった。

実際、今回の台風19号までは、大谷川の水が道路にあふれ、かつ園庭の一部が浸水することはあっても、屋内にまで浸水することはなかった。それは、ポンプ場の設置のおかげ、と安心していた。また、2年後の2022年には、ポンプ場のポンプが2基追加されるという計画も聞き、これで浸水からは解放されると安心していた。

台風19号により、越辺川の堤防が決壊し、大洪水、大浸水に

2019年10月12日、13日に日本に上陸した台風19号は、50年に一度の台風といわれ、1958年に発生し、1269名もの死者・行方不明者を出した狩野川台風のような広域にわたる被害をもたらすと予告され、埼玉県の雨量も、300～400㎜と予想されていた。床上浸水した1999年の総雨量は330㎜。しかし、今回はポンプ場も設置されている。最悪の場合、園庭に水が入る可能性はあるかもしれないし、4m道路が冠水して、けやきの諸施設への出入りは一時的にできなくなるかもしれないが、床上浸水にはならないだろうと、われわれは予想していた。

今から思えば「甘すぎる」予想であったが、1999年の床上浸水を経験していた職員のほとんどが、そのように思っていた。

ただ、今回、けやきの郷及び水害にあった近隣の人たちの「予想外の驚き」を代表していえることがある。この水害は、今までのように大谷川の越水によるものではなかった。大谷川の氾濫・越水を防ぐためにポンプ場を作った際、大谷川の流れを変え、新しい堤防を越辺川に作った。この堤防は、土を盛り上げただけの土手であるが、この土手を越水した水が削ったために越辺川が決壊したのである。ポンプ場と新しい土手は、私たちを20年間守ってくれていた。その「新しい土手」が決壊するとは。その想像を超えた事態に、何ともいえないものを感じているのは、私一人ではない。

台風は、「未来」も奪った

19号台風によってけやきの郷が受けた被害は、上記の事業所15か所だけではなかった。高齢化したグループホームの利用者のために建設を予定していた「高齢化対応グループホーム」の入札が終わり、いよいよ建設という工事開始直前に、建設予定地が冠水し計画が挫折したのである。

以上のように、この水害は、発起人会発足時から数えれば40年の歴史と、それまで積み上げてきた「財産」と「未来——高齢化対応グループホーム」等を、一挙に奪ってしまったのである。

しかし、奪われなかったものもあった。

それは、この後の、職員による記録を読んでいただければおわかりになると思うが、「職員の利用者に寄り添う心」「利用者とともに築いてきた実績」「信頼関係」「これからのけやきの郷を考える心・力」である。被災後の長期にわたる「避難」は、極めて制限された「避難所」の空間の中で続いたが、職員は利用者が一日も早い「日常」「生活」「日中活動」を取り戻すべく様々な工夫と支援を模索し続け、事業所間の連帯の中で工夫していった。

現在、水害にあった当事者として、これからの課題を考える責務があることを自覚し、行動している。そのような責務を抱えつつ、「積み上げてきた心、もの」を、再び「かたち」にするために、「これまで以上のかたち」にするために、けやきの郷としては様々な葛藤の中で、様々な選択を強いられた1年だったことは、後述の記録に詳しい。

「共助」の力に助けられて…

同時に、「けやきさんだから」という言葉が、大きな力となった。「けやきさんが、先駆的に走ってくれたおかげで」「けやきさんが、いつもお手本です。だから、お手伝いさせてください」。たくさんの言葉に勇気づけられた。

災害時にいわれる言葉に「自助」「共助」「公助」がある。今回、この「共助」に負うところが極めて大きく、感謝しかない。

ボランティアの方たち、ボランティアを手配してくださった社会福祉法人 川越市社会福祉協議会、社

会福祉法人 埼玉県社会福祉協議会、ＤＷＡＴ（災害派遣福祉チーム）、泥かきボランティアにはじまって、義援金を頂戴しかつ、利用者を受け入れてくださった埼玉県発達障害福祉協会、川越市障害者施設連絡協議会、義援金・声明を寄せてくださった全日本自閉症支援者協会、一般社団法人 日本自閉症協会、義援金・応援物資をいただいた全国の数多くの皆様に感謝してもしきれない。

ただ、残念に思うことの一つに、われわれが要望した、「被災した施設を復旧せず、応急仮設施設を経ての入所施設建設」が実現しなかったことがある。

けやきの郷としては、「応急仮設」のための用地も提案したが、それも実現せず、また、入所施設40名の処遇もあいまいなまま、「応急仮設」を断念せざるを得なかった。

以上、様々な葛藤をしつつ、どのような選択をしたか、せざるを得なかったか、残された課題、共助の力等については、次ページからの内山総務部長の記録、及び、各執筆者の記録に詳述されているので、是非、ご覧いただければと思う。

★なお、「法人が、どう動いたか」については、巻末に「日誌」として掲載した。

災害は私たちに何を語りかけたか。障害のある人がくらしやすいまちづくりに出会いや教訓をいかす

社会福祉法人けやきの郷 総務部長・災害対策副本部長　内山智裕

1　はじめに　避難計画通りに進まず混乱

〈10月12日13時〉
避難経路が内水によって遮断されることを知り、早い段階での避難へ

社会福祉法人けやきの郷は、その立地上、台風による床上浸水の危険に毎年1、2回はさらされ続けており、近年頻発する豪雨によって災害対策本部を設置すること自体は珍しいことではない。

２０１９年（令和元年）10月12日土曜日13時過ぎ、窓ガラスを叩く雨の音は次第に大きくなり、時折の話し声が聞き取れなくなるほどだった。

令和元年台風19号は日本上陸の数日前から、規模の大きさも総降雨量の多さも予想されており、狩野川

台風（１９５８年）に匹敵すると報道された。狩野川台風は、伊豆諸島及び関東地方に大規模な水害を引き起こした大型台風である。

12日午前、けやきの郷は、法人内災害対策本部（対策本部）の立ち上げを決定した。災害対策本部長で法人理事長の阿部により、職員４名が障害者支援施設「初雁の家」の１階にある法人本部事務室に集められ、臨時的に対策本部職員として委嘱された。

予報では台風19号は13日の未明にかけ上陸することになっていた。この規模の大きな台風による被害を防ぐことが対策本部に課せられた使命だった。

これより以前に法人本部では、すでに千田（法人本部主任）たちが台風情報の集積を始めていた。この集積情報をもとに、法人内に災害対策本部を立ち上げる必要性の有無を判断するためだ。

災害対策本部は情報発信機能を有し、集積した情報の中から必要な情報を選び全事業所の管理者へ発信する。しかし、これまでの経験から千田自身、情報共有の難しさを実感していた。だからこそ、今回の台風19号に際しては、千田を中心に災害時の情報共有に有効な手段の検討を行った。その結果、ビジネスコラボレーションハブ「Ｓｌａｃｋ」（無料アプリ）の導入を試みることにした。台風上陸の３日前の10月9日には全ての管理者に対し「Ｓｌａｃｋ」の周知と導入支援に取りかかっている。試験導入してから暫くは、活用するために支援の必要性があったものの、使い方に慣れていくにつれて有益な情報共有手段となっていった。

9日、10日、11日と台風情報が更新され、法人本部からもそれに沿って情報が発信されていった。11日になると、各事業所がそれぞれ安全対策に着手しだした。また、初雁の家は、12日正午前には、施設に滞在していた利用者40名のうち22名は在宅へ避難し、施設に残った18名全員の自主避難を決め、避難先の確保に動きだした。この早い決断が後に施設入所者の命を守ることになる。

早い決断ができたのはなぜか。

その一つに、豪雨災害時に、けやきの郷の避難経路の一部が内水によって遮断されることを担当者が知っていたことがある。

避難経路の担保は、障害のある人が豪雨災害時などで避難を確実に行うために、重要なファクターとなっていることが知られている。けやきの郷のケースでは、避難経路上に、豪雨などによって道路が冠水する箇所がある。そこは、河川が越水するより先に冠水する。そのため、関係河川が氾濫危険水位を超過するかにかかわらず、道路の状況を見極めて、集団での避難時期を適切に判断することが必要になる。

例えば、地域でくらす車椅子ユーザーが、避難経路上にある様々なバリアによって避難場所まで移動できなくなることを防ぐために、昨今、障害者の防災・避難の専門家が①事前の確認を行っておくこと、②平時に実際に避難場所まで移動してみることを推奨している。

けやきの郷には重度の知的障害を伴う自閉症の人が合計75名生活しており、車椅子ユーザーも3名いる。また、徒歩で指定避難所まで移動するのは、時間がかかりすぎる上、困難である。避難確保計画では、法人が所有するマイクロバス等で、支援者と共に皆で集団になって移動することにしているため、避難経路の道路の状況、冠水の可能性を事前に知っておくことは、確実に避難するために極めて重要だったのである。道路の冠水が一度起これば、入所施設初雁の家は〝陸の孤島〟となる。そのため、12日午後には、施設の入所者全員の避難をする以外にも、被害を最小限に抑えるべく日々送迎などに使用しているすべての法人所有車と、災害対策本部に任命された4名の職員の自家用車は、近隣の高台にある墓地駐車場を使用させてもらい、財産保全を図った。

近隣河川の水位確認のための巡回、道路の内水による冠水状況の目視による確認を行うため、1台の社用車を災害対策本部用に使うつもりでいた。しかし、この高台もその後一部が浸水し、社用車を含む5台は水没した。

避難確保計画における避難先の複数確保の必要性

避難にあたっての最初の問題は、台風上陸前の12日11時、避難先の確保時に生じた。予定していた避難先である旧名細《なぐわし》公民館が、障害のある人たちの避難には適さないことが判明したのだ。これはあれだけ重要だと思い知っていた事前確認の欠如からきている。

避難先の旧名細公民館は、川越市が指定する避難所で、入所施設から3.7㎞離れたところにある。けやきの郷からだと車なら10分、健脚の大人で徒歩45分ぐらいかかる。

現在は化石調査などに使われている元の公民館だが、その前身は公立中学校で4階建の鉄筋コンクリート造である。

避難行動開始直前に一人の職員から「避難するのは4階であるが、車椅子ユーザーのための昇降手段となるエレベーター、スロープ等は備わっていない」という情報がもたらされた。けやきの郷から最も近い指定避難所なので、以前から使用してきた。これまで何度も避難してきたが、使っていたのはもちろん1階だ。しかし、今回は1階を使用することができないというのだ。

後で判明したのは、市が指定避難所として開設するとまず1階を使用する。1階が満床になると4階を開放することになる。1階を利用するのは、移動が困難な高齢者等で、一般市民は4階を案内されるらしい。今回、1階はすでに高齢者等でいっぱいで、私たちが使用できるスペースは、4階しかなかったというのが真相のようだ。ただ、当日は、情報が錯綜した。市担当者との連絡やそれに伴う調整を災害対策本部がするだけでなく、施設職員が直接連絡を取ることもあり、けやきの郷内の統制がとれていなかったことは否めない。

とにかく4階の使用を想定している旧名細公民館に避難することはできないことがはっきりし、改めてけやきの郷が作った避難計画とは異なる避難場所の確保に走った。

ここにきて、さらに間の悪いことに災害時の避難に関しての重大な誤解があることに気づく。私たちはこれまで施設に最も近い、自治体が開設する避難所に行くことしか考えてこなかった。しかも〝指定〟の意味を読み違えていた。近年、入所施設である「初雁の家」が、水害を想定して避難確保計画を立てたが、そこでも旧名細公民館のみを避難場所としてあげている。指定避難所の〝指定〟は単に〝市が〟指定していることに過ぎず、最寄りの指定避難所以外も使用できるということをその時は知らなかったのだ。さらに、「避難」は指定避難所へ行くことではない、と正しい認識もなかったのである。

そのため、今回、避難先を変えなければならず、新たな避難場所を探すにあたっては、他の指定避難所が全く浮かばず、市の担当者に避難場所を確保してもらえるように依頼する以外に手立てがなかったのである。もっとも、自閉症を中心とする発達障害のある人は、生活上の様々な制約があるので、一般の指定避難所に避難することが困難な場合が多い。利用者が安心して避難することができる場所が必要なだけでなく、入所施設ごと避難しなければならなかった私たちは大所帯でもある。この二つをクリアーするような避難場所を確保することは平時においても簡単なことではなく、自閉症のある人たちの地域での「居場所のなさ」を実感することになってしまったのだ。この点は後述する。

それに、実際の豪雨の中、河川の氾濫危険水位に接近しようとする緊急性が高まった中で、市が指定する避難所以外に、けやきの郷が独自に避難先を確保する余裕はなかった。市と協議の上、結局名細市民センターを避難場所として開放してもらうことができた。そのおかげで避難することができたことは感謝に堪えない。

反省点は、現実問題として平時において様々な状況を勘案した上での事前準備が必要だということである。要は、避難確保計画において、避難先を複数確保しておくことは不可欠で、そこには指定避難所以外の集団避難場所を確保する必要性もあるかもしれないということだ。ただ、単独の社会福祉法人が独自に確保することが容易でないことを繰り返し述べておきたい。

職員間の情報共有に「Ｓｌａｃｋ」を活用

その後の避難の詳細は別稿に譲るが、当時滞在していた施設入所者18名のうち、13名は支援員がすぐに名細市民センターへ避難誘導した。残りの5名は環境の変化への適応に困難があるので、慣れない避難場所では不安と混乱を示すことが予想されたため、法人が所有するグループホームの空居室へ支援員とともに避難することにした。12日正午頃には、すべての施設入所者が避難のために施設を離れた。入所施設内には、法人本部事務室（1階）に設置した災害対策本部に、法人本部主任千田工、職員理事兼障害者相談・地域支援センターけやきセンター長 水野努、災害対策委員長 和田誠、法人本部総務課長（当時）内山智裕と理事長阿部叔子の5名だけが残った。

法人全体では、グループホームに入居者18名と職員3名がそのまま滞在したほか、初雁の家からの避難者5名と職員1名が避難した。ちなみにグループホーム入居者は全35名で、17名は在宅へ事前に避難している。残ったグループホーム利用者が指定避難所へ避難しなかったのは、グループホームには2階があり、垂直避難が可能だったこと、水害に備え建設時に1.5m盛り土した上に建てており、入所施設に比べ安全と考えたからである。この判断は、最終的に後悔を残す結果となった。

12日正午から雨足は強くなり、夕方から深夜に向けて台風が埼玉県上空に上陸、まれに見る暴風雨となっていった。対策本部では、法人施設に関係する近隣の一級河川の水位の推移をインターネット上で追いながら、施設の脇を流れる大谷川《おおやがわ》、小畔川《こあぜがわ》の河川水位状況を目視で確認、記録を続けた。また、国土交通省の河川定点カメラの確認、気象庁の台風情報などを収集し、経過を追い続けた。

「Slack」には台風上陸までの間、天気アプリを連動させた。そのことによって、同じ情報源からの情報共有ができた。同じ台風情報でも、違う情報源から取り込む場合に比べ統一を図ることができる。6つある各事業所が、発信される同一情報をもとにそれぞれで台風対策を行い、その結果が「Slack」上に報告された。例えば、就労支援の事業所では多くの材木資材を保管していることから、暴風に耐えられるよう倉庫にしまうなど事前対策を行った。

グループホームでは、窓ガラスの飛散防止のための養生を行っていた。生活介護事業所では、畑で使用しているテントを撤収、社用車は万が一に備え、すぐに高台に移動させている。

これらは報告されたごく一部ではあるが、Slackを導入したことによって、事業者間で情報を共有しつつかつ即時に対応を進めることができた。加えて対策本部が近隣河川の増水状況を写真撮影し、適宜配信を行うことで、現地から離れている管理職の情報共有も徹底できた。

初雁の家に最も近い河川の大谷川は13時10分に越水間近であることが対策本部が撮影した写真によって周知され、初雁の家から幹線道路に出るまでの間にある内水による冠水ポイントに雨水がたまり始めていたことも確認された。対策本部に残った5名が初雁の家に取り残される危険が高まったことから「理事長は安全なうちに帰宅してください」とお願いし、阿部は拒否したが、後ろ髪を引かれながら帰宅した。その後、対策本部長である阿部とは、携帯電話での情報交換を続けた。同じ頃、初雁の家副事業所長の田崎久美子から、カップラーメンなど大量の夕食の差し入れがあった。田崎はその足で入所者の避難先である名細市民センターへ向かった。

15時30分、大谷川が越水し冠水の範囲が次第に広がっていった。17時30分には、道路の内水は腰の位置まで達していた。

法人本部に詰めていた残った4名は、定期情報収集を継続した。それぞれが役割を補うようになっていった。誰かが河川の情報をインターネットで収集すれば、他の職員は目視で見回りに行き、他の者は行政への報告や連絡調整、対策本部長へ報告を行った。

19時10分になると、別棟の床上浸水まで数センチに迫っていた。4名のうちの誰かが、浸水直前の別棟に向かった。

2　皆で力をあわせて「畳を剥がし、高いところにあげよう」

〈10月12日19時〉雨は止み、孤高の月を見てほっとしたのも束の間

誰かが動くと、何も言わず、皆が手伝いに向かった。別棟に向かうには一度、暴風の中、外を通らなければならず、土地が最も低い場所を経由する。長靴に履き替えたが、意味をなさなかった。すでに膝上まで冠水していた。水はズブズブと長靴に入り、川の水が足元に凍みた。思うように前に進めない。誰かが、水が被らないうちに「畳を剥がし、高いところにあげよう」と言い出した。4人はずぶ濡れのまま、畳を剥がし、手を動かした。この4人なら、どんな苦境に立たされても乗り越えていけるのではないかと、ふと思った。

この時、対策本部事務室のある入所施設の周囲の敷地はすでに冠水し、全面水で覆われていた。台風は埼玉県上空を通過中で、暴風雨は雨音だけでなく、強い風と、その強い風によってあおられた木々が一斉に揺れ、葉と葉、枝と枝が擦れ合う音を運んできて、言い知れぬ物音が長い間続いた。

事務室へ戻り、ようやく私たちは各々で持参したパンやおにぎり、差し入れてもらったカップラーメンを口にした。その後も対策本部は河川の増水状況を追い続け、19時40分に大谷川と並んでけやきの郷のすぐ脇を流れる小畔川の氾濫情報がインターネット上に出た。その激しい濁流の様子に一瞬、戦慄が走った。

しかし、初雁の家から目視では確認できなかった。22時、さらに強い風雨となり、緊迫状況が続く。23時、雨はやっと止み、風も弱まっていった。

静まり返った施設の周囲は、どこまでも水面が続いていた。送電線のずっと先に見える鉄塔の小さな赤い非常灯の光だけがおぼろげに発光し、静かな水面に映っていた。雲ひとつなくなった夜空に、孤高の月が私たちを見下ろしていた。

台風が通過し、建物への浸水がなかったことから対策本部にいた私たち4名は安堵した。施設内に取り残されたものの、これから水は自然に引いていくだろうと楽観視していた。ここまで16時間近くに及ぶ情報収集による疲労は隠せなかった。対策本部職員の一人は、他の職員に言付けをして、仮眠に入った。私たちはこの時でさえ、これから起こることを予想すらしていなかった。4人の誰もが難を逃れたとホッとしたところだった。「もう大丈夫だね」と。

3　ここからが本当の災害の始まりだった

〈10月13日0時〉初雁の家の大型変電機爆発、水道、電気、電話は使用不能に

0時50分。災害対策本部のある入所施設の建物への浸水が始まった。雨は止んでいる。風も収まってい

るのに。なぜだろうか？

外を確認するため2階にあがった。すると、そこに広がる光景が理解できなかった。ただ、「いつもとは違う」それだけは強く感じていた。

じっと眺めていると、いつもとの違いがわかってきた。これまでの越水時にはほとんど水流は感じられなかった。しかし、今回は、強い流れがあり、その水流が目視でわかるほどである。渦を巻いているところもあった。川の原型をとどめず、波があり海のようである。しかも、大谷川の流れとは反対方向に、上流に向かって水が流れている。逆流していたのだ。その茶褐色の泥水が施設内へゆっくりと流れ込んでいく。

バスタオルを集めて、玄関の扉の隙間に埋める。今思えば、こんな程度のことしか思いつかなかった。

最初はゆっくりと押し寄せてきた水だが、段々激しさが増していった。これは本当にまずい事態になるかもしれない、と直感的に思った。初雁の家は平家作りだが、職員室と会議室の2部屋のみ、2階にある。

「急いで法人本部にある重要なデータは会議室にあげよう」

ＰＣ、保管資料、履歴書、金庫内の貴重品、印鑑……。動かせる貴重品は2階にある会議室へ避難させた。

仮眠を始めたはずの職員も、その物音に驚いて起き出し、手伝った。

浸水は止まらない。玄関にさらに何十枚ものバスタオルを敷き詰め対処したが、全く意味をなさなかった。

階段が冠水し始め、一段一段見えなくなっていく。

その頃グループホーム当直職員から、浸水が始まった報告が画像と共に入った。すぐに垂直避難するように助言した。当直職員は身の危険を感じ、救助要請の依頼をしてきた。水野が、自宅に戻っていた本部長の阿部に電話し、救助要請を打診した。阿部はすぐさま川越市へ救助要請の連絡を入れた。すでに深夜2時を回っている。87歳の阿部の体も心配になった。

その後はなす術もなかった。初雁の家の垂直避難はどこまで可能だろうか、上を見上げる。屋根の上には煙突のようなものがあり、ハシゴもあった。なんのためのハシゴなのか、わからない。でも、そこが最終的な避難場所だった。それ以上水があがってくれば、私たちの命は助からないかもしれない。

その時、外で爆発音がした。と同時に、電気が一斉に消えた。水道、電気、電話といったライフラインも全て止まった。爆発したのは、高圧受電設備（キューービクル）だった。

かろうじて携帯電話のみ使用できた。千田が個人で所有するモバイルバッテリーが最後の電源で、それがなくなれば外部との連絡も取れなくなる。その時が来ることを想像して身震いした。

〈10月12日午前2時〉自主避難した名細市民センターからの次なる避難先確保へ

一方、自主避難した名細市民センターでは、すぐに第2の課題がもちあがっていた。翌日には市民の活動予約が入っているという。つまり、避難場所から次の避難先をみつけなければならなくなったのだ。

この時、施設の被害状況は正確にはわからなかったが、初雁の家の屋根の上から見下ろす眼下には、軒先まで水没してしまった作業棟の屋根が冷たく光り、私たち施設内に残された者たちは救助をただただ待つ以外に、できることは何もなかった。しばらくここへは戻れなくなることを直感した。いや、この場所に戻ることはないかもしれない。

4　自閉症の障害を思う―水害は全てを流してしまった―

〈10月12日・避難所〉初雁の家で積み上げてきたかけがえのない貴重な月日を思う

その後の復旧・復興にかけた思いと私たちがとった行動は、巻末の阿部の記録（付表）に詳しい。私たちは、職員の懸命な判断と行動で、すべての入所者の命を守ることができた。それ以上のことなどないかもしれない。望んではならないのかもしれない。

しかし、私にはどうしてもそうは思えない。水害は、すべてを泥水の中に飲み込んで、暗黙の暗闇へなにもなかったことのように流し去ってしまった。初雁の家の利用者の多くはすでに50代となっているが、10代から施設へ入所し、30年以上もの間ここで生活をしてきた。

自閉症の人が抱える障害を考えると、30年間というのは特別な意味をもつ。

自閉症の人たちの中でも、重度の知的障害を伴う人たちの多くは、獲得したいわゆる適応行動であっても「汎化」しにくい。

幼少期から、想像をはるかに超える時間をかけて、日常生活で必要な動作や活動を身につけていく。しかも、自閉症は、自ら獲得していくことはまれで、ともに伴走し発達を促す親や専門職員と共に、一つ一つ積み上げていくことが通常である。

汎化しにくいから、〝ここ〟でできるようになっても〝あそこ〟ではできない、ということが起きる。だから、ライフステージの変化によって求められる行動が変わると、また、一から獲得しなければならなくなることも珍しくない。

家庭で求められる行動、学校で求められる行動、仕事で必要なことなど、場所や年齢によって求められる行動は変わっていくが、重度の知的障害を伴う自閉症の人たちに常時支援が必要なのは適応行動の獲得が容易でないためだ。中でも入所施設は、その伴走機能の大きな部分を担っていたから、入所者の家族とともに積み上げてきた、かけがえのない貴重な月日が無駄になってしまうことさえあるのだ。

私がそのことを想起したのは、避難所に身を寄せた時である。彼らは、避難を余儀なくされたことで、生活環境が一夜にして大きく変わってしまった。それに伴う混乱がみられた。

そして長い間慣れ親しみ、拠り所としきた入所施設には、水害被害が甚大で戻れないかもしれないのだ。35年間作りあげてきた環境、積みあげた支援記録はすべて泥水と共に流されてしまった。

今日までの実績は無駄にはならないだろう。でも、〝生きにくさ〟を抱える自閉症の人たちが災害により、環境の変化を強いられ、乗り越えなければならない、その力がどれだけ残されているだろうか、と不安になった。おそらく自閉症でない私たちの想像以上に大きな負担となるに違いない。

しかも、「地価が下がるから出て行け」と反対を受け、たどり着いた地で築き上げてきたものの中には、その人の歴史が、地域の人との間で紡ぎ続けてきた過去が、そして、けやきの郷の理念をもとに職員が受け継いで築きあげてきた思いなどが含まれる。

人が生きるとは、こういったものを生み育み続けることで磨かれることではないだろうか。そう考えると、初雁の家が消えた後に新しいコミュニティに入れたとしても、そこでの関係づくりは、また一からである。気の遠くなる思いがした。

5　避難と準備～備えあれば憂いなしといいつつも

〈今振り返って〉〝今までは大丈夫だった〟が根拠になった「まだ大丈夫だ」が危機を招く

悔やまれることのひとつは、防災に対する準備は十分だったたか、ということだ。

前述の経過を振り返ってみても、雨風が止み、台風が通過して安堵し浸水が始まっているのにバスタオルで無駄な抵抗をし、それでもなお自分たちが救助されるほどの甚大な被害が自分たちの身に及ぶとは思っていなかった。命の危険はそこまで迫っていた。

堤防が決壊していたはずの時刻に、窓の外では濁流が流れ込み、トラックや巨木が流れついても、堤防が決壊していることなど想像もできない。そんな陳腐な想像力しかもちえなかったのである。明らかに私たちは逃げ遅れていた。我々は偶然にも奇跡的に助かったに過ぎないのではないか。

水が引けると、施設内に流れついた直径30㎝〜3ｍを超える丸太は、設置したばかりの鉄のフェンスをなぎ倒し、基礎のコンクリートを破壊していた。水位があと30㎝上昇していたら……、グループホームにいた入居者、職員が垂直避難した2階に、濁流だけでなく、その丸太が激突ガラスを突き抜けていたかもしれない。そうしたら、ひとたまりもなかった。なぜそのことを想像できなかったか。

逃げ遅れないようにするためには、「まだ大丈夫だ」と思っているうちに避難することだ。危ないかもしれないと思ってからでは遅い。

私たち対策本部は、「グループホームに利用者と職員を残している。逃げるわけにはいかない」と、現場にとどまった。阿部は対策本部を後にする時、自分だけが先に退席することを恥じていた。そして何度も私たちを一緒に避難させようとしていた。

私たちは「まだ大丈夫だ」と思い続けていたのだと思う。その「大丈夫」は、実は根拠がない。〝今まではは大丈夫だっただけ〟に過ぎない。

避難確保計画の作成と訓練は十分だったか

さて、災害の備えについて考えてみたい。

まず、避難確保計画について。義務化されていた避難確保計画の作成と訓練の実施は、水防法改正にともなって着手したところだった。しかし、不十分だったことは否めない。水害対策のために立てた計画のはずだが、火災想定の延長でしかなかったし、具体性に欠けていた。その証拠に避難先としていた旧名細公民館が使えなくなったら、計画は意味をなさなくなってしまったのである。第二案は避難確保計画にはなかった。

災害は不測の事態であるから、予備計画が必要なのかもしれない。そして、私たちのような自閉症の方や重度知的障害のある方が多く利用する施設においては、急な予定の変更などに伴う避難行動開始時の混乱が想定されて然るべきである。台風19号の避難で、避難行動開始が滞りなく行えたのは、けやきの郷が避難訓練をこれまで繰り返し行ってきたことが大きい。しかしながら、彼らに避難意識が定着していると も考え難い。そう考えると、日常的に外出する機会を多くもっていたことや、職員との信頼関係が築かれていることが幸いし、混乱なく施設から離れることができたという考え方もできるかもしれない。

多くの職員が、今回の避難について、数時間後もしくは翌日の朝には、入所施設に何事もなかったように戻ってくることができると考えていた。そのため、極めて軽装で移動している。これも大きな読み間違いの一つとしてあげられそうだ。

避難が長期化したことで、さまざまな課題が一気に押し寄せた。

第一に避難先の確保が極めて困難になったことだ。まず、生活施設である入所施設の入所者40名、グループホーム入居者35名の生活場所の確保が早急に必要だった。

自宅へ帰省できる者は戻った。また、県内の障害者福祉施設が受け入れ体制を整えてくれたため、分散避難の調整に入った。その一方で、適応できずに生活の場所として十分とはいえない避難所での生活に戻る者も、受け入れ施設側が対応困難として戻ってくる者も後を絶たなかった。けやきの郷の利用者は、強度行動障害がある人が多い。新しい環境への適応が困難な場合が多く、避難者としての受け入れには、あまりにも負担が大きかったのだ。

それは帰省による在宅への避難も同じだ。平均50歳代の利用者の親は80歳代になり、配偶者を亡くし単身である家庭も多い。長期化すればするほど、家族に介助の負担は重くのしかかる。これらのことは想定していた。だから、避難場所とはいえ、施設に代わって戻れる場所の確保が急務となった。このような観点から、集団避難が可能な場所が必要なのであるが、平時からそのような場所を確保していなかったことは準備不足であった。

その他、準備不足という点ではキリがない。備えあれば憂いなしというが、どこまで備えておけば、安心できるのだろうか。実際に被災した今、あらためてそう思う。

復旧・復興への取り組みもまた、被災と避難と同じく、私たちを苦しめた。すべてが手探りの毎日で、終わりがなかった。

6　現場確認で実感する復旧・復興の困難さ

＜10月14日＞早朝の救出翌日、新井先生と被災した初雁の家へ

10月13日早朝、私は川越市消防の消防隊員に救命ボートで救助され、警察車両で川越市立広谷小学校体育館に搬送された。そこで同じく救助されたグループホームの入居者と顔を合わせた後、自宅に帰宅した。その日の夕方、けやきの郷理事であり立正大学准教授（当時埼玉県立大学准教授）の新井利民先生と連絡を取った。新井先生は地域福祉が専門だが、特に災害支援に力を入れておられるので、浸水してしまったけやきの郷で何から手をつければよいか、指導を仰ぎたかったからだ。

「施設周辺の水が引いているかは行ってみなければわからないけれど、明日まずは現地を一緒に確認しよう」と現地で合流する約束をし、その日は就寝することにした。

この時には、国立障害者リハビリテーションセンター研究所障害福祉研究部社会適応システム開発室室長（当時）北村弥生氏とも合流することができた。氏は、障害者の避難研究の世界的な第一人者である。

北村氏とは、1999年の水害時以来からご縁があり、阿部（現理事長）と交流を温めていた。今回2度目の水害にあい、氏の幅広い見識と人脈からなる、復旧に関わる支援を継続的に得られたことは非常に有難かった。

発災翌日14日10時ごろ、私は初雁の家に車で向かった。県道から施設に向かうY字路を左に曲がると、通行止めとなり、それ以上奥までは進めなかった。

車を側道に止め、降りようとすると、すでに到着していた新井先生が先に私を見つけて手をあげた。

周辺には報道関係車両とすぐにわかる大型車や複数台の車が道路脇にとめてあった。ふだんはほとんど車をみかけない場所なので、非日常的なことが起きていることが明らかだった。通行止めの先には、けやきの郷の施設のほか、朝日航洋株式会社のヘリコプターのメンテナンス工場、川越テック株式会社のリサイクル工場などがある。道路と並行して続く小畔川の土手も、ふだんより多くの人が歩いていた。その土手は決壊場所に通じている。そこへ向かおうとしている人も後を絶たなかった。

通行止めの看板の数十m先から冠水のために道路は寸断されていたが、土手の上は歩くことができた。新井先生と私は、土手を施設の方向へ進んだ。最初に見えたのはグループホームだ。一階部分が冠水しており、数本のガスボンベが管につながれたまま、プカプカと浮いていた。

新井先生は長靴で土手を降りていき、そのまま建物へ向かっていった。すぐに長靴は用を足さなくなりひざ下あたりまで水に浸かった。そしてプロパンガスのタンクに近づき、手際よく元栓を閉めていった。

被災地では、二次被害を防ぐために最初にやらなくてはならないことらしい。長靴さえもちあわせていなかった私に、「他にプロパンガスがどこにあるか教えて」と、叫んだ。5棟あるグループホームの外周を回り、プロパンガスの元栓を確認し、新井先生はさらにブレーカーを落として漏電による二次被害を防止した。

それから私たちは、更に奥に入るために必要な用具を購入しようと、近くのホームセンターへ向かった。肌寒い日だった。長靴、長袖の上着を購入し、途中でおにぎりを購入して現地に戻った。車内で簡単に食事をすませてから、初雁の家の施設内に入ってみることにした。

初雁の家の側近を流れる大谷川はまだ越水したままで、越辺川の決壊場所に向かって泥水が引き潮のように流されていた。外見では穏やかな流れでしかない。しかし、その水圧は強い力を維持していた。膝まである水に押し戻される。流れは初雁の家に向かう私たちの前進を阻んだ。時間をかけてゆっくりと前へ前へと進んだ。玄関前に着いた時には、汗がにじんでいた。

新井先生の「災害直後は治安が悪くなり盗難被害が多発する」とのアドバイスを受け金銭の回収を行うことにしたが、金庫は開けることができなかった。他の事業所も金品はそのままになっている可能性が高かったから、新井先生のことばを全事業所へ周知した。また、避難先である名細市民センターにいる職員と連絡を取ると、利用者の薬をもってきてほしいということだったので、私は40名全員分のすべての薬を洗濯カゴに押し込んだ。

建物をはさんで大谷川の反対側にある施設園庭は、泥水が滞留し行き場を失っていた。水面にはわらくずがビールの泡のように浮かび、近くの墓地から流れ着いたらしい何本もの卒塔婆も、行くあてもなく漂い続けていた。この惨状からどうやって抜け出せるのか、何から手をつければよいか、途方に暮れた。

避難先では、新聞社、テレビ局の報道記者と、地域の議員などの来訪者が多く押し寄せ、現場対応に苦慮していたようである。

たくさんの力に支えられ、「私たちは一人じゃない」を実感

この日、社会福祉法人皆の郷 川越いもの子作業所の大畠宗宏施設長から、避難者10名の受け入れが可能であることの連絡を頂戴した。そのほか、埼玉県発達障害福祉協会が動きだしてくれていた。

私たちは、この被災を「わが事」として受け止め主体的に行動し支援の手をさしのべてくれたたくさんの方々の底力によって、助けられた。「私たちは一人じゃない」そう思わせてくれた。そのことが暗雲の中にいた私の重たい足を動かし、心に灯をともしてくれた。

その翌日15日、全事業所の管理職が名細市民センターのロビーに集まり、今後の方針を話し合った。理事長を先頭に、復旧・復興に向けて本格始動したのがこの時だった。

復旧・復興が動き出し、その後の業務（役割）は大きく4つの柱に分かれていった。利用者支援、復旧、復興、災害復旧・復興対策である。

利用者支援は私たちけやきの郷の本分であり、常にミッションの中心である。このことは、この後の報告でそれぞれが具体的に触れている。

この状況で早急に手をつける必要があったのが、復旧だった。尋常ではない被害が発生して多くの人手が必要だったが、けやきの郷の復旧作業を支えたのは、施設職員であるとともに実際に現地で動いてくれた数多のボランティアの方々だった。また、ボランティアを束ね組織するために、川越市災害ボランティアセンター（社会福祉法人 川越市社会福祉協議会）、埼玉県発達障害福祉協会幹部職員、川越市障害者福祉施設連絡協議会役員、埼玉県社会福祉協議会、大学教員、災害研究者などから多方面からのご尽力をいただけたことは、惨事の中、手作業でなければ進まない人的支援が必要な状況において、かけがえのないものだった。感謝してもしきれない。

7 「もうここへは戻れない、戻るまい」と決めたものの

＜復興に向けて＞莫大な資金を投じるのなら、安心、安全な場所で建て替えを

水が引き、多くの人の力を借りてけやきの郷が少しずつではあるが、元の姿を現しつつあった。しかし、この後も私は大きないくつもの課題・難題に直面することになる。それが、災害復旧・復興対策本部が進

めた復興に向けた取り組みである。

過去、水害を経験しているが、今回の被害は想像をはるかに超えていた。最近、自然災害の報道が目につく。けやきの郷がこの地にとどまり続けるのなら、利用者、職員、そして職員の家族のかけがえのない命と生活を守ることはできない——私たちはそういう結論に至った。しかし、事態は私たちが希望するようには進まなかった。

被災後すぐ、阿部は施設の被害の全容をできる限り正確に把握するため、入所施設を設計した設計事務所に連絡している。そこで、被害状況と損害額、更に復旧に必要な予算額を調査し、見積りを提出するよう依頼した。担当設計士と、建設工事会社が現地調査から導き出した結果は、損害額約9億円、工事期間9か月だった。それを聞いた時に「そんなにかかるのか」と思った。この時、けやきの郷には修繕費等積立金が2億円弱程度しかなかった。

この現状から復興する最善の方法は、応急仮設住宅に移り、その後で水害のない新しい土地で建て直すことだ。それ以外にはないだろう。私たちはそう考えていた。復旧に9億円もの莫大な資金を投じるのなら、安心、安全な場所で建て替えた方がいい、と皆の意見は一致していた。私たちは、そうなるものと疑わなかった。被災二日後には、川越市長との面会が実現し、理事長と職員理事がそのことについて要望書を提出している。

一方施設は、復旧作業が着実に進んでいった。土地が低いため水がはけず、冠水したままのところは、バケツでくみあげリレーでわたすという気の遠くなる作業を、ボランティアの方々と職員が共に汗水流して続けた。泥だし、瓦礫・災害ごみの分別と処分に追われていたその頃、市役所から連絡が入った。「社会福祉施設災害復旧費という国庫補助金の申請ができます。17日までにご提出をお願いします」提出するには、復旧工事費用の見積りとあわせて、被災写真が必要で、写真は修復が必要な箇所、破損した箇所、さらに被災前の写真すべての添付が不可欠だという。工事費9億円の根拠となる資料である。被災から1週間後の提出は到底困難で、10月31日まで提出期限を延長してもらった。避難所での利用者支援もままならないなかで、復旧にかかる事務手続きのための作業は繁忙を極めた。

応急仮設住宅と移転の希望についての要望書を提出したものの、なかなか事態は進展せず、打開策も見い出せないまま、1か月半がすぎた。私たちはこれからどうすればいいのか、どういう選択肢があるのか、暗中模索の日々が続いた。ともかく方向性が定まらないのである。一方で復旧に関しては、暗黙のうちに進んでいった。しかし、今思えば、あの時選択肢などなかったのだ。復旧以外は。

これほど残念なことはない。詳細はここには書ききれないので別の機会に譲ることにする。応急仮設住宅建設については、当初、入所施設は対象ではないという理由で、俎上《そじょう》にすらのらなかった。私は、「ここには利用者の35年間の生活実態がある」と訴え続けた。それでも、実際に仮設住宅ができるかどうかがわからない日々が続いた。次の手が打てない。一日でも早く避難生活を終わらせたいが、何も定まらない。応急仮設住宅の実現に少し近づいたように思われたが、条件が付加された。

応急仮設住宅入居には、2年（と3か月）の利用期限を厳守すること、その後の入所先（移転先）が確保されていること、移転先の建設資金が十分にあること…。どの項目も実施は難しくまさにお先真っ暗とはこのことである。私たちは、重度の障害をもつ75名の生活の場所と働く場所をすべて失い茫然自失の中にあった。それでも「利用者のため」と、気持ちを奮い立たせていたが、これからの再出発を前に、この時ばかりはさすがに意気消沈した。

被災して1か月も経っていないのだ。建て替えの土地は用意されているのか、資金は十分にあるのかと尋ねられ、「はい」と自信をもって答えられる準備万端な被災者などどこにあろうか。でもそれが現実なのである。自然災害は想定を超えた現象によって、私たちの生命を脅かし、人間を貶《おとし》める。しかし、この経験から、「これからはそのことを踏まえて、障害のある人たちの防災・減災にあたらなければならない」ことを思い知ることとなった。

8　災害復旧・復興対策本部の運営に不可欠なもの――水先案内人――

職員の心に明かりを灯し続けた恩人に支えられ

川越市災害ボランティアセンターが立ち上がり、ボランティアが集まり始めた。多い日は50名を超え、累計1000名を超えたのは驚きだった。

復旧作業にボランティアの受け入れを始めて間もなくだった。職員からの知らせで、翌日のボランティアの中に、菊本圭一氏がいることを知った。菊本氏は現在、特定非営利活動法人 日本相談支援専門員協会代表理事で、隣町にある社会福祉法人 鶴ヶ島市社会福祉協議会の事務局次長でもあるのだが、私が知る菊本氏の素顔は、東日本大震災で石巻市に入り3年間奮闘したというものである。未曾有の大災害のなか、市内障害者の全戸別訪問を実施した実力者だ。

10月19日朝、私はボランティアの集合場所に向かった。多くのボランティアに紛れて、社会福祉法人 昴業務執行理事(当時、現理事長)丹羽彩文氏の姿を見つけた。丹羽さんは20年前からの知り合いだが、私はボランティアに来てくれたことがうれしく、手を握ってお礼をいった。

「菊本さんが来ているはずだけど」と尋ねると、「ほら、そこにいるよ」と私の背後を指差して笑った。振り向くと、ねじり鉢巻にニッカーボッカ、地下足袋の体躯の大きな男が立っていた。どう見ても「大工の源さん」。私は失礼を承知で「泥かきは他の人でもできます! 菊本さんにしかできないボランティアをお願いします!」とお願いした。半ば強引だった。菊本氏は「通りすがりだ」「泥だしの手伝いに来ただけだ」と照れ臭そうにいい、「でも、お手伝いできることがあれば」とタオルの鉢巻きをキュッと巻き直した。

菊本氏は、災害支援の大ベテランにもかかわらず「まず何をすればいい?」と私に指示を仰いだ。私は災害支援のSV（supervisor）をお願いしたいと図々しくお願いをした。

その頃、初雁の家の入所者は、川越市と市社会福祉協議会の協力によって、長期避難先の確保問題がようやく一段落着き、川越市総合福祉センター「オアシス」内の体育館で避難生活を再開したばかりだった。体育館ではまだ雑魚寝状態で、避難生活で必要な物資が足りず、職員が購入に走り回っていたから、避難生活を見てアドバイスをしてほしいと依頼した。菊本氏は、その足で私とオアシスに行く手配を整えた。特定非営利活動法人 埼玉県相談支援専門員協会代表理事である日野原雄二氏も同行してくださった。

オアシスに着くと菊本氏は、利用者の避難生活の状況を確認し、「何か困っていることはないか」と支援員への聞き取りを開始。車椅子ユーザーの利用者で、避難生活によって褥瘡《じょくそう》（床ずれ）ができ始めている方がいた。まずは、「早急にベッドを入れよう」ということになった。その日は休日だったが、市災害対策本部には県担当職員が常駐しているはずだと、その足で市役所に走った。折しもその日は川越祭りの当日だった。街中が祝祭にわく中、人気のない市役所の薄暗い一室でその日詰めていた担当者と話をつけた後、業者に手配をとった。「災害救助法が適応されていて、必要な物資のうち対応できるものは依頼をすればいい。そうでないものはこの基金が使えるだろう」と、菊本氏は避難生活で利用者が困らないよう的確なアドバイスを惜しげもなく提供し続けた。その日を境に、菊本氏は、ご自身の仕事を終えてから時間をみつけてはけやきの郷に足を運んでくださり、その度に復興に必要な専門的な知見を与えてくれた。菊本氏が「復旧と復興は違う。希望をもって復興に向かおう」と職員たちに語りかけたそのことばは、管理職の意識に浸透し、勇気づけてくれた。菊本氏の背中を見て動き出した職員もいた。

職員に敬意をもって接し、温かく見守りながら、明かりを灯し続けてくれた、いわば恩人である。その後も菊本氏は、ご自身の講演で地方へ行くたび、けやきの郷の被災を話の枕にして募金活動の呼びかけをしてくださり、中央官庁の審議会ではわが身を顧みず、けやきの郷の置かれている窮状、障害者の被災の悲惨さの改善をご提言くださった。自立支援協議会で私に発言の機会を用意してくれたこともあった。広範囲にわたって、広い人脈を駆使し、氏にしかできない支援を、絶妙なタイミングで提供してくださった。改めて感謝にたえない。菊本氏の存在はほんとうに大きかった。

災害復旧・復興の道筋は、当事者には見えないものである。暗澹《あんたん》たる気持ちの中、手行灯を片手に暗闇の中を進むような毎日だったことを思い出す。道中で氏から受けたアドバイスの多くは、「事前に知っていたら、随分違っただろうなあ」と思うものばかりだった。

被災した経験を無駄にせず今後いかすのなら、「被災した場合の想定をし、準備しておくことが望ましい」という教訓を忘れないことだ。例えば、災害復旧・災害復興のための公的支援と災害関連法、公的支援の申請手続き、各種ある民間支援団体と活用方法等々は事前に知っておくべきことで、これからの避難確保計画立案時には必須だろう。障害者施設の被災時に、菊本氏のような「被災直後から復興までの全過程を通した災害支援」に精通した水先案内人が公的補助を受けて派遣されれば、被災施設にとってこれほど心強いことはない。

9　本当の被害―代替が困難な自閉症支援―

支援環境が大きく変わる時ほど、丁寧な支援が不可欠であることをあらためて思い知る

けやきの郷は、今回の台風19号で全事業所が床上浸水し、建物の損害に加え、設備・備品を含めてほぼすべて使えなくなった。これは、事業継続の困難、つまり、支援継続不能を意味した。自閉症支援は、その代替えが容易に利くものではない。自閉症者の個別の理解は、共通の障害理解に加え、発達期の様子や発達段階の理解が特に重要になる。そのライフ・ヒストリー理解が基盤となり、さらに継続的な支援の延長線上にあることが大切になることから、別の方法での支援は代替しにくい。

支援者と支援環境が大きく変わる場合などには、ライフ・ヒストリーと現状のすり合わせを時間をかけて行いながら、丁寧に支援の継続を図る。その手間を省くと、混乱が起きる。

避難先として地域の障害者施設等に受け入れていただいたにもかかわらず、ミスマッチが起こった原因の一つに、災害によりこの基本が行えなかったことがある。代替の難しさを知っているからこそ、「継続的に支援してきたけやきの郷の職員でなければ、一時的な避難といえども、他の施設に行かせることは無理だ」と訴えた親たちも少なくなかった。災害は支援の継続を困難にする。

そのような混乱で、私たちは生活介護事業、就労継続支援B型事業、就労継続支援A型事業（当時）の

再開を急いだ。重度の障害がある人たちにとって、通所事業が果たす役割は大きい。それは、働くことが社会参加の機会となっているからだ。このことは、彼らが地域で日常生活を送るために、賃金や工賃を得るのと同じくらい重要な意味をもっている。したがって災害によって障害のある彼らが被った被害とは、①常時支援が必要な重度障害の人のための支援の継続が困難になったこと、そして、②彼らの社会参加の機会を奪われたことの両方にある。

10　災害は私たちに何を語りかけたか―再び障害と差別を目の当たりにして―

居場所を失ってもなお、居場所を見つけることができない憤り

自分の力だけでは逃げることさえままならない、重度の知的障害を伴う自閉症の人たちが災害にあい施設でくらす私たちは、居場所を失った。それなのに地域の中にも行き場を見つけることができなかった。最初の避難は4階建物への避難という建築のバリアによって阻まれた。川越市の協力によって自主避難することができた市民センターでは、市民活動の予約が入っていたため、翌日にはまた移動することになる。行くあてを失い、指定避難所の小学校へと向かったが、月曜日となり翌日から学校が始まるため、ここでも再び避難先を探すことになった。次の避難先は旧公民館だったが、避難生活が長期化し始めたこと

で衛生面から、二次避難先として不適合と判断されてしまう。最後にたどり着いたのは、総合福祉センター「オアシス」だった。センターでは、すでになされた利用予約をキャンセルするなどして尽力してくださったおかげで、私たちの避難場所がようやく確保されたのである。

しかし、「福祉」と名のつくところにしか、重度の障害者の居場所はないのか。苦虫を噛む思いだった。重度の知的障害と自閉症のある利用者の多くは、被災して住処を失ったからといって、「親戚の家に身を寄せればよい」とか、「ホテルでくらせばよい」といったそんな簡単なことでは話が片づかないことを、私たちは理解してもらいたかったけれど、いったい誰に知ってもらいたいのだろう?

私たちの被災後の生活と再建は、何度となく高い壁に阻まれ続けてきた。慣れない場所に追いやられて、彼らの障害は顕著に現れた。適切な支援が継続できないことが、彼らを苦しめ続けた。居場所を失っても、安心できる居場所が早急に必要なのに見つけることができない。

私たちの使命の一つとして、「差別や偏見をなくすため、地域に根ざすことができるように、これからも活動を続け、さらに活動範囲を広げていかなくてはいけない」そんな思いを新たにしている。

けやきの郷には一つの逸話が残されている。

けやきの郷が埼玉県内で最初の施設建設予定地となったある村（当時）では、自閉症の人を危険な存在であるとして、住民による施設建設反対運動が巻き起こった。設立準備を進めてきた発起人たちは住民説明会を繰り返した。そのなかで村民に対し初代理事長であり、元東京大学総長の茅誠司先生は、こういったという。

「私たちは、あなたたちが『ここに施設を作ってもいい』といっただけでは、施設は作りません。私たちの子が、孫が、人間としての尊厳をもって生きられる場所でなかったら、施設は作りません」

その一言で、それまで反対に騒めいていた住民集会は静まり返ったという。それでも残念ながら、そこでの建設は実現しなかった。

住む場所、働く場所を同時に失った私たちは、再び同じ苦境に立たされた。

11　希望―雨降って地固まるための出会いを力に―

〈2020年7月〉避難確保計画の充実とともに、地域の住民とともに安心してくらせるまちづくりを

2020年の夏になり私は今、この拙稿を被災した初雁の家の本部事務室内の自分のデスクで書いている。当時、災害対策本部として使っていた部屋だ。

発災から9か月が経過し、入所者の生活が平常に戻りつつある中、泥水に浸かった設立当時からの膨大な重要書類の洗浄作業にようやく取りかかりつつある。利用者の大事なライフ・ヒストリーなどを書かれたものもあり、その多くは永年保管が必要な重要書類だ。実際の作業は、ボランティアの方々が日替わり

で来てくれている。その募集には市社会福祉協議会のボランティアセンターが協力してくれた。

そのボランティアの方々が工夫を凝らし、文書の洗浄と復元作業をしてくれている。試行錯誤で毎日やり方が変わっていく。泥で汚れ、水を吸収して紙同士が張りついてしまった書類は、洗浄も分割も容易ではないようだ。最初は、作業を行う会議室の壁面に農業用のネットを張り巡らせたり、ロープを縦横に渡したりして、一枚一枚洗濯バサミで吊るして乾かしていた。6月に入り、梅雨になると、その方法では乾かなくなってアイロンを使い始めた。シワも伸びてちょうどいいらしい。しかし、消せるボールペンで書かれていた文字が、アイロンの熱で消えてしまった、と報告があった。書類を見ると確かに文字が消えている。その解決策は冷凍庫に入れることらしい、とボランティアの一人が調べてきた。実際に冷凍庫に入れてみたら、15分後に文字が戻って……ということを繰り返している。

様子伺いに顔を出しているうち、ボランティアの方々とも顔見知りになり「明日も来ます」とあいさつされることも増えた。

被災しなければ知り合うことさえなかった多くの人たちと出会った。そして施設のこと、自閉症のこと、障害のある人のくらしのことを伝える機会も増えた。これは間違いなく自閉症をもつ人々の施設が、地域に根づくきっかけになるだろう。

そして、今私が取りかかろうとしているのは、避難確保計画の充実である。地域の住民とともに、安心してくらせるまちづくりを進めて行きたい。それが希望であり願いである。私たちだけが助かるのではなく、障害の有無に関係なく、みんなが一緒に助かる避難確保計画が必要だ。

12　運営費の課題―2か月で事業の運営資金はショート―

被災での更なる頭の痛い話、収入減

すでに触れたが、避難が長期化したため、入居者を適切な支援が受けられる住環境へ移す必要があった。そのため、利用者の何人かは県内の障害者支援施設等へ受け入れていただいた。そのことにより、被災したけやきの郷への収入は、集団避難している総合福祉センター「オアシス」を利用している人数分だけとなった。

障害者施設の運営費はサービス提供が前提で、日割計算される。運営費の約7～8割は人件費である。また、行政による財務指導では、2か月分の運営費を担保しておくことが好ましいとされている。それ以上の余剰財源は、基本的にもちあわせていないのである。したがって、避難が長期化したことで事業運営が停止すると、早くて2か月で継続運営は困難になる。

13　提案―障害者入所施設の地域避難所新モデルと行政の役割について―

避難確保計画の充実のために踏まえておくべき4つのポイント

避難確保計画の充実をしたいといろいろ考えているうちに、気づいたことがある。

第1に、水害により障害者入所施設が半壊以上に損壊し、2か月以上の長期避難が必要になる場合、集団で避難できる場所を被災後に用意するのは困難であるということである。

第2に、一次避難先は指定避難所が想定されるが、行動障害を伴う自閉症者の場合、今回のように多くの住民が避難してくることが予想される指定避難所に避難することは難しい場合が多く、様々な状況を勘案し指定避難所に避難することを躊躇《ちゅうちょ》せざるを得ないケースがあること。

第3に、応急仮設住宅の設置には条件があり、激甚災害であっても仮設住宅が必ず設置されるわけでない上、入所施設等が入居要件を満たすことは極めて厳しいこと。

第4に、運営費は2か月で枯渇するかもしれない。それでも支援を途切れさせないために人件費を継続的に確保していくための方策が必要であること。

以上の点を踏まえて、平時より集団避難できるスペースを準備しておくことが必要であり、平時の有効活用も取り入れ、次の提言をしたい。

関係諸団体と共に、廃校活用といった障害者入所施設の避難計画の作成・提案を

被災後私たちは、集団で避難できる応急仮設住宅を低予算、短期間で準備できないだろうかと、地域を歩いて回り、模索を続けた。そのなかで、廃校となった小学校にたどりついた。小学校は適切な広さの教室が複数あり、入所施設のユニットを再建するには最適である。一つの教室をさらにパーテーション等で区切り、5、6人分の個別ユニットを作ることもできそうだ。机と椅子があれば、自閉症の人の作業スペースとしての基盤が避難所でも再現できる。平時なら、入所施設の作業スペース（生活介護事業等）として活用できる。教室は複数あるから、同じ大きさのものを5～10教室作って一般市民にも開放し、個人オフィスや高齢者等の余暇活動スペースとして開放することもできる。簡易ベッド、避難食等を常備しておき、入浴施設を仮設し、宿泊が可能なように整えておく。小学校等は耐震性にも優れているのでそういった場所があれば、自然災害にびくびくしなくてすむようになる

避難所として確保しておくだけでなく、有効活用できるよう、社会福祉法人等が廃校を指定管理者制度などにより、請負い運営をすることも考えられる。廃校の維持・管理で入居者の仕事（館内清掃など）として雇用を生む。

また、校庭を有効活用することで、地域住民が集まれる催しを行うことも可能ではないか。

このような提案を含め、避難確保計画の再考が必要になっているが、障害者入所施設の避難確保計画の

作成は、社会福祉法人が単独で計画するのは困難なうえ、避難が長期化した場合の避難先の確保には、行政の協力がなければ実現は難しい。

けやきの郷のような災害弱者を2度と生まないために、各関係諸団体と一丸となって提案していきたい。

避難所を転々とした日々を振り返って

初雁の家 副事業所長　田崎久美子

２０１９年10月12日（土）、私たちの施設である「初雁の家」が台風19号により被災した。実は大水による被災は２度目であり、20年前の１９９９年８月にも床上浸水の被害にあっている。この20年前の浸水は今回に比べて被害が少なくすみ、といっても床上浸水ともなるとすべてが汚水とヘドロに浸かるため、およそ１か月、施設を閉鎖している。この時は50名中約20名は所沢市にある「秩父学園」に一時受け入れをしていただき、その他の利用者は保護者もまだ若かったこともあり、施設が再開するまでの間を家庭で過ごした。

その災害を経て、２００１年に裏の大谷川にポンプ場が設置された。そのおかげでこの20年間は、園庭までの浸水は２年に１度くらいのペースであったものの、床上浸水に至ることはなかった。

1週間に4回も転々とした避難のスタート

２０１９年10月12日午前、台風19号に備えて自主避難をすることを決定した。まだ雨風もそれほどではなく、まさかこんなにも長い間施設に帰れなくなるとは思わずに決断した。週末で公休の職員も多かったため、避難するために職員を緊急招集していた。昼食を早めにすませ、近くの名細市民センターに身を寄せた。指定されている避難所は旧公民館の４階だった。しかし、エレベーターのない施設の４階に車椅子の利用者を避難させることは困難なため、市民センターのホールを貸し切りにしていただけることになった。恐らく翌日、水の引きが遅かったとしても二日後には施設に戻れる想定での避難のはずだった。しかし実際は、ポンプ場設置のために作った新しい堤防が決壊する、という想像もしていなかったことが生じ、ここから初雁の家の長い避難生活が始まることになった。一日目を市民センターで過ごし、翌日にはこの施設の定期活動であるサークル活動が入っているから移動してほしい、ということで早々に市民センターを出なければならなくなった。

次に紹介されたのは近くの小学校の体育館。そこはすでにグループホームの利用者が避難していた。小学校に向かったが、「翌日から授業が始まる」という理由で別の所に行くよういわれてしまった。情報が錯綜しているようで、暫くどこへ行けばよいのかわからない状態に陥った。そしてやっと決まった場所が、旧名細公民館だった。もともと指定されていた旧公民館の４階ではなく、１階を初雁の家とグループホームのためにあけてくださる、とのことで旧公民館へと移動する。旧公民館で１週間ほど避難生活を送った後、衛生状態がよくないという理由で旧公民館から移動するように川越市から指示があった。次に川越市が避難場所として紹介してくれたのが総合福祉センター「オアシス」だった。

こうして12日から1週間の間に4か所も場所を変えることになった。そのたびに荷物をまとめ、どこへ行くのかもわからないまま車に乗せられ生活の場を転々としたことは、なかなか環境の変化に適応できない自閉症をもつ利用者にとって、安心とは程遠い状態であったはずだ。

避難生活で明らかになった衣食住の課題

旧公民館での避難生活に話を戻そう。旧公民館は、古く狭く決してきれいとはいえなかった。そこは車椅子用のトイレはなく、狭く使いにくいものだった。この場所は被災直後でいろいろな支援物資が届き大変助かった一方、外部の方の出入りが多くあり、その対応でわさわさしており、公民館内が常にごった返した状態だった。お見舞いや視察でおみえになる行政の方などへの対応を、管理職が順番を決めて交代で行っていった。毎日「お手伝いできることはありませんか?」とやって来る議員もいたが、利用者の支援ができるわけではなく、正直なところ対応に困ってしまったのが実情である。

長引く避難生活を想定していなかったため、最低限の荷物しかもち込んでいない。そのためすぐに着替えが足りなくなったのには頭が痛かった。どうしようもなくなって衣類を買おうにも現金がなく、職員が現金を立て替え、下着や衣類を購入した。この時「誰が現金を立て替えるのか」「いくらくらい用意すればよいのか」「事業所ごとに分けるべきか」といった問題がでてきた。新たに購入するのはできるだけ下着類に限り、それ以外の衣類は職員や知人の古着をもち寄り対応した。

入浴は車で20分程の場所にある、現在は使われていないデイサービスを利用することができた。いつもは毎日入浴していたが、ここではそうもいかず、男女一日おきに入浴に連れていった。洗濯物は大型コインランドリーを利用。この洗濯作業は費用も人手もかかり思いの外大変だった。食事は避難生活を始めてからお弁当をとっていた。

昼食と夕食はお弁当の配達があるが、朝食はそれがない。だが幸いにも初雁の家の作業の一つとして製パン作業がある。初雁の家とは別の場所に製パンの作業場と店舗をもっていたため、毎朝、職員が朝食用の調理パンを作り避難場所まで届けていた。公民館の小さなガス台で調理職員がみそ汁やスープを作っていたが、毎日のお弁当生活は利用者にとってもつらかったようだ。日が経つにつれ、いつもであれば何でもよく食べる利用者が、残すようになってしまった。

避難生活の中で体調不良者や嘔吐した利用者が一人でもでると、市役所から保健所に連絡がいきすぐに調査が入る。感染症を広めないためも、十分な注意が必要となっていた。しかし隔離スペースを設けることができずに、人があまり通らない廊下の一角に嘔吐した利用者を寝かせることにした。幸いにもつきそいがなくてもいられる方だったので、このような隔離ができたが、この生活の中で感染症が広がったら……と不安や心配が消えることはなかった。幸いにも単発の嘔吐であり、それ以外の体調に異変がなかったことなどから、恐らくは脂っこい食事が続き持病（胆のう摘出）が嘔吐の原因となっているのではないか、ということに落ち着いた。しかし、この後もお弁当生活は暫く続くことになる。

4つ目の避難先―総合福祉センターー「オアシス」に移動

次に移動した総合福祉センターオアシスは、旧公民館に比べれば広く明るく衛生的だった。総合福祉センターオアシスの中の体育室を生活のスペースとして使用することになる。初めは3階の和室を勧められたが、とても狭く、現在、家庭で避難している方で、今後、家庭で過ごすことが困難になった方がオアシスを利用するようになるかもしれないことを考えると、この和室での生活は厳しいと考えた。こういったことを配慮して、オアシスの職員が2階フロアの体育室の利用を提案してくれた。同じフロアにトイレ、浴室、調理実習室がある。何よりも有難かったのは、体育室の半分は生活のスペース、半分はフリースペースとして利用し、走り回ることもできることだった。利用者の障害特性を考えて提案してくれたのだ。私たちとしても利用者が増える可能性を考え、またワンフロアで生活ができることは好都合だったので、体育室で避難生活を送ることに決めた。

使えなかった段ボールの仕切り

オアシスでの生活は、旧公民館での生活に比べれて快適になった。また、12月28日まで使用できるということで、やっと避難生活が落ち着いたように感じた。暫く続く避難生活のため、寝具や段ボールベッド、段ボールの仕切りなどの物資がいろいろ届いた。ただ、ここにも自閉症特有の難しさが現れた。というのも、利用者の中に段ボールに固執する方がいた。とりあえず段ボールで作った仕切りを出してみた。途端に段ボールに飛びつき、あっという間に段ボールがバラバラになるという想定〝内〟の行動が起きた。段ボールベッドも組み立ててみた。ベッドといえばベッドかもしれないが、布団を乗せる台といった方が適切で、利用者が快適に寝られるようなものではないように思った。結局、たくさん用意してもらった段ボールベッドは一つも使用することはなかった。

オアシスからは、「とにかく体育室の床を傷つけることだけは気をつけてほしい」といわれていたので、何を置くにもブルーシートや薄いウレタンマットのようなものを敷いていた。

浴室が使用できる時間は13時から15時半の間と決められていた。一日の大体のスケジュールは8時起床、朝食や身支度を整え、10時ころから買い物やウォーキングなどに出かける。この時、洗濯物を車で20分程の場所にある障害者支援施設に届ける。午前中に届けると夕方までに洗濯・乾燥が終わっているよう協力していただいていた。

12時に昼食。歯磨きを終えて入浴。入浴が終わると、間もなくお茶の時間になる。その後自由時間となり、18時夕食。20時半から21時に順次就床する。

この一日の中で、入浴後の自由時間をうまく過ごすことのできない方は時間をもて余すことになる。何人かの利用者は、職員と一緒に洗濯物を取りに車で出かける。どうしても時間をもて余してしまう方は、もう一度ドライブ等で外出していた。体育室にはテレビやソファーをもち込み、リビング的な一角を設けたり、壁にプロジェクターでＤＶＤを映す、絵や文字を書く、職員と一緒に制作活動をするなどして過ごし方もいろいろ考えた。

異なる環境下でのデメリット・メリット

こういった生活の中で、それまでの生活と大きく異なるのは、生活時間と生活空間だった。

生活時間でいうなら９～15時までの日中活動の時間を含めて、それまでのスケジュールが崩れてしまった。生活の場でいえば、施設では５つのユニットで分かれていたのが、避難生活では全員が同じスペースで生活しなければならなくなった。夜間に一人が大声をあげれば、ほぼ全員がその影響を受けざるを得ない。自閉症特有の行動でいえば、寝具のカバー類を外してしまう方は、自分の物だけにとどまらず全員のカバーを外したくなる。初雁の家のようにユニットで分かれていれば、そういった行動の影響も最小限で防ぐことができるが、全員同じ場での生活はそういった行動を広めてしまうことにもなり、これでは利用者も落ち着いて生活ができない。

また、男性更衣室にある洗面台は、利用者が使用するだけでなく、着替えや寝具のストックなどを保管している。女性更衣室は職員室代わりに使い、職員の荷物やパソコン、書類関係、お茶の時間に使う飲料、いただき物のお菓子、消毒薬や洗剤類など、利用者が直接使用しないもの、手に触れさせたくないものなどを保管していた。こちらは利用者の出入りを禁止していたが、女性更衣室からはおやつやお茶がでてくることがわかると、ついつい入りたくなってしまう。職員のスキをねらって女性更衣室に入ろうとする方もいた。構造上、体育室からトイレまでの間に更衣室があるため、トイレ要求をして体育室からでて、トイレには行かず鍵のない更衣室に入ろうとするのだ。自然とトイレの回数も多くなってくる。そんなやり取りが毎日のように繰り広げられることになった。

ただ、新たな発見もあった。ふだんであればひとりでトイレに自由に行ける方でも、避難場所ではそうはいかず、一人一人毎回付き添いが必要になる。というのも2階フロアは一般のデイサービスの高齢者も利用しているため、周囲の方々に迷惑をかけぬよう、また迷ってどこかへ行ってしまわぬよう見守りが必要になってくるからだ。そのため、このトイレの付き添いが避難生活の中で職員の大きな仕事の一つとなっていた。出入り禁止の更衣室に入ろうとする人もいたが、避難生活になってからふだんに比べ大きな混乱は少ないように思われた。これはいつもより利用者の数に対してスタッフの数が充実していること、ふだんはどうしても目が離れてしまうことがあるが、皆が1か所に集まっていることで避難生活の中では必ず誰かしらが見ていることが大きな違いだと感じた。常に誰かの目があるということの重要性をあらためて実感した。

ふだんの日中活動の中では作業班ごとに分かれて活動している。このこと自体に疑問をもっていなかったが、職員の数が分散することで、職員の目が行き届かない瞬間が生まれる。生活の場面では、朝や夜など職員の数が少ない場面で、どうしてもその場を離れなければならない状況も生じていた。避難生活の中ではそういった手薄になりがちな時間があまりない、ということにあらためて気づいたわけだ。一か所に集まっていることはデメリットだけでなく、メリットがあることも理解できた。

最後まで指定されなかったオアシスの福祉避難所

また、別の側面からこの避難生活を考えた時に、オアシスが「福祉避難所」としての指定を受けていないことも利用者の負担を大きくしていることにつながっている気がする。

けやきの郷としては、私たちが避難生活をしている間だけでも「福祉避難所」として認めてほしかったのだが、最後まで指定されることはなかった。そのため、埼玉県内の避難者数はゼロという発表がなされていた。避難所で避難生活をしているか、避難所以外の場所で避難生活をしているかによって扱いが大きく違ったのだ。避難所として指定してもらえるように精一杯働きかけたが、結局指定されず、納得いかない部分も残っている。

3月までのオアシス滞在延長の配慮に感謝

オアシスに避難場所を移した当初「利用できるのは12月28日まで」といわれていた。年末が近づくにつれ、やっと慣れた避難場所から今度はどこへ行くことになるのか、と心配する声があがり始めた。そんな時、オアシスのスタッフとの何気ない会話の中で、オアシスは、通常夜間は使用しないので無人になるのだが、初雁の家が避難生活を送っているので、現在はオアシスの職員が毎日2名ずつ当直をしてくださっていることを知った。オアシスとしては「管理上必要な人員なので、気にしないでください」とおっしゃってくれていたが、実際は当直により日中のスタッフ数が削られること、当直のための人件費が必要となること等の問題があったそうだ。それに関する補助がないまま川越市から3月までの避難生活の受け入れの延長をお願いされたため、簡単に「いいですよ」とは言い難い状況があるのだと聞いた。

話の中で、環境の変化に弱い人たちの避難先をまた変えることはオアシスのスタッフとしても本意ではないことを耳にし、本当に有難いと思った。加えて、いろいろな人たちに支えられながら避難生活を送ることができているのだと思ったのを覚えている。その後、川越市との交渉で、夜間警備会社を入れてもらえることになり、3月末までオアシスでの避難生活が可能となった。

DWATの支援で職員の片づけが進む

避難生活を何とか無事に送ることができたことの背景に、DWAT（災害派遣福祉チーム）の活動や埼玉県発達障害福祉協会（発障協）の協力があったことは間違いない。DWATは主として発障協加盟の施設で災害ボランティアとしての研修を受け、登録された人たちで構成されている。

初雁の家のスタッフの業務としては利用者の支援だけでなく、被災した施設の片づけにも職員の手が必要だった。毎日何十人、週末の多い日には、けやきの郷の法人全体で300人ものボランティアが復旧作業の手伝いに来てくれた。そのボランティアたちを取り仕切るために職員の手が必要となる。スタッフは毎日、利用者支援と復旧作業とに分かれて仕事を行った。被災当初は約半数の家庭で、利用者を引き取ってくれた。日を追うごとに施設に戻って来て支援を必要とする利用者が増える。そして、減ることはないであろう状況の中、また一日も早く施設を復旧させなければならない状況の中、1か月間DWATの方々に利用者支援に入っていただけたので、スタッフの約半分が施設の復旧作業に行くことができた。また、DWATとして1か月間の利用者支援の活動を終えた後も、発障協加盟の施設での利用者の受け入れに活動の内容を変え、協力していただいた。利用者も次第に避難生活に慣れてきて、避難場所での様々な問題も出てきたところで、集団での避難生活が困難な利用者を優先的に、発障協加盟の事業所で一時的に預かっていただき大変助かった。

40名のうち、16名が他事業所利用

2021年の年が明け、1月時点での避難場所で生活をしている方は10～15名ほどだった。40名の利用者の生活場所は、オアシスを利用している方が7名。完全に家庭で過ごされている方が5名。避難場所と家庭とを交互に利用している方が7名。この中には泊まりで避難場所に来る方もいれば、日中のみの利用

で来る方もいた。そして、通所で他の事業所を利用している方が5名。入所で他事業所を利用している方が16名となっていた。

ここで問題となるのが、支援費としての収入だ。様々な働きかけにより、家庭で過ごしている方の支援費は初雁の家に入ることになった。ただし、電話連絡や通院等で家庭と連絡もしくはかかわりをもった、という記録が重要になる。当然、他事業所を利用している方には、利用している事業所に支援費が入ることになるので、初雁の家の収入は減少することになってしまう。当初は預かってもらっている事業所に職員を派遣してその施設で働くことによって何らかの収入を保障してもらう、という話もでていたが、距離的に通勤が難しく、事業所によって勤務の入り方が様々で、職員のメンタル面も心配されたため、結局他事業所への職員出向は行わなかった。また、新しい環境になかなか適応することが困難で、1週間ほどの利用で戻って来た方もいたので、職員の分散によって（オアシスでの）避難場所の勤務が回らなくなる懸念もあった。

時間をやりくりし、1月から日中活動再開

被災以来、日中活動としてはこれまで行ってきた作業活動ができない状況が続いていた。しかし、1月21日にやっと作業活動が再開された。市内の利用者のご家族の事務所兼ホールをお借りすることができ、そこで作業を始めることになったのだ。

けやきの郷の理念の一つに「働くことを療育の中心に」を掲げている。被災前の初雁の家では9〜15時まで利用者全員が作業に携わっていた。製パン作業や鉄道模型の組み立て、空き缶回収と空き缶つぶし、付録つき雑誌の仕分け、CD、DVDの分別などが作業内容となる。

被災以来作業ができず、避難生活の中ではドライブや買い物、ウォーキングなどをして過ごしていたが、被災前と違う生活に慣れてしまうと、元の環境に戻れても気持ちや身体がついてこなくなってしまうのではないかという心配があった。日中活動を開始するにあたっても、食事や入浴時間はどうするのか、と検討しなければならないこともたくさんでてきた。しかし、「動き出さないことには何も始まらない。とにかく動き出そう」と現場職員から声があがった。すぐに取りかかることができる付録つき雑誌の分別作業から開始。オアシスで使っている、鍵がかからない体育室を無人にすることはできないため、2名のスタッフが留守番に残り、残る職員には日中に掃除や布団干し、電話対応などをしてもらい、それ以外のスタッフは利用者と共に作業に出かけることにした。午前9時半に体育室を出発。10〜12時まで休憩をはさみながら作業を行う。昼食は、オアシスの調理実習室で調理職員が作ったものを作業場まで運んでもらった。午後に入ると片づけをして13時半に作業場を出発し、オアシスの体育室に帰ってきた。帰ると順次、入浴を開始。浴室の使用時間の変更をオアシスに相談したが、さまざまな理由から難しかったので、作業時間は長くはとれなかったが、作業に向かう習慣を再度つけるようにした。

2月1日には、かねてより川越市にお願いしていた段ボールではない、パーティションの設置が完了。

前述したとおり、段ボールの仕切りは利用者が破いてしまうため、設置できずそのままになっていた。ここでやっと、叩いたりしても倒れないパーティションが届いた。

パーティションの設置

パーティションの設置により、広い体育室にそのまま布団を敷くよりも、寝ている時、温かくなった。体育室では暖房をつけることができたが、温度調節ができず、つけるか消すかの二者選択をせざるを得なかった。乾燥がひどいので、夜間は暖房を切っていたため、高さ２ｍ程のパーティションにより暖かさを保つことができるようになった。

その反面パーティションの中ににおいがこもった。夜尿症の方もいたので、そのにおいがこもらないように日中は換気した。パーティションで２名ずつ区切って寝られ、居室空間を設けたことで、それまでの〟広いスペースに敷いてある１つの布団が自分だけの場所〟という認識から、「パーティション内は自分の居室」としての認識をもつことができるように変わった。プライベートな空間があることで利用者もリラックスできるようになった、と感じた。そして、自分の居室があるという安心感からか、広いスペースをウロウロと歩き回ることも減り、ゆっくりしたいと思って、居室に入っていく姿が見られるようになった。また、居室スペースの出入口を１か所にすることで、夜間の利用者の状況を掌握しやすくなったという利点もある。

これまでの施設とは違う環境で、利用者の安全を守るうえでもパーティションの設置は正解だった。

障害のある人たちの「集団避難」の問題―集団での避難場所の確保を

今回の被災で問題点として浮かびあがった事柄もある。それは被災した直後、様々な理由から避難場所を転々とさせられたことである。川越市の中で被災した地域は、けやきの郷の周辺のみ。その周囲は、皆ふだんと変わらぬ日常生活を送っている。その中で「サークル活動が始まるから」「授業が始まるから」といった理由で避難場所を動かされることになった。もしもっと広いエリアが被災したら、私たちはどこへ避難すればよかったのだろう。オアシスで避難生活を送ってきた中で、一番気を遣ったのは、やはり一般の人たちに迷惑をかけないようにすることだった。同時に私たちは、特別な支援を必要とする方たちを分散させて支援していくことの難しさを痛感した。他の施設での受け入れを断られたり、拒否された方の支援は、やはりその方を理解した職員でないと、という支援の難しさがある。

これまでの経験から、一般の人たちと同じ避難所で生活するのは難しいと考える。そのため、例えば廃校を利用するなどの集団での避難場所の確保を迅速に行ってほしいと思った。集団で避難することで支援費の収入の問題も解決できる。けやきの郷は現在も、この問題点を今後に残さないための運動を行っている。また、集団避難の場として、応急仮設住宅の要求もしてきたのだが、これも「在宅避難者は避難者として認めることができるかどうかわからない」といわれた。これを一般の人にあてはめて考えてみると、被災しても実家が無事なら避難者としては扱われないかもしれない、ということになるのではないだろうか。全く納得できない話だが、その話が覆ることもなく、あきらめざるを得なかった。在宅の人も大変な思いをしている。この問題も今後提起していきたいと思う。

待望の復帰！少しずつ前進！

さて初雁の家は改修工事がやっと終了し、２０２０年3月25日に施設に帰ることができた。思いの外、改修工事が長引いたいのは、電気の大元であるキュービクル（高圧受電設備）が水没により壊れてしまったことがある。電気が復旧しないことにはモーターやポンプを動かすこともできず、水道も使えない。電気や水が元に戻らないことが復旧工事を遅らせた大きな要因となっている。

そして初雁の家は2、3年後には移転して、新築する方向性も決まった。場所が変われば台風のたびに浸水の心配をしなくてもすむ、とほっとする気持ちと、私が働き始めてからの約30年間の思い出と、台風によって何もなくなってしまった施設など様々な思いを巡らせると涙があふれそうになる。

しかし、私の目の前には利用者たちがいる。命を守り、人生を支えていかなければならない。時には気持ちが落ち込んで仕方ない時もあるが、少しずつでも前進していきたいものだ。そしていつか完全に立ち直った初雁の家をみていただけるよう頑張っていきたい。

最後に今回の災害に際し、避難の受け入れを引き受けてくださった皆様や、物品、義援金等の支援をくださった方々には本当に感謝の気持ちでいっぱいだ。今回の件で共助の意味を、身をもって理解することができた。この共助の気持ちを大切に、今後このような状況が生じた時、周囲を支えていけるような力をつけていこうと固く決意している。

グループホーム

10カ月間の避難生活を経て明らかになったグループホームに今後必要なこと

グループホーム 事業所長　宇藤安弘

予想外の展開で早期から消防の救助受ける

グループホームでは、20～60代の知的障害を伴せもつ自閉症の方たち男女35人が生活している。

２０１９年10月に我々を襲った台風19号。グループホームとしては、10月12日（土）午前中に窓などに新聞紙等を養生テープにて目張りをし、ゴミ箱等を玄関内部に取り込むなどして、いつもの通りの台風対策をしていた。また万が一、水位の上昇した場合のことを考え、鉄骨造の建物に垂直避難することにしていた。まさか土手が決壊して、万が一と想定していた状況が現実となるとは思ってもいなかった。

13日深夜０時過ぎ。台風も去り一安心と思っていたところ、１時頃に潮寮玄関前階段まで水位が上昇した。取り急ぎセットずみの１週間分の薬を抱えて、電気ブレーカーを落としたまさにその時、ホームリビングが浸水し、瞬く間に水位が上昇し始めた。水位はどんどん上がり、床上160cmまでになった。また、台風や大雨の際の床上浸水に備え、1.5mかさ上げして建設していたあかつき寮も、浸水90cmまでになり、同日、2時頃に法人災害対策本部へ救助要請の依頼をした。しかし、消防からは深夜の出動は2次災害の危険性もあるとのことで、早朝からの救助となった。

同日5時50分頃、消防の方々のボートでの救助があり、潮寮の利用者8名、第二潮寮5名（初雁の家利用者）、あかつき寮10名（しらこばとの家・七草の家利用者を含む）、支援スタッフ5名が救助された。

救助後は、川越市立広谷小学校に避難することになった。避難場所の連絡を受けて広谷小学校に向かう途中、コンビニエンスストアにて、朝食と飲み物を購入しようと店内に入ると、おにぎりやパンなどは全くない。別の店に向かおうとしたところ、まさに「何があっても負けずに頑張れ！」と神が舞い降りたかのように、パンの配送業者が入ってきた。すぐさま飲み物とパンを購入し避難所へ向かった。

連休明けに名細公民館に避難

8時頃に、消防のマイクロバスにて、利用者、支援スタッフが到着。皆の顔をみて無事でよかったと安堵したのを覚えている。到着後、体育館に入り、購入した飲み物とパンを食べて休んでいると、別の避難所である旧名細公民館へ移動することになると聞かされた。移動の理由は、14日（月）はスポーツの日で祝日だが、15日（火）から小学校は通常通り子どもたちが通うからということだった。

到着して間もなく、旧名細公民館に移動したが、移動するにも台風の影響で道路が混雑して通常の倍以上かかった。旧名細公民館には、地域の方々も避難しており、気を遣いながら対応していたが、何となく地域の方々は別の場所へ移動していった。

旧名細公民館に避難した後は、連絡網にて各家庭に利用者全員の無事と避難場所等を伝達して、これから先の自宅待機のお願いをした。次に手をつけたのが薬のチェック。看護師が協力医療機関の西部診療所をはじめ、皮膚科、耳鼻科、眼科などを回り、17日（木）まで薬を切らすことなく補充することができた。また支援スタッフの勤務時間を課長・主任に再編成してもらい、避難中の利用者の衣類、生活用品や筆記用具等の買い出しや利用者への支援、災害復旧などに分かれて対応した。

食事は、初雁の家やワークセンターけやきの栄養士や調理員が作ってくれた。グループホームとしては、入浴及び衣類等の洗濯などの衛生管理の対応について考えないといけなかった。けやきの郷の評議員である倉嶋美恵子さんのお声がけで、閉鎖中のデイサービス事業所「あぜ道」をお借りできることになり、避難所からマイクロバスで移動しながら初雁の家の利用者もあわせて入浴をさせていただいた。「あぜ道」は、後にグループホームの避難所となった。

入浴できてよかった、と思っていた矢先に事故報告書案件が発生した。入浴終了後、避難所へ戻る際にトイレを使用中の利用者がいたが、他の利用者が律儀に電気を消したので、施錠前の建物内の確認がいき届かず、利用者を置き去りにしてしまったのだ。人数確認をして出発したのだが、暗くてそこにあった荷物を利用者一人とカウントしていた。避難所到着後、1名いないことに気づき、真っ青になって急いで「あぜ道」に引き返すと、真っ暗なトイレに一人ぽつんと立っている利用者を発見した。暗い中、待っていた利用者Hさんには、平謝りに謝った。二度と、こんなことを起こしてはならないと、固く心に誓った。

数日後、日本赤十字社の方々がおみえになり、衛生管理上旧名細公民館での長期間の滞在は好ましくないとの指摘を受けた。18日（金）にグループホームの利用者は「あぜ道」に引越し、避難所生活が新たにスタート。ここでの生活は、2020年6月末まで続くことになる。しかし、ここは居住スペースとしては、15名程度が最大で、ご家族に協力していただき、11名だけが避難所での生活になった。取り急ぎ、家電製品（電器ポット、炊飯器、電子レンジ）などを揃え、寝具類は行政が、赤十字からの布団セット4組、他はリース会社に用意してもらった。

あかつき寮、七草の家の仮入居は12月に

避難後、避難所での生活が長期間になることが明らかになる。ご家族の負担を考え、グループホーム復旧工事の施工管理会社と相談し、すべての寮を同時に復旧せず、被害が比較的少ない所を仮復旧して使用できるようにしてもらった。最後まで手つかずだった、あかつき寮と七草の家に仮入居ができるようになったのは12月16日だった。

10月18日～12月16日に行政機関に他の避難所確保の依頼をしたところ、グループホームの近所の建物を

紹介された。近所なら好都合と、確保のお願いをした。暫く連絡がないので問い合わせると、「そこは駄目でした」という返事のみ。思うところはさまざまあったが、共助の気持ちだと受け止め、気持ちを切り替えた。

クラウドサービスの掲示板を取り入れ、情報共有

その後、仮復旧したグループホームで生活を始めた頃、支援スタッフ間での情報共有の漏れにより、外部サービス利用の連携ミス、通院時の出発場所やスタッフの出勤場所の間違い等々立て続けに起きた。水害被害前までは、それぞれのグループホームの事務所が近くにあり、出入りの中で顔をあわせる際に情報共有が知らず知らずのうちになされていたのが、避難場所が離れたことで支援スタッフが会う機会が減り、会話することも少なくなった。そのことが情報共有の漏れの原因だと思われた。そこで、ネット上にクラウドサービスの掲示板を取り入れ、改善にあたった。

6月、やっとあかつき寮に戻るも、依然「コロナ」対策中

２０２０年3月23日にグループホーム潮寮・第二潮寮、しらこばとの家の復旧工事完了にともない、再度、あかつき寮の利用者が、「あぜ道」に移動して避難所生活を再開することになった。しかし、この頃には、日本だけではなく世界的に新型コロナウイルスの感染拡大が騒がれ始めていた。避難所は集団での生活に

なるので、感染症対策にはかなり苦慮した。利用者が、発熱（原因は風邪であった）した際、できる限り隔離できるように部屋を整え、他の利用者も常にマスクの着用を徹底して生活していただいた。

利用者の中には感覚過敏の方もいる。マスクの着用、馴れない建物での生活、外出の自粛など、それまでと異なる生活環境から生まれる煩わしさを受け入れる気持ちを作るのは、非常に難しかったと思う。

そういったつらい時期をなんとか乗り越え、復旧工事業者の努力により工事が無事終了し、6月26日（金）にあかつき寮に戻ることができた。感染症対策は引き続き実施したが、利用者が台風前のように自分の部屋で生活を送れるのが大変うれしいと感じていることは一人一人の顔が物語っていた。ホームに戻った時、皆、恵比寿顔になっていた！

SNS活用も今後の課題に

2020年のグループホーム水害被害を受けて、事前避難はもちろんだが、それ以外にも緊急事態発生のためにやっておくべきことがはっきりした。

あかつき寮に戻ってからは、非常食の保管場所を2階に移し、緊急事態が近づいたら早期に利用者の①服用薬・塗布薬等の一覧表②アレルギーの有無等などがわかる「お薬手帳」③健康保険証を避難させること、④金品等（受給者証や療育手帳（みどりの手帳））、⑤電子機器等の移動、⑥各利用者のリュックに2回分程度の着替えを入れておくなどは、最低限しなければいけないこととして認識するようになっている。給湯器やエアコン室外機は、すでにかさ上げをして設置した。状況によっては冷蔵庫や洗濯機等、ベッド、チェスト、ソファーなどの家具も2階に移動することも考えている。

また、被災後の利用者・支援スタッフの体調管理、情報の共有「ホウレンソウ」（報告・連絡・相談）等はSNSなども利用して対応していくことが必要不可欠であると感じ、その活用方法を模索しているところである。

やまびこ製作所

写真とともに振り返る 台風19号直後の作業所の浸水被害と利用者受け入れ再開

やまびこ製作所 事業所長　伊得正則

パレット製作の技術をもつ作業所として

やまびこ製作所の起源は、入所施設である初雁の家が、重い知的障害を伴せもつ自閉症の方たちの自立を目指し、作業班を創設して積極的に地域社会へ作業の場を求め、参加してきたことに遡る。その中のひとつであった木製パレット製作の技術の蓄積が、やまびこ製作所の開所へとつながる。初雁の家の作業班として出発した1992年当時に比べ、作業量の拡大、作業技術の進歩・向上がはっきりと見られ、1995年（平成7年）には福祉工場（雇用型）として新たな出発。2009年（平成23年）からは、就労継続支援A型として27名の利用者さんと12名の支援スタッフが元気に働いていた。※

過去のできごとが走馬灯のように思い浮かんで

１９９９年８月の熱帯低気圧の被害にあってちょうど20年。２度目となる２０１９年10月の台風19号は、越辺川の堤防決壊という想定すらしていなかった事態により、けやきの郷の１階すべてが浸水してしまった。

初雁の家の作業場として創業した歴史をもつやまびこ製作所の建物及び工場内の浸水（泥水）の高さは、優に２ｍを超えてしまった。この現実にただただ呆然とするばかりであった。

台風が過ぎた翌日の13日(日)は辺り一帯が冠水し､道路は寸断されてしまった。孤立状態に陥ってしまったため、やまびこ製作所に近づくことができなかった。15日（火）になると大分水が引き、やまびこ製作所への道路も何とか通行できるようになった。

やっとの思いで建物に足を踏み入れると、管理棟１階の事務所は３分の２程浸水し、表現のしようのないにおいがしていた。ほぼすべての電化製品（パソコン・コピー機・固定電話・携帯電話等）、机の上に置いてあった書類もすべて泥水に浸かったままで床に散乱していた。書庫に保管していたファイルは流されずにすんだが、泥水の中にある。その惨状に言葉を失いながら、過去に我が製作所の前に立ち塞がった数々の困難が、走馬灯のように頭の中を駆け巡った。

頭に浮かんだ過去のことをあげると以下のようになる。

・1979年けやきの郷発起人会発足。
・1984年社会福祉法人けやきの郷設立、そして「親なき後の安心できる施設建設運動」に対する、住民の猛烈な反対運動にあいながらも一心不乱に闘いつづけた先駆者たち。やまびこ製作所は間違いなくその遺伝子を受け継ぐ。
・1992年に初雁の家の作業班として船出。理念である、「人間として、豊かで、幸せで、責任をもって人生を送る」の具現化をより現実的に図ろうと、バブル絶頂期に「今がチャンス」と法人直轄の収益事業に転換し、施設利用者と労働者として雇用契約を締結する。しかしこの事業は3年で経営計画の甘さが露呈し、撤退を余儀なくされた。その時、元宮城県知事で当時の厚生省障害福祉課長だった浅野史郎さんの助言をもらい、1995年に福祉工場に転換し安定経営を期待したが、それも束の間、1990年後半のバブル崩壊後の経営危機でパレット受注は激減。本家である初雁の家の解体班に風呂釜の解体物を分けてもらえるようお願いに行き、夢中で仕事に取り組んだ日々。
・そこに追い討ちを掛けられた1999年の1回目の台風被害。
・2008年世界規模の金融危機リーマンショック。
・2011年の東日本大震災後の受注激減。
2003年には年商1億2千万円までに拡大した時期もある。経済保障という制度が背中を押してきた事実は否めないが、理念の具現化に向かって、誇りとみんなの努力が交じり合って猛進してきた成果なのであろう。

なぜ、これほどの仕打ちを受けなければならないのか、これからどうすればいいのか。そう思って現実を嘆き苦悩ばかりが頭に浮かんで、行き場のない怒りを心にため込むことしかできなかった。

以下、写真を見ながら、当時のことを振り返りたい。

〈事務所〉

写真 1　10 月 15 日。事務所内。

管理棟 1 階の事務所は 3 分の 2 程浸水。パソコン・コピー機・固定電話・携帯電話等の電化製品も、また机の上に置いてあった書類もすべて泥水に浸かったままで、床に散乱。書庫に保管していたファイルは流されずにすんだが、泥水に浸かって使い物にならなかった。

⇩

写真 2　11 月 8 日。事務所内。
泥水に浸かった電化製品やすべての書類を片づけた。

写真5　10月15日。パレット製造のための木材が散乱している。

写真3　10月15日。第二工場内 パレットが崩れて散乱。

工場内は製作したばかりのパレット、保管してあったパレットが崩れて散乱しており、足を踏み入れるのさえ危険な状態だった。動力となるエアーコンプレッサーも泥水に浸かり、水の勢いで逆さまになっていた。パレット製作に使用する釘打ち機や釘、その他の工具もとても使える状態ではない。また、工場のシャッターも閉じたままで、作動不能であった。

写真6　11月8日。工場の外を片づけ、材料を工場内に運べるようになる。

写真4　11月8日。片づけられた第二工場内。

写真７　10月15日。入口前。パレットや材料の木材で入口が塞がれた。

写真９　10月15日。1階。事務所内同様に室内のものが泥に浸ったままで散乱している。

工場の外に置いてあったパレットや木材も散乱し、せせらぎ棟の玄関を完全に塞いでおり、せせらぎ棟には入れなかった。人力では解決するのが難しく、また危険でもあったので、井上緑化様に依頼し、丸２日かけ深夜まで及び、パワーシャベルを使って移動してもらう。また、車輛（4ｔトラック・軽自動車・フォークリフト２台はすべて修理不能）も浸水しており、動かせる状態ではなかった。

写真10　11月８日。1階。室内のものをすべて出した部屋は広々としている。

写真８　11月８日。入口前。入り口からの出入りが可能になる。

〈管理棟〉

11月8日　　　　10月15日

写真12

写真11

玄関前

写真14

写真13

トイレ

写真16

写真15

物置場

水道・電気・ガスのライフラインは依然止まったままだったが、初雁の家から水を引いて、発電機を使用することで、何とか復旧作業を進めることができた。その結果、被害を受けてから2週間でほぼ片づけは完了。建物は以前の形を取り戻しつつあったが、休憩室・トイレは使用できる状態ではなく、改修工事に5か月を要した。

そのため、仮設トイレを設置。簡易的なタンクを設置するが、うがい・飲み水としては使用できない。もち運び用のガスコンロを保護者たちから支援していただき、沸騰させ飲むことにした。

発災直後より埼玉県発達障害福祉協会、川越市社会福祉協議会等から多くのボランティアの応援をいただき、復旧作業を進めた。製作所周辺に散乱した木材の整理、泥のかきだし、大きな荷物の搬出やごみの分別等は多くの労力を要する作業だったが、ご協力していただいた方々のご尽力により、スムーズに行うことができた。また飲み水や食べ物、タオル類等多くの支援物資をいただいたことは感謝の念に堪えない。

片づき、10月29日より利用者受け入れ再開

建物が何とか形を取り戻しつつあったため徐々に利用者の受け入れを再開。10月29日（火）より、自宅通勤の2名から受け入れ、11月5日（火）以降は、自宅から通勤していた3名と避難所生活をしているグループホーム利用者4名を受け入れた。その後、さらに自宅から通勤の1名を受け入れ、11月14日（木）には、25名中10名の利用者が戻ってきた。

受け入れている利用者の皆さんには、残っていた木

写真 18

写真 17

11月14日。泥かき・泥水に浸かってしまった木材の洗浄をする利用者さん。

材やパレットの片づけや洗浄の手伝いを中心に行ってもらった。またパレット製作業務を委託している坂戸産業サービス株式社に出向し、そこでパレット製作の作業も行う。社会福祉法人幸仁会 川本園、山形県の太田製材株式会社にも依頼し、急場をしのいだ。緊急事態でのネットワークの有難さを改めて感じていた。

11月中旬になっても、依然として全てのライフラインは止まったまま。なかなか完全には復旧せずに苦しい中で立て直し作業を一つ一つ進めていった。

パソコンのデータは復元できず、お預かりしていた書類等もすべて泥水に浸かってしまったため、今後様々な書類を再提出していかなければならないと思うと心が折れそうにもなった。

慰労の気持ちを込めた忘年会で束の間の癒し

12月2日（月）からは、約8割の利用者さんの受け入れをできるまでになった。また、利用者の皆さんには不自由な避難生活の中、泥かき・木材の洗浄等に専念してもらっていた。そこで、慰労の気持ちを込め、災害前から予定していた忘年会を12月7日（土）に開催することにし、2か月ぶりにみんなで顔をあわせた。皆の元気な顔をみるとホッとし、束の間の癒しの時間を過ごすことができた。

グループホームを利用している22名の内、10名はあぜ道での避難所生活を余儀なくされていた。やまびこでの受け入れができるようになってからは、毎日職員が車で送迎。それ以外には、自宅から公共交通機関を利用し毎日通勤している1名（片道約2時間）、自転車で毎日通勤している1名、保護者のご協力により出勤できる日に車で送迎してもらう方が10名いらした。

12月16日（月）より、せせらぎ棟全館の改修工事のため、工場軒下という底冷えのする場所で休憩をとるようになった。この状況を現地視察に訪れたある女性国会議員が、利用者の皆さんに「風邪を引かないように気をつけてください！」「私たちも精一杯ご支援させていただきます！」と一人一人に声をかけて激励する姿に、熱いものが込み上げてきた。と同時に「泥中に凛《りん》と咲く蓮の花」のように、何としても、やまびこ製作所をもう一度復活させなければならないと決意を新たにした。

やまびこ製作所はまだ衛生面・暖房機器等の環境が整っていないことから、昼食は毎日マイクロバスで移動し、グループホームのあかつき寮と七草の家でとることになった。

1月中旬には、あかつき寮と七草の家の改修工事のため、第一工場を休憩場所とした。机や椅子を移動し、利用者さんが横になって休憩が取れるようにと支援員で協力し、パレットを並べた。その上に段ボールとマットを敷き、休憩スペースを確保。

写真 20

写真 19

12 月 16 日。真冬の工場軒下は底冷えのするような寒さ。そこでの休憩。

この大変厳しい過酷な生活は3月末まで続くことになる。

しかし、止まない雨はないようにこの生活もいつかいい思い出に変わることを信じて、前を向いて歩いていきたい。

※やまびこ製作所は、水害とコロナ禍による受注の削減から、2021年1月より、生活介護事業所に変更した。

写真 21
1月中旬。第一工場での休憩。

写真 22
昼食後のお昼寝スペース。

利用者のために早期再開を誓った日々を振り返って

就労継続支援多機能型事業所ワークセンターけやき 課長　高橋通泰

地域における就労支援センター機能を目指して

就労継続支援多機能型事業所である「ワークセンターけやき」は、一人一人が誇りをもって働けるような就労支援を最大の目標としている。福祉就労というと多くの場合、施設にみんなが集まって施設の中で作業をするというのが一般的だが、より地域に開かれた施設として、地域における就労支援センター機能をもちたいと思って日々活動している。そういったこともあって、働き方は実に様々だ。作綿のためにワークセンターけやきで働く人、弁当製造・配達所、老人保健施設の清掃に行く人たちもいる。

そんなワークセンターも２０１９年10月の台風19号で甚大な被害を被り、利用者も職員も大変混乱した。ここで、改めて当時の状況を振り返って、記しておくことにする。

＜被害発生から仮設ワークセンターけやき開設まで＞

自主避難するけやきの利用者60人分の弁当製造

２０１９年10月11日（金）

台風上陸の予報に、大事をとって公用車５台を高台へ移動する。

ワークセンターけやきへ入ってくる４ｍ道路の冠水は頻繁にあるが、ワークセンターけやき本体に被害が及ぶまでの雨量になるとは思っていなかった。13日（日）に予定している運動会の開催判断に迷っていたくらいだった。とはいえ、結果は想定の外の越辺川の決壊となってしまった。

10月12日（土）

自宅で降り続く雨に嫌な予感を感じながらも最悪の事態になるとまでは思いもせず、休日を過ごしていた昼過ぎ、「災害対策本部より連絡あり、これから自主避難するけやきの利用者向けの夕食・翌朝食の製造ができないか」とワークセンターけやきの谷島広恵管理者より電話がくる。

弁当製造・販売・施設給食を手がけるワークセンターけやきにできること、私にできることは何でもやるという使命感、責任感が混じった気持ちは常にあり、ごく当たり前のこととして「すぐ向かいます」と返事をし、車を走らせる。

弁当製造・販売・施設給食といったフードサービスを手がけるワークセンターけやきの厨房には、災害時にも十分対応できる食材・在庫量は確保されている。向かう車内で再度、谷島管理者より「水かさが急激に増していると災害対策本部から連絡が入った。急いでほしい」と連絡が入る。ワークセンターけやきは、けやきの郷の法人本部・初雁の家の近くにある。県道から、けやきの郷へ入る４ｍ道路は頻繁に冠水がおこる。これから自主避難するというけやきの郷にあえて入って食事作りをするのだから「弁当製造後に脱出できるのか。かなりリスキーだ」と頭をよぎる。

効率よくスピード感もって仕上げられる夕朝のメニューを到着までに組み立てた。そしてワークセンターけやきの厨房に到着、急いで製造に取りかかった。谷島管理者も自宅より駆けつけ、手伝ってくれた。二人の調理工程には一切無駄なく、朝夕それぞれ約60人分を作り切った。雨が非常に強くなっていた。急いで弁当を車に積み込む。

この時、災害対策本部を置く初雁の家には、内山智裕法人本部総務課長（当時）、水野努障害者相談・地域支援センターけやきセンター長、千田工法人本部主任、障害者相談・地域支援センターの和田誠災害対策委員長、阿部理事長が未だ詰めていた。内山智裕総務課長、水野センター長、千田主任、和田誠災害対策委員長ら４名は管理宿直として残るという。加えて阿部理事長まで「籠城《ろうじょう》する」と言い出している。差し迫る危険の中に理事長は残せない。帰宅いただいて、避難するよう促す。けやきの郷を守り抜く理事長の熱い気持ちは伝わってきたが、なんとか説得し避難することを納得していただいた。

私の運転する車に、谷島管理者、阿部理事長と60人分の弁当を乗せ、阿部理事長のご自宅経由で皆のいる避難先に向け車を出発させる。この時、けやきの郷一帯を結ぶ4m道路の水かさは、ガードレールを越える程になり、車のボンネット付近まで水が押し寄せる。車ごと流されないか、止まってしまい立ち往生してしまわないか、そんなことを考えながら運転していて怖かった。焦らず冷静に進み、無事脱出成功。阿部理事長を無事ご自宅に送り届けることもでき一安心。そして避難先へも無事に夕食・朝食弁当を届けることができた。取り敢えず避難者の安全も食も確保でき、ほっとした。「明日の昼ごはんも作って届けますよ」といって帰宅した。冠水した4m道路は明日になれば水も引くだろうと安易に考えてもいた。

自宅に戻ってからは、明日の昼はカレーライスを届けようと決めていた。材料調達のため買い出しリストも作成し、降り止まぬ雨に心配もしながら床に就くが、寝つけず何度も窓の外の雨量を確認することになる。25時を過ぎた頃だったか、小康状態になったことで少し安心して眠りに就く。

利用者一人ひとりの居場所を元通りにする！

10月13日（日）

朝、「けやきの郷全体がすごいことになっている」と谷島管理者より電話をもらう。「ワークセンターけやきも屋根しか見えない」との報告もある。信じられなかった。「そんな大袈裟《おおげさ》な」この目で見ないと信じられないと心の中で思っていた。すぐにワークセンターけやきに向かうも交通渋滞。けやきの郷へ向かう道路は、結構手前から規制線が張られている。周り道をしても近づけない。結局この時は、ワークセンターけやきへのアプローチは諦め、避難所支援の応援に向かった。

10月14日（月）

早朝、ワークセンターけやきへのアプローチをあらためて試みる。昨日よりは近づくことができたが、依然、水が引かず車で進入できないため、土手を歩く。土手の上から見る景色は大海原状態だ。流れ着いた瓦礫《がれき》を押し除け、玄関に到着。意を決して館内へ踏み込むと同時に息を飲み、唖然《あぜん》とした。館内はひどく蒸していて、異臭も放っていた。そして、20年積み上げてきたものがすべて失われていた。

開所から20年、ワークセンターけやき一筋に勤務してきた自分の居場所がすっかり水に飲み込まれていた。「どうなっちゃったんだ！」と一瞬くじけそうになったが、すぐに再起を誓う。いや「もう一度！利用者のために立て直す！」という意地もあった。自分が「ここまで作り上げてきた」との自負もあった。いや「利用者と一緒に作ってきた」「そうじゃない！利用者がいたから自分がいられた。ここは自分の居場所である前に、利用者一人一人の居場所だ。もと通りにしないと」と熱い思いがわいてきた。

まず全利用者・全家庭に被災したことの電話連絡をした。到底すぐ復旧できる状態でないのはわかっていたが、「取り敢えず明日は休みです。追って連絡します」と伝え、翌日の自宅での過ごし方の助言や提案をそれぞれに伝えた。家庭に連絡して、はなから「暫く休ませてくれ」と言ったら諦めているみたいで嫌だったのか、意地なのか、自分がこの被災状況を受け入れられないだけだったのか。未だにその時の心境は分析できない。

同時に、弁当納入先やお仕事をいただいている取引先等への連絡も急いだ。

また、状況が〝見えず〟〝動けず〟もどかしがっているだろう職員たちに現状を伝えよう、と、被災状況を写真に撮ってメールし、翌日以降の職員の動き・復旧業務・分担等の段取りも指示した。

10月15日（火）

もちろん明日からも開所できるレベルでない。「1週間あれば何とか」と思うのも浅はかなのもわかっている。見込みもないのに再開を期待させてもいけない。だが、早期の再開を諦めたくないし、開所をズルズル伸ばしてはいけないと思い、「今週いっぱい休みのお願い」という内容で全家庭に電話連絡する。在宅での過ごし方に不安がある利用者ばかりなので、その日から毎日、家庭での日中活動の組み立ての助言を連絡し続けた。

「今週いっぱい休み」と伝えると、「来週月曜日から行けますよね」との問いも多かった。ニュースでこの地域のことは報道されないし、親御さんたちもそこまでの被害ではないと思っていたようだ。報道されるのは特別養護老人ホーム「川越キングスガーデン」の被災状況ばかりで、ワークセンターけやきも同様の被害状況と伝えても信じてもらえない家庭もあった。

利用者本人たちも、視覚的に認識してないので混乱している方が多かったようだ。親御さんも耐えかねて、本人を連れて実際に現実を見にくる家庭も少なくなかった。

ワークセンターけやきでの日中活動を主軸にして、日常生活のリズムを整えている利用者がほとんどであり一人一人の顔を思い浮かべると、早く復旧・開所に漕ぎ着けたい気持ちでいっぱいになり、必死に泥だし・片づけを行い、備品発注のためのリストを作った。厨房再建の設計図も自分で書き始めた。だが、どう考えても、明日明後日で復旧できるレベルでない。この頃すでに場所はどこでもよいから「仮設ワークセンターけやき」を開設するしかないと考えていた。だが正直、口には出せなかった。通所の方は、皆住む家は確保されている。もっと大きな被害を被り、全てを失い居場所すらない初雁の家の利用者の行き先が定まらないのに、ワークセンターけやきのことを議題にしてよいのかと、考えあぐねて毎晩行われる災害対策会議に参加していても口を閉ざすことになり、正直もどかしかった。

自宅から通所利用している利用者だけで、被災していない診療所併設介護老人保健施設「プライムケア川越」への受け入れは可能だったが、泥だし搬出復旧作業に職員を取られるのでそれを実現化するのは現実的には難しかった。

仮設ワークセンターけやき開設を目指し、拠点探し開始

10月21日（月）

復旧のめどが立たず、今週も休みであることを全家庭に伝える。自宅待機生活2週目に入り、「限界に

近い」と訴える家庭も増えてきた。できることとして、引き続き毎日、自宅での過ごし方の組み立ての助言を連絡し続けた。仮設ワークセンターけやき開設については、口には出せなかったが、実は一人で拠点探しに動いていた。自分がもっているツテを使い、空き物件情報を集めた。魅力的な物件を見にいったこともあった。

選択と集中という事業の見直しを行った弊害がここで出たか、と正直思った。数年前まで地域に出店していたベーカリーや福祉喫茶「ちゃちゃこ」を継続していれば、とりあえずの居場所・拠点として利用者を受け入れられたんじゃないかと悔やんだりもした。

10月28日（月）

悔しかったが、もう1週間自宅待機で踏ん張って欲しいと全家庭へ連絡せざるを得なかった。同様にこの週も毎日、助言や傾聴の電話を欠かさなかった。「本人も行きたがっているので、家だけで一日中みているのは、そろそろ限界かも」といわれるようになり、来週こそ再開をと、必死で復旧活動をしていた。「復旧の見込みがないなら別拠点を用意してでも何とか皆の居場所を見つけるんだ」と前をみて踏ん張っていることを少しは知ってほしかった、とこの時は感じた。

この頃には災害対策会議で仮設ワークセンターけやき開設へ向けての話もできるようになり、通所の受入活動開始への議論も盛んになっていった。次いで市役所も動き、拠点探しが始まったが、役所にはいろいろ考えることがあって難題も散見されるようで、進みが遅い。

最終的に、初雁の家が使用していた鶴ヶ島市の「松ヶ丘倉庫」の使用の可能性が浮上すると、一気に開設へ向け舵取りが加速した。

「受入準備、通所手段、活動内容をもう少し整理してから」という声もあった。「全日本自閉症支援者協会研究大会後の開設が無難なのでは?」という意見も出たが、大会と開設は関係のないことだと考え「11月5日(火)からだ」と押し切った。

仮設ワークセンターいよいよ開所。9割の利用者が出勤
11月5日(火)

仮設ワークセンター開所。受け入れ開始、開所を望む利用者たちが多く、9割の出勤となった。本当にうれしかった。やはりみんなワークセンターけやきが好きなんだ、必要なんだ、拠り所なのだ、と感じた。よし「再スタートだ」と再建を誓った。ただし、利用者の受け入れ支援とけやきの復旧業務との同時進行となるので、改めて大変な事業になることの覚悟を決めた。

加えて、診療所併設介護老人保健施設プライムケア川越への委託清掃班も出向作業を開始した。

開設を急いだため「無理だ!」「乱暴だ!」「日中活動の詳細も定まっていないのに危険だ!」の声は正

直あった。

だが、無理はあっても無茶はしていない。できると信じていたし、やらなくてはならないのだ。そして今のワークセンターけやき配属の職員たちであれば知恵をだしあい、一丸となってスタートできる信頼できる人たちと十分わかっていた。無茶とは無茶苦茶であってダメだが、無理はまだコントロールが効く状態と考えている。

利用者の安心できる場所を取り戻す！と早期の再開を誓う

〈仮設ワークセンターけやきでの日々①——以前と変わらぬ日中活動を・パーティションによる工夫〉

送迎の協力を家族にお願い

復旧活動と同時に開所・利用者受け入れとなるのだから、職員配置は厳しかった。サービス提供時間は通常より短くせざるを得ないが、このことを家庭・本人共に理解してもらった。以前は各方面行きの送迎車を複数出すことができたが、この状況では職員も足りず、今回はマイクロバス1台に集約して送迎に回ることになった。公的な送迎サービスが利用できないかとかけあったが、市をまたぐ移動はできないといわれた。というのも、ワークセンターけやきは川越市にあるが、仮設ワークセンターけやきとした倉庫は隣接する鶴ヶ島市にあったのだ。ご家庭にも協力を求め、送り迎えの協力をいただいたりした。

それ以外は今までと同等のサービス提供を行った。

日中活動は、被災前同様に

日中活動の作業は、被災前と変わらず、受注している定期刊行物の封入発送作業、切手シート作り、LDT―R（言語読解）検査キットの検品・梱包を行った。作業に使うものを仮設ワークセンターけやきに納品してもらえるように先方に、職員がかけあってくれた。職員の機転は素晴らしいと思った。

ふだんその作業に携わっていない利用者メンバーらは、手順がわからない。職員たちが手本を見せ手順書や、材料を固定するジグを作って、作業が効率よく進むように一生懸命、諦めず支援してくれた。すると次第に定着していく。本人はもちろんのこと、工夫した職員たちもうれしくて満足感・達成感・モチベーションの上昇につながり、仮設ワークセンターけやき内が明るい雰囲気になっていく。あの時の利用者の顔、あの職員の顔は忘れられない。なんともよい表情、雰囲気、関係だった。

利用者も職員も新しい場所でのスタートに不安や混乱が多くみられた。被災の意味・状況が理解できない利用者にすれば、自宅待機が長く続き、やっと始まったと思ったらそれまでと勝手の異なる新しい場所に行くことになった。普段なら班分けがされた小ユニットでの作業だが、広い1つの空間に他班の何人もの利用者・職員が一緒にいる。自分の空間が保障されていない。キーパーソンも不明確になりがちで不安が高まり、刺激の多さにおちつきがなくなってくる。

愛着のある日中活動先のワークセンターけやきを失い、活動終了後に過ごしていたグループホームの自室も失って避難先宿泊施設から通うある利用者は、自分の宝物を大きなバッグに入れ、それでも入りきらずすべての衣類のポケットにも詰め、更に入り切らない物は両手でもち、常に身につけて歩くようになってしまった。避難宿泊先施設と仮設ワークセンターけやきにも置き場所を決めてあげても、保証がない・信用できないという不安はぬぐいきれず、これ以上失いたくないという気持ちの表れだろう。決して手放すことはなかった。すべてを失い、何も信用できなくなってしまったのだ。被災による根深い心的ストレスは、見ていて本当に私もつらかった。「一刻も早くワークセンターけやきとグループホームを復旧させ、彼の安心できる場所を取り戻さなくては」と再建に向け、また奮起した。

パーティション、机の配置、班分けで環境設定・空間分け

パーティション、机の配置、班分け……。大広間の中で、刺激を減らせるよう知恵をだしあって限られた備品を用い、精一杯工夫して環境設定・空間分けを行った。

不安がありながらも、いつもの作業があることでそれが拠り所になって安定して過ごす姿がみられた者もいた。

環境が変わっても、今まで通りキーパーソンがいることで安心でき、一緒に過ごすことができた利用者もいた。

無機質な倉庫を、元のワークセンターけやきらしくしようという職員の発案で、貼り絵・塗り絵、工作でワークセンターけやきの看板を作った。

この活動が意外にもハマった。皆さん意欲的に取り組んでいたこともあり、その後も創作活動日を日中活動として設け、復興に向けた「虹」の貼り絵や、「ワークセンターけやきに春よ来い」と、「皆の手形で満開の桜」を工作し、復興を祈願した。職員たちの利用者を思う、けやきを思う、復活・再建を祈願するさまに感動した。

2拠点化により気持ちが落ち着き作業効率アップ

長い仮設（避難）生活の中で、空間分け・環境設定などを工夫していても、どうしても落ち着きがなくなってくる。

配置の工夫だけでは、どうしても無理が生じてくるようになってきた。そこで、公民館の一室を借り、活動拠点を分けることにした。しかし公民館は公共性が高く、被災者とはいえ、もちろん独占できる訳でも優先予約できる訳でもなく、利用日数の制限がかかってくる。毎日予約を取って使用し続けることはできない。そこで、市内の公民館を日替わりで予約し、公民館を転々と渡り歩き、毎日第2の拠点を確保し続けた。

こうして、初雁松ヶ丘倉庫と公民館の2拠点を仮設ワークセンターけやきの作業場とすることで活動の継続を可能にした。パーソナルスペースも広がり、利用者同士の干渉も減り、苦痛もなくなった。作業のすみわけもわかりやすくなり、効率的に進めることができるようになった。

再建・復活を信じワークセンターけやきの畑で作業

避難生活もプラス思考で豊かに考えようということにした。ふだんは仕事ばかりで、レクリエーションは少ない。平日だからこそ空いていて、楽しい発見がある博物館や美術館・工場見学等に行こう、と発案する職員もいて、いろいろな所に出かけていった。

健康維持活動と称した活動も職員たちが発案してくれた。ウォーキング、縄跳び、ボール投げ、ボール送り、懸垂、鉄棒……。健康器具・遊具がそろっている公園にもあちこち出かけていった。

ワークセンターけやきの畑に出向いて畑作業を始めよう、と発案する職員も出てくる。

そこで、汚泥を被った地表をスコップでかきだす作業から始めた。ブルーベリーはまた生き返ることを信じ、剪定《せんてい》を行った。トラクター・耕運機も水没し、再起不能。手作業で耕し、畝作りも行った。人力のみでキツかったが、それでも2020年4月の再建・復活を信じ、毎日通って整備し続けた。畑の隣のワークセンターけやきが建設業者によって改修されよみがえっていく様子・経過を見ながら、希望を抱いて作業した。ただ利用者の中にはワークセンターけやきを目の前にして、入れない・通えないことで混乱が生じてしまう方もいたが…。

厨房班による昼食の提供ができなかったので、スーパー等への買い出しが必要だった。そのため、毎日昼食代を持参していただき、毎日異なるスーパーへ出かけていったが、皆さん日々バランスよく弁当を選んでいた。これは今考えるととても貴重な体験になった。混雑するレジにも並べる。金銭の授受、袋に入れる、店内のレンジで弁当を温め直す。レジは、有人の他、無人支払機の場合だったり、セルフ式レジを使ったりと、できることが増えた。弊害は、少々太ったことだけかな。

〈仮設ワークセンターけやきでの日々②――授産活動・工賃の苦難と新規顧客開拓〉

従来の授産収入は得られず、工賃支給額への減額へ

避難生活が長くなると、授産活動による収入が減少するのがなんとも苦しい。内職的な作業だけではワークセンターけやきの運営が厳しいのだ。厨房班による弁当事業が稼働できないダメージは大きかった。主力のモバイルグループ（支援員と数名の利用者さんとグループを組み民間企業へ出向き自動車部品を製造する工程で使う部品の磨き作業）の収入減も重なる。被災前は13～16時までP精工株式会社様から仕事をいただき出向していたのだが、避難生活になり出向時間があわず中断していた。しかし、ここも職員が先方に掛け合い10～14時の出向でも働かせてくれないかとお願いしたところ、先方も快く了承してくださり、出向が始まる。

ともかく運営資金が必要だ。そのための手段として、バザーや市役所販売を試みようと発案する職員もでる。もちろん、皆大賛成だ。

被災を免れた手織りの反物「さをり織り」を製品に仕立て、販売にでかけた。

厨房班は、公民館の調理室を借り、弁当を作り川越市役所ロビーへ販売にも出向いた。

それでも今までのような授産収入は得られなくなっていった。努力はしているが、ないものはなくて皆に支払えない。申し訳ないが、今の収入に見あった工賃支給額への減額のお願いをする。家庭・本人向けに書面にて理解を求めた。加えて本人へは、各担当職員が時間を作り丁寧に口頭でも説明した。受け入れられず泣き出す利用者もいて、本当につらく申し訳なかった。ワークセンターけやきを早く復旧させ、それまでの工賃水準に戻していくことが私の仕事で、そうなることが真の復興だと思った。一刻も早い復旧・再建を目指し、また奮起する。

前を向いて新規顧客開拓をスタート

被災による避難生活で、くよくよしたり、お先真っ暗感を出していてはダメだ。現在のことはもちろん大事だが、目の前の復旧業務と利用者支援だけに追われて、ただ時が過ぎていくのは避けなければならない。更に復興が遅れることになる。常に前を見て先を考えていた。復旧・再稼動日にスムーズに授産活動が始められるよう準備していた。

復旧した時、厨房班による弁当事業の顧客の呼び戻しは早急の課題だ。また取引業者との円満な関係も継続が必要で、仕入れ業者、独居高齢者配食サービス関係者、K高校などには、適宜経過を報告しながら縁が切れないようつないでいた。

弁当事業は、常に新規顧客開拓が必要である。一概に新規開拓といっても、今までの設備では生産量に限界がある。新規を獲得する前にハード面の整備が不可欠と考え、これを機に大量に同時調理が可能なスチームコンベクションオーブンの導入を思いつくが、被災で資金面で悩む。

そこで助成金制度への申し込みを試みる。スチームコンベクションオーブンを導入するメリットをプレゼン資料として必死に作成した。そして公益財団法人森村豊明会様より170万円の助成をいただき、見事導入決定となる。

更に、あの広大なけやき農園の新たな活用方法も探りあてた。

被災後、作物は植えておらず、4月の復旧以降の収穫予定もない。納品先も途絶え、作付け予定もない。とはいえビジネスを始めるなら、市場・マーケットが明確化されていることは大前提だ。どこでいつ売れるのかわからないものを作るのは、意味がない。ニーズがあり、必ず買い取ってもらえるものは何かを考える。そうだ！〝綿〟があった！　テレビ番組でも特集されるこだわりの播州織を扱う衣料品メーカー、兵庫県の「タマキニイメ」を知る。早速コンタクトを取る。種は無償で提供され、綿を栽培し収穫し戻せば1kg2000円で買い取ってくれるという。初回、2000本分の種を仕入れた。

特段難しい栽培ではないというが、ただ一つだけ、水は嫌うそうだ。それを聞いて、水害の後だけに不謹慎ながら笑ってしまった。

〈仮設ワークセンターけやきでの日々 ③忘年会・新年会〉

年間計画書どおり忘年会、新年会実施、久し振りに皆集まる

毎年の恒例行事である忘年会を坂戸グランドホテルで行うことができた。

自宅を離れけやきのグループホームに居住しながら、ワークセンターけやきに通う利用者が複数いる。しかしその中にはグループホームが被災したため自宅に戻り、ワークセンターけやきに通うことができない人がいた。これらの利用者たちもこの日だけは家庭の協力や生活サポートの協力で参加することができ、被災以来久し振りに会えた。再会に心がわき立ち、ほんの一瞬だが被災が頭から離れた時間を過ごさせてもらった。

最初は被災の中、忘年会などしてよいものか迷ったが、全員集合でき、あらためて皆無事でよかったという安堵感がわきあがり、開催して本当によかった。来年こそはと、ここでもあらためて再起を誓った。

新年会は公民館を借りて行う。こちらも恒例行事で、ワークセンターけやきでは仕事始めは毎年杵と臼を使い餅つきを実施する。今回は公民館の調理室を借りての開催だ。臼は流されたので、職員が持参した自宅の餅つき機で代用。利用者・職員は餅を丸め、復興祈願の思いを込める。加えて例年は書き初めも行うのだが、今回は福笑い、カルタ、お菓子釣りといった正月遊びを行う。

このように、「今年はできないな」でなく、どうすれば開催できるかということを第一に考え、内容ややり方を検討した。年間計画書どおり開催させる職員たちの工夫、考え方にまたしても感謝・感激してし

まった。
新たな拠点で利用者さんを安全に預かり、心の安定や収入の確保に邁進《まいしん》する職員たちの熱い気持ち、そしてワークセンターけやきの活動を止めるなという姿勢に、この苦難は必ず乗り越えられる、復旧後はより強くまとまったチームになる、と確信した。

〈仮設ワークセンターけやきでの日々④　保護者・利用者向けお便りの発行〉

安心をお届けしようと定期的にお便り発行スタート

何も見えず想像がつかない中で不安が多いだろうと、少しでも安心していただけるように仮設ワークセンターけやきでの活動、ワークセンターけやきの改修工事の進捗状況、皆の笑顔の写真、そしてこんなことができるようになったと、日々の様子をワークセンターけやきのホームページを使い発信したり、お便りにして定期的に発行し家庭へ渡し続けた。

2020年4月　ワークセンターけやきに復活の兆し

改修工事は工程表どおり順調に進み、4月6日(月)からワークセンターけやき完全復活と、3月19日(木)号のお便りであらためて正式に発信した。ところがその矢先、工期の遅れと不具合箇所がみつかり、引き渡し日が延期される。これには利用者も職員も落胆。

あらためて4月13日（月）から入居可能で、厨房稼働による給食開始は、20日（月）と決まる。

待ちに待った入居の日は、再起を誓い、いよいよ出陣と、気持ちが高ぶる。そして13日（月）を迎えたが、今度はコロナ自粛を余儀なくされる。

被災に加え、コロナ禍のダブルパンチ。さすがに萎える。困難は乗り越えられる人間のもとに神様が与えると聞くが、苦行続きに「私がいったい何をしたっていうの？」と、さすがに負けそうになった。

そう思って、ふと畑に目をやると、木々の白い無数の蕾《つぼみ》が目に入ってきた。

被災を受けたブルーベリー。当時、生き返ることを願って、愛を注ぎ避難先の仮設ワークセンターけやきから通って剪定を行い、育て続けたブルーベリーの木が、花をつけているではないか。困難に負けずに花を咲かせたブルーベリー。「信じれば叶う」と言うべきか。要は「どれだけ愛を込めたか」なのだと確信した。私が志す利用者支援と同じである。

２０２０年６月、立派にブルーベリーが実り、ロコミで広まったお客様からの受注に応えようと、利用者、職員共に収穫・選別・計量・パック詰め・出荷に大忙しだ。

「タマキニイメ」さんに提供していただいた「綿」も順調に成長、もうじき花をつけるだろう。けやき農園復興の兆しをみた。

厨房班は森村豊明会様より助成いただき導入したスチームコンベクションオーブンを活用することで、K高校へのお弁当の安定供給に日々大忙しだ。

新規顧客開拓も順調だ。厨房班でも復興の兆しがみえている。

とはいえ、未だ被災の影響に加え、新型コロナウイルスというみえない敵と闘いつつ、共生方法を探る日々ではある。いろいろあるが、真の復興を目指し進むのみだ。

埼玉県発達障害者支援センター「まほろば」

「私たちはけやきさんの後ろ姿を追ってここまで来られたんです。早く復旧できるよう願っています」という言葉に支えられ

埼玉県発達障害者支援センター「まほろば」センター長　渡部庄一

水没に対してのまほろばへの「神の慮り」〜雨が収まった翌日〜

台風19号がもたらした雨が収まった翌日、規制線を何とかやり過ごし小畔川の土手を歩いて、けやきの郷法人各事業所施設の水没状況を確認すべく現場に向かった。

土手に立って見渡すと、そこには唖然《あぜん》とする光景が広がっていた。法人施設のある地域一帯はおしなべて泥河の海と化している。建物という建物は屋根と上半分がみえるだけで、広大な泥河の海に浮かんでいるかのように思えた。法人施設も、近くの民家も遠くにみえる高齢者施設も、すべてである。

法人施設は1階部分は完全に水没しているようにみえた。「これでは、グループホームに隣接するまほろばの2階事務室もやられているはずだ！」そう思わざるを得なかった。

途中、民家2階で救助を待つ住民と、ゴムボートで懸命な救助作業にあたる消防署員の救助作業の現場を目撃するも、気がせいて土手の上を駆けるように建物に近づく。

グループホームと「まほろば」の建物は土手沿いにある。グループホームの建物すべてとまほろば両施設とも、1階部分はほぼ泥水に浸かっていた。まほろばの建物は土手直下2、3mに建つ。土手上からみる水位は、優に私の背丈は超えていた。祈るような思いで、最大浸水時の水位を建物壁面の痕跡で確認する。「大丈夫だ!」土手からの目視だが、ギリギリ2階床面にはなんとか達してなさそうだった。ほっと胸をなでおろした。

水が引いた後日、最大時の水位が2階フロアまであとわずか10㎝程の高さに迫っていたことが確認できた。業務遂行の命であるパソコンのサーバーまでは、あと約20数㎝で達しようかという水位であった。「まほろば」の業務機能は守られたのだった。「神の慮り」とはこのことであろう。

思わぬ方から現地復旧を諭される〜少し余談になるが〜

一般の人が浸水地域に入ることは規制されていたはずだが、なぜか土手の上はかなりの人が通行していた。私が、まほろばの建物と他の法人の建物、付属施設や業務用自動車などの浸水状況を確認し、状況写真を撮っていると、「こちらの建物の関係者ですか?」と立て続けに声をかけられた。お一人は「土木工学関係の研究をしている者ですが」といって「この浸水地域は、地勢的に一時的な貯水池となるような場所ですよね」と続けるのだ。この地で浸水被害が出るのは無理からぬ場所であること、よってこの場所に障害者支援施設や発達障害者支援センターを設置することは無謀なことですよと、暗に諭されたのであった。

もうお一方は、どこか見覚えのある顔であった。「国会議員の片山さつき先生ですよ！」と先ほどの研究者が教えてくれた。秘書の方と一緒だった。名刺交換、自己紹介を終えて視察の経緯を伺うと、富士見市での用事の帰り、川越市の特別養護老人ホーム「川越キングスガーデン」のニュースを見て、現地の状況視察に寄られたとのことであった。少しでも理解を得て力になっていただかなければと、立ち話で法人の歩み、概要を紹介し20年前の浸水被害にも触れた。そして「けやきさんのように、市街から離れて河川流域のような所に建てられた障害者の施設は他にもありますよ。住民の理解が得られないんですよね……」の後に、さすがの一言。「いろいろと大変なことがあると思いますが、是非皆さんで頑張っていただいて、この地での復旧は止めないといけませんよ」と。「片山先生応援しておりますので、是非ご活躍いただいて、障害者施設へのお力添えをよろしくお願いいたします！」と頭を下げて、お見送りしたのであった。

避難場所が二転三転～学びを今後にいかす～

法人に壊滅的な被害をもたらした19号台風であったが、法人本部は入所施設とグループホーム利用者等の人的被害をだすことなく、なんとか全利用者と職員の避難を無事果たすことができたのであった。しかし、避難後に大変な事態が生じた。利用者の避難先が定まらず、避難場所は二転三転したのである。

当初の避難場所から、翌日には市の指示で新たな避難所に移動させられたのだが、利用者が安心して腰を下ろすことができる避難場所とはいい難く、最終的な避難場所が決まるまでには10日近くを要したのであった。避難場所は、入所施設利用者と、グループホーム利用者とが2か所に分かれ、その他に市内を中心に他事業所施設への一時的入所も進められた。

今回の19号台風被災の経験を通して気づかされ教えられたことは多いが、最大のものは、法人利用者の避難という課題について、法人としてあらためて検討し直す必要があると諭されたことである。

法人は20年前にも浸水被害を経験し避難場所に苦労したことがあると聞いていた私は、現在、被災した場合は川越市の定める一次避難所の一つに、法人の利用者全員が円滑に避難できるものだと思っていたのであった。したがって、今回の法人利用者の当初の避難場所を巡る経緯は、すぐには飲み込めないところがあった。

法人利用者の一次避難場所は、必ずしも明確にはなっていなかったのか？

避難翌日に市から旧名細公民館への移動を指示されることになったのは、どうしてなのか？

市の担当の方は、避難した法人利用者が自閉症者であることを承知した上で、避難場所を考えてくれたのだろうか？

利用者が少しは安心して腰を下ろせる避難場所の確保が容易には進まなかったのはどうしてなのか？いずれにしても、今後、こういう状況が生じたら同じ状況にならないよう今回の経験をいかさなければならないと思う。

法人施設は壊滅的～まほろばの建物が致命的被害を免れたことの幸い～

法人本部と入所施設をはじめ、通所施設、グループホームなど法人各事業所の建物は、壊滅的な被害状況で、復旧のめどが容易には立てられない程の有様であった。その上、法人理事長の阿部自身も自宅のある建物が浸水被害にあい、避難所生活を強いられる状況であった。

一方、まほろばは、1階部分が車庫兼玄関口通路となっていたことで、主だった被害は、空調設備、業務用軽自動車の水没被害程度にとどまり、点検等は要したものの、他の事業所のような電気系統、水回り等に大きな被害はなく、即日に建物の使用が可能であった。

このまほろばの建物が使用可能であったことが、壊滅的とも言える被害を被った法人本部、各事業所にとってどれほど幸いなことであったかはいうまでもない。

法人は、即時に法人本部兼災害対策本部及び各事業所事務室をまほろばの建物施設内に設置することができた。おかげで、利用者の避難先確保をはじめ、市、県の関係機関等への支援要請、復旧対策を迅速・円滑に始動させることができたのであった。

こうして限られたまほろばの施設建物は、まほろばの職員事務室以外の施設（場所）、つまり各相談室、研修ホール等の施設を法人本部（兼災害対策本部）、各事業所が使用することとなり、まほろばのセンター業務は継続するにしても、事務室内での電話相談に限定せざるを得ず、大きな制約を強いられることとなった。

復旧作業や避難所支援とセンター業務の遂行～職員としての矜持～

被災直後は、まほろばの職員は災害対策本部の要請を受けて、避難している利用者の支援や避難所の環境作りの支援や適応支援、他事業所へ避難入所した利用者の適応支援などの応援にもあたった。避難所対応では要請されたこと、できることは可能な限り応えようと努めたが、当初の応援やいくつかの支援要請の他は、それほど主だった貢献ができなかった。このことについて、それほどニーズがなかったということなのか、「まほろば」の業務などへの配慮が働いてのことなのかなど、今後のことを考えると一定の吟味が必要なように思う。

法人本部はじめ他事業所職員が復旧対応、避難所対応に連日懸命な努力と苦労を強いられいる中、まほろばの職員も同じ法人の職員として、胸中いささか複雑な思いもあった。しかし、実際のところ、戸惑っている余裕はなかった。まほろばは、埼玉県の公募を経て業務委託を受けた事業所である。埼玉県発達障害者支援センターとしての業務をどうするのか。日々の電話相談は待ったなしである。開催を控えた研修事業や県内を圏域に分けて開催する地域巡回支援事業も展開中であった。まほろばは業務機能にまつわる被害を免れたのであるから、まほろばの職員が努めるべきことは自明であった。県の委託を受けたセンター業務を堅実に実行し、計画された事業を着実に遂行すること。そのことが、復旧に向けて難局を乗り切ろうと奮闘する各事業所職員に伍して頑張ることであった。

さて被災当初のまほろばの実際の役割であるが、法人本部兼災害対策本部、各事業所の復旧事務所がまほろばの建物に設置されることとなったことから、当然けやきの郷法人本部事務室（窓口）も求められた。来訪者、外部からの問い合わせ、支援の申し出の受け付けや仲介役など様々な形での対策本部のお手伝い、応援もさせていただいたのであった。

当然、まほろばも、建物の1階部分やエントランス、公道からエントランスまでの通路は泥土に覆われ、建物の周囲には堆積物、漂着物が散在していた。ともかくにも、それらの除去作業がまず先決であった。法人各事業所の災害ボランティアと一緒で泥破棄や堆積ごみの片づけは急務であり、法人職員として当然分担して作業を手伝う必要があった。

ボランティアの人力作業が本当に有難かった。県の発達障害総合支援センターや発達障害情報・支援センターの職員、また他の相談支援事業所の職員の方にもボランティアとして駆けつけていただき、助けていただいた。まほろば職員も当然、法人職員、災害ボランティアの方々と一緒に、各事業所施設の泥だし、堆積物片づけなどに分担してあたった。自然災害からの復旧作業の第一歩に、まさに〝人海戦術〟であたったのだ。

既述のように、まほろばの建物は水が引いた後即日使用可能であったが、センター業務に使用できる部屋は、当初は実質、職員事務室1か所のみであった。置かれたその環境や状況を考えると、発達障害者支援センターとしての業務の継続は極めて難しい状況にあった。私自身は県に状況報告をした後、相談業務の一時中断の申し出を考えたが、継続の思いが強かったのは職員だった。「何とか工夫してやりましょう。今受けられないことは少し先に延ばして対応すればいいし、急ぎの相談ケースの場合は、県の施設等をお借りしましょう！」と進言していた。埼玉県の発達障害者支援の中核を担う機関の職員としての心意気であり、責任感の表れであったに違いない。この心強い職員の思いに支えられ、全業務の継続が可能である旨を県当局に即刻返答することができたのである。職員の強い意志で、業務の中断を乗り切ったのだった。

当初は、電話相談の業務に限定せざるを得なかった。来所相談が必要なケースについても、電話での相談を丁寧に行い、来所日の先延ばしが可能なケースについては、理解を得て来所いただける状況になるまで待っていただくことにした。それでも当然のことながら、相談者のニーズや状況によっては、電話での対応だけでは支援の難しいケースもあった。その場合は、県の発達障害総合支援センターにご理解いただいて、相談室をお借りして何とか対応させていただいていた。復旧も少し落ち着き、まほろばに来所いただける道路状況、施設環境になってからも、来所相談や「就労アセスメントを活用した障害者の就労支援」の実施は、法人各事業所の完全復旧がなされた2020年5月までの約7か月、使用可能スペース1室という限られた場所で工夫して行うことを余儀なくされた。

そういった状況下であったが、年が改まった2020年1月には、今年度新規の事業にもチャレンジした。埼玉県発達障害総合支援センターの協力と法人の理解を得て、就労支援セミナーと銘打ち、「TTAPアセスメント研修会」を2日連続開催で実施し、成功裏に終了することができたのであった。この研修会の実施には多くの課題があったが、全職員一致協力して一センターとして、自閉症スペクトラムに特化した就労支援アセスメントスキルの習得を目指す研修会を企画実施できたこと、その意義は大きいと考えている。

多くの方々からの温かい支援に思う〜法人の信頼と職員の使命〜

今回の浸水被害に際し、市内・県内をはじめ全国の関係法人、関係者の皆様など各方面の多くの方々から温かい、そして心強い励まし、ご支援を寄せていただいた。具体的にはお言葉とともに、たくさんの支援の手、支援の品々、そして貴重な浄財をお届けいただいた。

この多くの方々からの励ましやご支援については、けやきの郷の災害対策本部が実施する対策会議の場でその都度報告され紹介された。阿部理事長自身が大変感激し、我々職員に直接紹介するといったことが何度かあった。

「けやきさんが先を歩んでくれたので、私たちはその後ろ姿を追ってここまで来られたんです。早く復旧できるよう願っています」との励ましの言葉が、その個人や団体と法人の名前だけでなく、理事長との関係、縁などと共に紹介された。真心をお寄せいただいた方々、同志ともいえる方々の有難いご厚情に対する理事長の感謝の思い、うれしさ、心強さが真に迫るようで印象深かった。

こうした法人、理事長に寄せられた励ましの言葉やその温かいご厚情の報告に接する時、けやきの郷を開いた保護者の方々の偉業にただただ頭が下がる思いがするのであった。そして、「子を思う親の心」の普遍でその計り知れない真理にあらためて気づかされた。自閉症者の専門支援施設けやきの郷の開所に至る経過、けやきの郷の歩みについては、理事長から折に触れて聞かされてきたのであるが、法人の職員として、まさに「子を思う親の心」によって、法人が今日に至っていることをあらためて思い起こさなければならないことを教えられたように思う。

「けやきさんが先を歩んでくれたので、私たちはその後ろ姿を追ってここまで来られたんです。早く復旧できるよう願っています」。私たち法人職員は、この力強い励ましに、元気に応えなければならない。

そのためには、私たちけやきの郷が自閉症者の専門支援施設として今日まで歩んできたことをあらためて自覚し、自閉症者支援のあり方を追求し続けなければならないのではないか。

利用者の支援にあたっては、まほろばも他事業所も同じだ。少なくとも、「自閉症」の障害特性等に配慮できる支援者を目指して、共に自己研鑽に努めたいと思う。それが今回、有難い支援をお寄せいただいた皆様、利用者、保護者の方々の思いに応える近道かも知れない。

被災時における相談業務に加え、利用者の他施設での受け入れ調整業務の取り組み

障害者相談・地域支援センターけやきセンター長　水野　努

1　被害の状況

「障害者相談・地域支援センターけやき」は、相談支援事業（川越市障害者等相談支援事業・特定相談支援事業・障害児相談支援事業）、埼玉県障害児・者生活サポート事業、単独型短期入所事業を実施している事業所である。障害者支援施設 初雁の家の敷地内にあり、２０１８年5月に新しく改築された建物を使用している。その「障害者相談・地域支援センターけやき」の建物も、台風19号による浸水被害を受けることになった。

敷地への水の侵入と、建物内の浸水を防ぐために、約１ｍ80㎝ほどのかさ上げをして建てられた当セン

ターの建物であったが、今回の水害では、建物内の浸水は床上約１ｍ20㎝程にもなり、初雁の家と同様に実際にこの地域は、約３ｍの浸水被害を受けたことになる。

建物内の事務所、相談室、ホール、居室、キッチン、浴室など、すべての設備が泥水に埋もれ、水が引いた後の建物内の様子は、見るも無惨な光景であった。

この浸水被害にあう数週間前に、単独型短期入所事業は、川越市からの指定申請の許可が得られ、新規事業のスタートを切ったばかりであった。短期入所用にそろえた真新しい家具、家電類は、ほとんど使われることなく、処分することになってしまった。実際の利用も１回目（１泊２日）を終えたところで、新規事業の〝これから〟を失ってしまった。

単独型短期入所事業については、そのような経過も踏まえ、復興までの間は事業を休むことになった。その他の障害児・者生活サポート事業については、一時避難先と自宅の送迎を行うことはできていたが、稼働実績としては激減した。そして、相談支援事業においては、けやきの郷全体の被災はありながらも、地域の相談者に対する業務については、一部配慮をいただきながらも通常の相談業務を実施することができた。

建物の復興までの間はまほろばの相談室を借り、携帯電話を駆使しながら相談対応等を実施した。

本稿は、被災下における当センターの相談支援業務の、取り組みをまとめている。その内容は、主に①一時避難先、自宅で生活をしていた利用者への支援、②他施設利用に向けてのコーディネートの状況、③地域の相談支援事業の相談支援専門員、行政機関のケースワーカーとの連絡調整の経過などとなる。

2　当センターの相談支援業務としての取り組み

被災を目の当たりにしながらも、通常の相談支援業務を遂行

台風19号による被災を受けて、けやきの郷の各事業所は、通常の事業継続が困難な状況にあった。利用者の生活の場は失われ、代わりになる生活の場は一時避難先や自宅であった。日中活動となる作業場も、作業物は流れ機材等も壊れてしまい、その機能を失っていた。当センターも室内への浸水に伴い、様々な資料も泥まみれとなってしまった。短期入所用に新しく用意した家具・家電類も使用することなく、使い物にならなくなってしまった。

けやきの郷の一つの事業所（センター）として、この被災した状況にどのように対応していったらよいのか、緊急時ともいえるこの状況の中でどのような支援を進めていくことが大事なのか。私自身は頭では思いながらも、冷静さを失っている状況で考えがまとまらなかった。思いだけが焦る中、日頃から相談支援としてかかわりのある相談者の方からの連絡を受け、このような被災状況においても通常の相談支援業務を遂行しなければならないことに、ハッとさせられたことも覚えている。

目の前の被災したけやきの郷の利用者の姿に対して、私たちの立場からの支援を進めていくことに意気込むとともに、地域の方々への相談支援も並行して進めていく必要性を感じたものであった。

被災直後、利用者全員の生活状況確認に着手

現在、けやきの郷の利用者には、入所施設（初雁の家）やグループホームといった、住む場所を含めた生活支援を提供する事業所を利用している方と、自宅に住み「通所施設」を利用している方とがいる。日常生活の大半をけやきの郷におく方々にとっては、生活の場が失われたその思いは、とても言葉には表せないものである。更に日々の生活とはかけ離れた避難先での生活、しかも数日ではなく数か月という長期化が予測される中での生活は、利用者の方々にとって適切なものとはとても思えなかった。

その一方で、自宅から通所利用をしている方々にとっても、日頃から懸命に作業に取り組んでいた作業場が失われ、通所利用ができなくなってしまった気持ちを思うと、心がとても痛んだ。通常の日常生活が送れなくなってしまったのである。

今回の被災は、けやきの郷を利用する全利用者のそれぞれの心に、多くのつらさや悲しみをもたらしてしまったのである。

そのような中で私たちが大切にしてきたのは、生活の場を入所施設の初雁の家やグループホームとしていた方々への支援と共に、通常のスタイルでの事業運営が困難となった通所施設の利用者の方々も含めた、けやきの郷全利用者の生活状況等の確認とその支援を進めることであった。

私たちが取りかかりとして、まず実施したことは、全利用者の状況確認や情報を整理するためのデータ整理表の作成だった。生活施設と通所施設の利用者に分け、援護地別に整理したデータ整理表の作成に早々

にあたった。

次に、それらをもとに生活施設と、通所施設のそれぞれの利用者の生活状況を確認していった。相談支援の実際について、順に記述をしていく。

相談支援業務としての取り組みの実際

① 生活状況の把握

避難した利用者の方々にもたらされた新たな生活環境への懸念

今回の被災時における入所施設 初雁の家とグループホームの利用者は、通常なら週末は自宅に帰っていた方々と、帰省せずに入所施設（初雁の家）やグループホームにおいて生活をしていた方々とに大きく分けられる。

生活施設利用者（入所施設とグループホーム）の方々は、被災前の自主避難や被災当日の救出援助によって人的被害を受けることもなく、無事に避難することができた。利用者の尊い命を守ることができたことは何よりも喜ばしいことであり、これに勝るものはないといっても過言ではないと思う。

避難した利用者の方々は、安全な場所に移動することができたものの避難先を転々としなければならない状況に遭遇することになってしまった。比較的早い時期から想像できたのは、一時避難先となる場所での長期にわたる生活を強いられることであった。私たち相談員は、この避難先における生活状況について、長期化という観点を前提にして、いくつかの視点から利用者にとって適切と呼べるには程遠いことを感じずにはいられなかった。例えば、①パーティションのような空間を整理するものがなく、利用者が「どこで何をするか」がわかりにくいこと、②利用者たちの行動特性上、集団での生活には適していないこと、③寝具類をはじめとした生活家具等もない中での生活が日常の生活環境とは考えにくいこと、④空調面も含め健康面（体調管理）を維持することへの不安や集団感染への危険を感じることなど、その項目は多岐にわたった。

更に、⑤自閉症のある方々にとっての雑然とした生活環境は、情緒面の安定も損なう。⑥そのため、日常でも行動面の課題を生みやすいところに、更なる大きな不安が重なってくるということも加えたい。特に予期せぬ環境の変化への適応が難しい利用者の方々にとっては、先の見えない長期化ということ自体が理解しづらいものであったに違いない。

一時帰省のリズムが崩れる自宅で避難生活の利用者

その一方で、自宅での避難生活をしている方々にとっても状況は異なるものの、また別な観点からの困難に直面する事態になっていた。日曜日あるいは月曜日には、けやきの郷へ戻るという一時帰省は開所以来続けてきた。そのために、利用者にとっては、一時帰省はなれ親しんだ自然な習慣となっていた。しかし、週が明けてもけやきの郷へ戻ることができない状況は、利用者にとって理解しがたいことであり、混乱につながりやすいものでもあった。家族としても、その混乱が生じないように、またけやきの郷へ戻ることができないことを少しでも理解してもらうために、カレンダーを使用して数か月先はきっと戻ることができると伝えたり、被災したけやきの郷の実際の状況を一緒にみに行き、現状では戻れないことを確認するなど、様々な工夫をこらしていた。更に、突然の状況の変化に家族が健康面の不調に襲われたり、年齢などを鑑み長期にわたって自宅で生活をともにすることに困難が生じることもあった。家族の疲弊や家庭生活のひっ迫が、大きな問題となっていることは伝わってきた。

② 支援のスタート

埼玉県発達障害福祉協会から「一時避難先で生活をする利用者の他施設での受け入れ」の後押し

被害を受けた各施設の復旧が長期にわたることは、被災当初から予想されていたことではあったが、災害対策本部復興計画の報告から、それがより現実味を増した。このまま一時避難先での生活を継続することには、私たち相談員のみならず、支援員の間においてもさまざまな懸念材料があった。法人としてのけやきの郷も含め、現状の避難生活の改善も含めた新たな支援の目標設定は、障害のある方々の生活支援を実施しているけやきの郷と同じような入所施設への一時的な受け入れ依頼を進めることであった。一度に多くの方の受け入れを他施設に依頼をすることは現実的に不可能でもあり、数名から進めることを実際に始めることにした。そこで、日頃から施設間の交流があって施設の立地などからも遠方ではない川越市内にある障害者支援施設（５カ所）から検討を着手した。受け入れ依頼を進めるにあたって考えることは、依頼人数のみならず、利用者の行動特徴、特性を踏まえたマッチングであった。実際の動きとしては、相談員が当法人内の事業所と依頼施設との間に立ち、コーディネートした。法人内の事業所においては対象者の優先度の確認を行い、依頼施設においては、実際に受け入れ可能な人数、利用者の状態等の確認をした上で調整を進めた。

川越市内の施設との調整開始時期をあわせるように、埼玉県発達障害福祉協会から県内の会員施設全体に、利用者の受け入れについての呼びかけをしているとの話をうかがうことができた。一時避難先で生活をしている利用者の状況や長期化した避難生活を踏まえて、県内の入所施設や通所施設等への働きかけを行ってくださっていたのである。埼玉県発達障害福祉協会の長岡洋行会長をはじめ、白石孝之副会長、岡部浩之副会長、山路久彦相談支援専門員、日野原雄二相談員との話し合いの中では、「一時避難先での生活が利用者にとって望ましい環境とはいえないこと」「冬になるにしたがって感染症等の発症時には、感染が広がりやすい状況におかれること」などから、「施設の復旧までの間はできる限り個別に他施設で生活をしていることが本人たちにとって望ましいことである」との助言をいただくことができた。私たちとしても、このような話を頂戴したことは誠にうれしいことであり、また各施設への受け入れに関する支援の方向性について、後押しをいただいたような状況であった。今でもこの日のことは、忘れることはない。

その後、すぐに私たち相談員はいただいた約90施設程の受け入れ施設に関する情報及び、一時避難先で生活する利用者の方々の状況やアセスメント情報をもとに、マッチング（コーディネート）を進めることになった。その際に、一時避難先の職員との調整や、家族への連絡も行った。家族にすれば他施設に移ることに関して様々な思いがあることも予測されたため、数回にわたる連絡を行い、より丁寧に進めることを心がけていた。家族には「一時避難先での生活状況が適切とはいい難いことは把握しているものの、ふだんから生活を共にしている利用者と一緒にいることが本人にとっては望ましいのではないか。安心するのではないか」という思いがあるのは当然である。また、自宅で避難をしている利用者の全家族にも、自宅での生活が長期化することの見通しを伝え、けやきの郷とは異なる場所での施設生活をするかについての意向も伺った。

埼玉県相談支援専門員協会の力を借り自宅で避難生活をしている利用者と家族を支援

一時避難先で生活をする利用者の方々と同様に、自宅で避難生活をしている方々への支援についても、早急な対応が必要な状況にあった。まずは本人や家族の生活状況の細かな確認が必要となり、相談員のみならず、それぞれの施設の支援員からも連絡を入れることになった。しかし、電話連絡だけでは十分な状況確認には至らず、生活面における細かいニーズの把握には、自宅への家庭訪問が最善であった。けやきの郷の利用者の方々は、川越市のみならず県内の様々な市区町村から支給決定を受けている。県南西部地域や県の中央部、県東部、県北部と多岐にわたる。私たち相談員の数では、とてもカバーしきれない状況であった。

そのような中、埼玉県相談支援専門員協会の方々から、巡回相談の協力の話をいただくことができた。県内の障害保健福祉圏域ごとに、それぞれの地域に構える相談支援事業所の相談員が、自宅で避難生活を送る方々への個別家庭訪問を実施してくださるというのである。さらに、各自治体のケースワーカーとの連携を図りながら、必要とされる福祉サービスの調整が必要な場合にはケースワーカーも一緒に訪問するなどして速やかに、連携体制を整えてくださるというものであった。私たち相談員も、自宅避難をしている利用者とその家族の情報を整理し、アセスメント情報も提供し、相談支援専門員協会の日野原相談員と連絡調整を幾度も行わせていただいた。これも私たち相談員にとっては、とても有難いことであった。日本相談支援専門員協会の菊本圭一代表理事の働きかけがあってのことでもあり、相談支援専門員協会の皆様の温かな配慮に心から感謝している。

③　支援・コーディネートの経過
数週間の調整期間を経て他施設利用を希望する方々は新たな受け入れ先へ

ここで、一時避難先の利用者の方と自宅での避難生活の方との両方に対して進めてきた支援である、コーディネートがどんなものだったか述べておきたい。一時避難先からの他施設利用に向けての調整依頼を確認した方だけでなく、自宅で避難生活する方からも同様に、日中に通う通所施設利用の依頼を確認していった。この他施設利用の調整については、埼玉県発達障害福祉協会の山路久彦相談支援専門員が中心となって、調整をしてくださることになった。私たち相談員は、本格的な寒さが到来する前、年内に他施設利用を希望する利用者の受け入れ調整に、全力を尽くすことになった。

受け入れ調整にあたっては、幾度か受け入れ施設側の担当者と連絡調整を行い、事前に必要書類を送付したり、施設に伺い事前の打ち合わせと家族との見学等を実施している。実際の利用に至るまでには、初めの連絡から数週間かかるのが現実であり、1～2週間に1名程度の決定という頻度であった。また、利用開始後も、施設担当職員と共に訪問したり、遠方の施設においては電話連絡を行い利用者の様子を確認した。利用していて行動面での課題が生じ、避難所へ戻るという方もいたり、同じ利用者との生活が本人にとって望ましいという考えのもとに、見学段階で利用をみあわせた方もいた。

生活施設（入所施設&グループホーム）利用者で他施設利用になった方々は、全員が入所施設の利用者であった。グループホームの利用者の方々は、11月上旬から徐々に日中活動先が再開していった経過もあり、他施設利用には至らなかった。

年が明けて2020年の2月から3月にかけて、避難先にパーティションが入り避難先の生活で少しずつ個別化の環境が整い、日中活動が再開されたりした。施設の復旧時期が当初の計画よりも早く、3月末から4月上旬頃という目安がみえてきたこと、支援費収入面の減少なども受けて、他施設を利用していた方々も、少しずつ仲間のもとに戻っての生活へと変わっていった。

この間、自宅への家庭訪問を実施してくださった相談員の方たちも、自宅での生活の様子や必要とされるニーズの把握に努めてくださった。訪問後、聞き取った情報を提供していただき、必要な方に対しては、市のケースワーカーへとつなげるなどの調整も進めてきた。実際の人数や対応期間等の数字が明らかになっているので、別表を参照してほしい（表1）。

日中活動の再開で通所利用者の方々の生活のリズム戻る

通所利用者についても通常とは異なる生活を送っていることを念頭において、常に生活の状況確認を進めてきた。幸いにも通所施設による日中活動の再開が、11月上旬より徐々に現実化した経過もあり、生活の軸となる日中支援については他事業所の利用等への介入をする必要もなくなってきた。

3　考察

ここまで、当センターの相談員が連絡調整を行いながら支援を進めてきた概要を述べてきたが、この一連の支援内容を受けていくつかの観点から考察をまとめる。

表１　他施設利用者状況

施設所在地	利用施設(名)	利用者	生活・日中（入所施設利用）	日中のみ（通所施設利用）
A市	A	A	○	
〃	〃	B	○	
〃	〃	C	○	
〃	〃	D	○	
〃	〃	E		○
〃	B	F	○	
〃	〃	G	○	
〃	C	H	○	
〃	〃	I	○	
〃	D	J	○	
〃	〃	K	○	
〃	E	L	○	
B市	F	M	○	
〃	〃	N	○	
〃	〃	O	○	
〃	〃	P		○
C市	G	Q	○	
D町	H	R	○	
E市	I	S	○	
F市	J	T		○
G市	K	U		○
H市	L	V		○
I市	M	W		○
合計		23名	17名	6名

埼玉県発達障害福祉協会と埼玉県相談支援専門員協会に支えられ

何よりも今回の長期化した一時避難先での生活、自宅での避難生活を支えてくださったのは、埼玉県発達障害福祉協会と埼玉県相談支援専門員協会の皆様の協力であった。避難先での生活のあり方として集団での生活は、利用者の方々にとってよい面となるところもあれば、生活面に支障をきたすところの両面が生じる。

一時避難先での生活が不向きで、安心できる生活が必要な方にとっては、一時的にでも別の受け入れ施設の存在は不可欠になる。今回、県内の会員施設に働きかけていただき、私たち相談員や支援員をバックアップしていただいた埼玉県発達障害福祉協会の皆様には、感謝の念が尽きない。他施設利用の必要性を感じながらも、戸惑いを抱えていた相談員や支援員、あるいは家族を後押ししてくださったことは、心の支えになるものであった。

また、埼玉県相談支援専門員協会の皆様には、通常の相談業務と並行しながら、家庭訪問を実施していただいた。私たち相談員だけでは到底行き届かないことだっただけに、後方支援として体制を構築していただいたことも、私たち相談員や家族には大きな支えとなりたいへん有難かった。

相談業務を進めつつ、慎重にマッチングも手がける

私たちは相談員という立場で、今回の他施設利用に向けての支援を実施してきた。これを可能にしたのは、

埼玉県発達障害福祉協会の皆様からいただいた多くの情報で、それによって利用者と施設とのマッチングをスタートさせることができた。通常の業務であれば、資源の開拓と呼ばれる情報収集から始めることになるが、多くの情報を事前にとりまとめて情報提供をいただいたことは、利用者の方々の不安軽減にたいへん有効だった。

調整では、①利用者の状況、家族の思い、受け入れ施設側の状況の他に、②自宅と施設との距離等の状況も含めた複数の情報の確認を行い、③それぞれに負担等がかからず、円滑に進めることが必須とされている。利用者にとっては、初めての環境での生活となるため、混乱なく安心した生活を送ることが最優先であり、また、受け入れ施設側としては、新たな利用者としての一時的な受け入れとなるためすでに生活をしている施設利用者の方々の生活への影響等を極力少なくなることを念頭におかなければならない。そのような状況も考慮に入れて、マッチングは慎重に進めるべき事柄であり、実際にも調整の難しさを感じたところであった。私たちも、通常のけやきの郷以外の対象者への相談業務は継続していたこともあり、調整・コーディネートは相談業務と並行作業となっていた。双方に支障が出ないように支援を進めていくことを心がけたが、ここも難しさを感じた事柄でもあった。

そのような中で、円滑に進めることができた事例があった。DWATのメンバーが、一時避難先となる受け入れ施設側のスタッフとしていらした。通常では、初対面での顔合わせ、書面での情報提供を進めるというステップになるが、今回は事前に一時避難先での交流があったため、お互いに安心した気持ちで顔合わせができて、本人の情報も書面以外の内容もスムーズに伝えることができた。避難先でのつながりが、このような事柄にも結びついたことを本当に有難く思う。

暫定的に緊急的なサービス利用の提供を出してくれた市町村

今回、支援を進めていく中で、援護市区町村の担当者の方々との連携にも力を入れた。市区町村担当者の方々から多くの協力をいただくことができたことも忘れられない。

また、サービスの調整面では、緊急的かつ暫定的な事項として、利用者の方々のそれぞれの状況に応じて福祉サービスの認定の許可をいただくことができた。施設入所利用者の方も自宅に避難している状況から、外出支援のサービスを緊急的に決定していただいたこともあり、感謝の思いでいっぱいだ。

緊急時に課題となる支援費収入の支払先

今回の長期にわたる避難生活が強いられた際に、他施設の利用を依頼できたことは、利用者の方々の生活を維持し、守るためには大きく寄与した。しかし、その一方で、大きな課題にも直面した。その最大のものは、施設運営にかかわる支援費収入減である。

現在の障害者総合支援法では、施設利用の状況にあわせて当該利用施設への支援費収入が入る仕組みになっている。そのため、けやきの郷の利用者が他施設を利用した際には、けやきの郷の支援費収入とはならずに、実際の利用施設への収入となる。今回、けやきの郷は、水害という自然災害に直面したことにより、通常の施設運営ができない状況に陥った。しかし、支援費収入については、特例が設けられることなく被災に関係なく通常の支援収入の仕組みが適応された。

他施設利用を進めれば進めるほど、その期間が長期化すればするほど、当施設の支援費収入減という結果となる。そのことは、けやきの郷の職員の人件費等の支払いが滞り、経営遂行が難しくなることにつながるのである。私たちはその打開策として、職員の受け入れ施設への一時派遣なども検討したが、給与面も含めて既存の取り決めなどが策定されていないこともあって、結局実現に至らなかった。利用者の生活の安定や向上を図るために他施設利用を進める反面で支援費収入面を考慮して、利用者が少しずつけやきの郷の一時避難先に戻ったのは、大きな課題といわざるを得ない。誰しもがそのことに心を痛め、私たち相談員としても矛盾を感じざるを得なかった。

これからに向けて――地域への貢献を続けることこそ使命と心に刻む

2020年3月の後半、一時避難先で生活をしていた利用者の方々が、修繕工事を終えたけやきの郷のそれぞれの施設に戻る頃に、埼玉県福祉部と埼玉県発達障害福祉協会、埼玉県身体障害者施設協議会とが「災害時における障害児者入所施設の利用者の他施設への受入れに関する協定の締結」の話を耳にした。協定の概要は「県は、被災施設から一時受け入れの要望があった場合や県から被災施設に一時受け入れを促した場合は、障害者施設団体に協力を要請する」「障害者施設団体は、会員施設に一時受け入れの協力を求める」「被災施設は、必要に応じ受け入れ施設に職員を巡回・訪問させ、利用者の生活支援を行うともに、利用者の状況に応じて受け入れ施設と連携し、必要な対応を行う」というものだ。

このような協定が結ばれたことは、今後の様々な災害への備えの一つにもなり、また災害発生時における迅速な対応へとつながるものと思われる。そして、様々な課題がこの取り組みの中で改善されていくことを願うばかりである。

私たちは、地域の方々からたくさんの支援をいただいた。今後は、私たちが被災した方々への支えとなり力になることによって、この感謝の思いをお返しできるのではないかと考える。

日頃から地域とのつながりをもち、地域とともに歩むこと、地域への貢献を続けることが、私たち「障害者相談・地域支援センターけやき」の使命であり、職務でもある。そして、そのことは、けやきの郷の今後にもつながるものでもある。そのことを心に刻み、終わりのことばとしたい。

水害被害にあったPCと保存データの復旧

けやきの郷 本部 契約職員　千田　大

けやきの郷に限らず世界中のほとんどの組織は、さまざまなデータをデジタル化してパソコン（ＰＣ）内に保存しているのではないだろうか。データをデジタル化して管理する際に万が一のことを考え、保管しているパソコンやハードディスク（ＨＤＤ）破損などのリスクも考慮する必要がありそうだ。今回、想定外の水害を受けたけやきの郷でどのように各種データを救済していったかについてパソコン機器の管理を担当する職員として記しておく。

1　サビ・腐食が進む前に水没した23台のPC、USBのデータ復旧

残念ながら、水没した全パソコン（ＰＣ）の再利用は不可能なのは明らかだった。そこで、ハードディスク（ＨＤＤ）だけは取り出し、データの救済をすることにした。

ほぼ全てのＰＣでＨＤＤの物理破損が考えられた。そうなるとサビや腐食が進む前にＰＣからＨＤＤを

取り外した上で、洗浄作業を行い物理破損の修復を行う必要がある。実際にそういった対応を行った。

洗浄後操作しようとすると、「ディスクがフォーマットされていません」といったメッセージがでて、いわゆるデータの論理破損が起きており、多くのファイルが破損して開けない状態にあった。そこで、ファイルを閲覧・編集するためのソフトウェアであるバイナリエディタにて、破損箇所の特定をした。その後バイナリ修復プログラムにてデータの再構築を行い修復した。

完全に水没したPCは23台、内20台のデータ救済・復旧を右記の方法で完了。復旧できなかった3台は、物理破損が激しく、サビ・腐食が進み救済不可能な状態となっている。

この作業と同時にUSBのデータ復旧も手がけた。

2 まほろばへの移動に伴い使用できなくなったサーバーの再構築

けやきの郷では介護・福祉業者向けの業務管理システム「福祉の森」を導入している。日立システムズが製造するこのシステムを使って利用料請求、支援費請求、職員給与支払などの事務処理を効率的に処理してきた。

福祉の森がインストールされているサーバーにアクセスするため、これまで各担当者の全PCに遠隔操作アプリをインストールしてあったのでこのシステムを各人が使用できた。しかし、被害を逃れたまほろば（埼玉県発達障害者支援センター）にサーバーを移動したことに伴い、各PCでは使用できない状態となっていた。

以前のように使用したかったので、代理店の担当者様に伺ったところ、「サーバーのＩＰアドレスは初雁の家で使用していたもので設定されており、まほろばの環境で使用するのは現状では難しい」との回答があった。「ご要望は、技術的な内容になるため3か月ほどの調査期間が必要」ということで、当面の間はサーバー上から直接福祉の森を操作する以外に方法がなく、使用できるサーバーの1台での作業という状態となった。

それによって生じる問題として、現場からあがってくる利用料請求、支援費請求、職員の給与支払のデータが来てから福祉の森入力・送信まで数日間しかないため、某大なデータ入力をそれぞれの担当者が順番に行う時間的余裕はなく、期日までに間に合わない可能性がでてくることが考えられた。

ただ、あらためて私がサーバーの設定内容の確認をしたところ、こちらでまほろばの環境に合わせた再構築ができそうだったため、再構築を試みた。


〈再構築内容〉
・サーバーの構成。
・ホストＯＳの他にＨｙｐｅｒ‐Ｖにて仮想ＯＳを二つ構築。
・仮想ＯＳの一つはＤＮＳサーバーとして可動。

・もう一つは福祉の森が動作するＯＳとして可動（Ｃｉｔｒｉｘ　Ｓｔｕｄｉｏ導入）。

・ホストＯＳについては、ユーザー管理を行っている状態にしておく。

・福祉の森を同ネットワーク内のＰＣから起動させるためのソフトにＣｉｔｒｉｘ　Ｓｔｕｄｉｏを使用しており、こちらの設定もまほろばのＩＰアドレス構成へと変更。

表2　OSの再構築内容

ホストOS	192.168.2.200		192.168.100.198
サブネットマスク	255.255.255.0		255.255.255.0
デフォルトゲートフェイ	192.168.2.1	→	192.168.100.1
DNSサーバー	192168.2.201		192.168.100.199
仮想1OS(DNSサーバ)	192.168.2.201		192.168.100.199
サブネットマスク	255.255.255.0	→	255.255.255.0
デフォルトゲートフェイ	192.168.2.1		192.168.100.1
DNSサーバー	192.168.2.201		192.168.100.199
仮想2OS(福祉の森)	192.168.2.202		192.168.100.200
サブネットマスク	255.255.255.0		255.255.255.0
デフォルトゲートフェイ	192.168.2.1	→	192.168.100.1
DNSサーバー	192.168.2.201		192.168.100.199

・ホストOS、仮想OSで設定されていた初雁の固定プライベートIPをまほろばのWiMaxの固定プライベートIPへ修正。

Citrix Studio

・ベースURLを仮想2OSで設定した192・168・100・200へ変更。

・各担当者のPCで福祉の森を使用できるようにするため、Citrix Receiverをインストールし、サーバーの仮想2OS（福祉の森）の192・168・100・200へのリモートアクセスができるように設定を実施。

以上の作業をした結果、無事再構築がなされて、水害前と同じ環境で福祉の森が作動している。

3 VPNサーバーの構築でセキュリティーも確保

支援費の実績の入力は各事業所単位で行うので、福祉の森を各事業所のPCへ導入するのに必要な環境を整えるため、VPNサーバーを構築している。

現在、福祉の森のサーバーがまほろばに設置されているため、現状ではまほろば内のWiMax環境の内部ネットワークからしか福祉の森へアクセスできない。

それでは、まほろば以外の事業所にとって使いにくいので、外部ネットワークを使用してアクセスを行う方法として、セキュリティー面でも非常に優れたＯｐｅｎＶＰＮサーバーを構築した。

―ＯｐｅｎＶＰＮ概要・構築内容―

・外部ネットワークからアクセス許可するために、ＯｐｅｎＶＰＮサーバーにて認証局を構築。
・認証局では、電子証明書をもっているユーザーに対しアクセスを許可する。そのため外部ネットワークから内部ネットワークに参加するＰＣは、あらかじめ認証局で発行された電子証明書を添付して、設定ファイルと一緒に保持しておく。
・サーバーとクライアントが1対1の関係として、鍵交換を行う。鍵には公開鍵、秘密鍵がありｋｅｙファイルを交換することで、対となる鍵をもっている者しかお互いのデータのやり取りができない。これでセキュリティーが確保できることになる。
・通信暗号化のセキュリティプロトコルであるＴＬＳを導入。万が一、通信が第三者に傍受された場合でもＴＬＳによってデータは暗号化されているため、第三者にデータが読み取られる危険がない。サーバーとクライアントがＴＬＳの .key を共有しているため、サーバーまたはクライアントがデータを受け取ったときに初めてデータを読み解くことができる仕組みなので、より安全な通信方法といえる。

これらの電子証明書、ｋｅｙファイル、ＴＬＳ ｋｅｙをあらかじめ配布されたＰＣのみが外部からアクセスできるため、高いセキュリティーが実現できる。

・まほろばWiMaxルーターにて、ポートマッピングを設定。
・Port1194を開放。
・通信プロトコルはUDPを使用。
・1194Portを通ってきた通信はOpenVPNサーバーを構築しているPCのプライベートIP192・168・100・9へ転送するよう設定。
・WiMaxの契約上グローバルIPの固定ができないため、DDNSを設定。
・グローバルIPアドレスに対して、ドメインで解決できるように設定し、グローバルIPが変更された場合にすぐに対応できるよう設定し、クライアント側の修正は必要ないように設定。
・まほろばの内部ネットワークに参加しプライベートIPをクライアント側に割り当てるので、TAP（ブリッジモード）でOpenVPNを構築。TUN（ルーティング）では、内部ネットワークに参加できないため。
・OpenVPNサーバー、クライアント共にファイアーウォールの送受信の規則追加にてUDP通信の1194Portの開放を行う。

以上、復旧に関し、より安全なセキュリティを確保できたことを報告する。

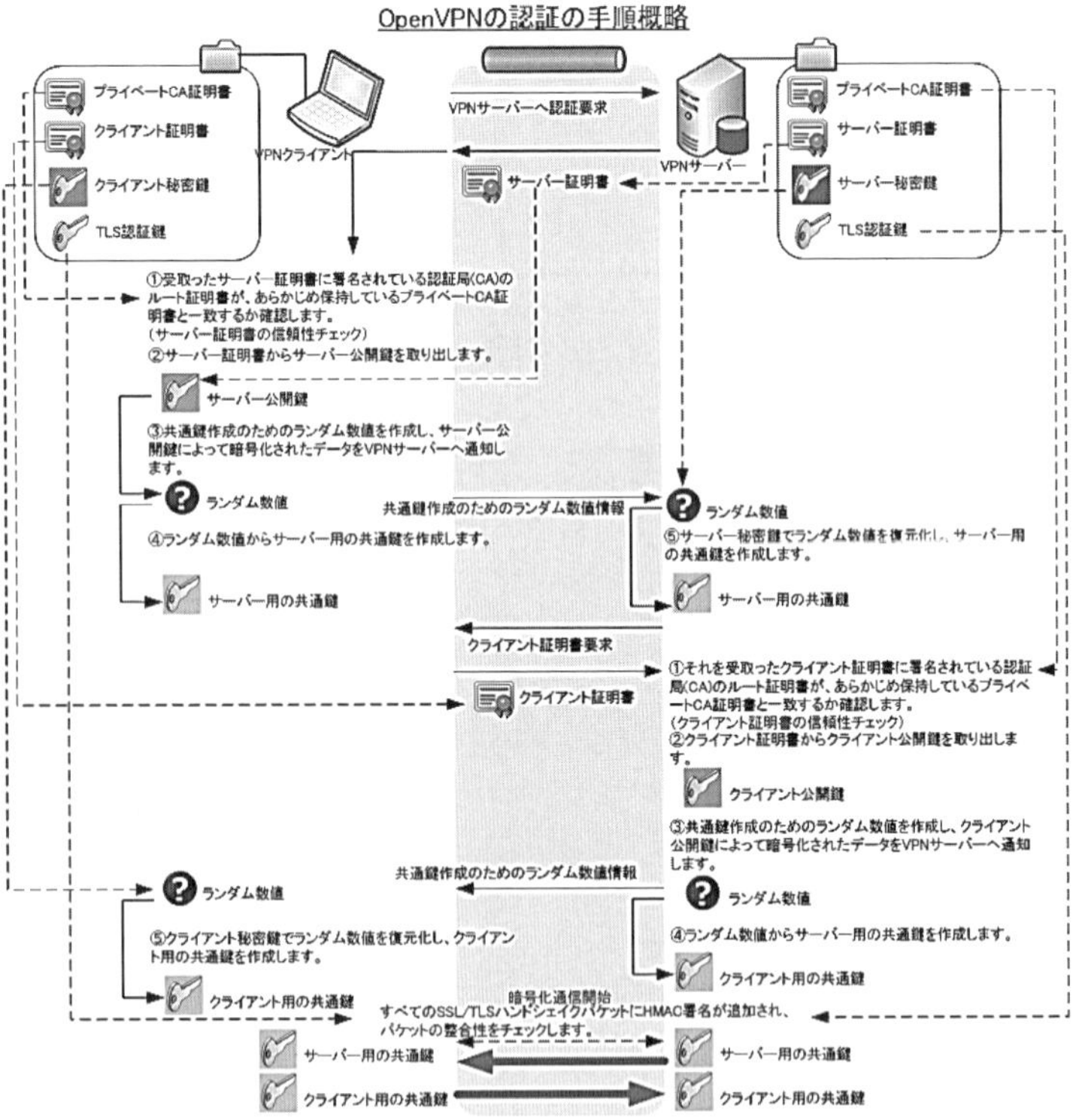

出典：https://server-setting.info/blog/ssl-openvpn-authentication.html

地域連絡会参加企業①

教訓をいかしBCPを含めた避難手順再構築へ

朝日航洋株式会社

２０１９年（令和元年）台風19号（東日本台風）の災害により、被災された皆様に心よりお見舞い申し上げます。

同年10月13日（日）、台風19号による記録的大雨により越辺川（越辺川右岸０・０k地点）の越水から堤防の決壊が発生し、弊社のヘリコプター整備の拠点である川越メンテナンスセンターも浸水の被害にあい、復旧を余儀なくされた。川越メンテナンスセンターは、複数の河川が交流する三角地帯にある。この地にヘリコプターの整備基地を設立したのは、けやきの郷様の設立よりも早かったように記憶している。業務上、ヘリポート設置のための広い場所を求めてこの地を選んだ。そして、今回の越辺川の破堤は、ヘリポートを挟んだ目の前で生じた。

格納庫3棟の水没1・8m

台風通過後の河川水位上昇が休日の夜間であったことや、出勤停止措置をとっていたため、幸いにも人的被害はなかった。敷地内各建物（事務所棟、格納庫（3棟）、塗装洗浄室、その他プレハブ倉庫等）の1階部分は約1・8mの水没。それにあわせて堤防の決壊による土砂の流入があり、水が引いた後にも多量の泥が沈殿していた（**写真1**）。

格納庫は3棟あったが、堤防が決壊した正面の格納庫ではシャッターの損壊はもちろんのこと、壁の一部は据つけの棚ごと損壊し、泥流のすさまじい威力を目の当たりにした（**写真2**）。各棟の1階にある電気機材（整備機材や事務機器）は当然のことながらすべて水没してしまい、屋外設置の小さなプレハブ倉庫やエアコンの室外機などの破損もひどい状態で、事業所の操業は完全に止まってしまった。

納品を待つヘリコプター整備の特殊装置

被災後暫くは停電状態での作業となり、発電機が設置されるまで夕方以降の作業はできない状況が続いた。各棟の1階にある什器、機材、棚などすべてを屋外に搬出して床の泥をかき出し、使える機材などの洗浄に多

写真1　建物すべての1階部分は1.8m水没した。当然事業所の操業は完全にストップ。

写真2　決壊した堤防に最も近かった格納庫の壁の一部が損壊していた。

写真3　1階にあった什器、機材を屋外に出して床の泥をかき出した。

大な時間を要した。

事務所棟1階は応接・会議室として使用していたため、内装は取り外し、洗浄・消毒をし、張り替えとなった。使用不能品については再購入を行ったが、ヘリコプターの整備に使用する一部の特殊な装置については、1年が経過しても納入待ちの状況が続いている。復旧作業は寒い時期であったこともあり、社内外の皆様からのご支援や炊き出しなど復旧に向けての活力となった。

BCPを含めた避難手順再構築

ヘリコプターをリフトアップする機材、精密機器や資機材を避難する2階部分の増設（ハード面）、ＢＣＰ（事業継続計画）も含め避難手順の再構築、水害対策手順の作成、水害タイムラインの作成（ソフト面）を行っている。今後はこのような災害が起きないことが望まれるが、仮に同様な災害が起きたとしても、被害を最小に抑える対策を講じているところだ。

*川越メンテナンスセンターの概要

朝日航洋株式会社の航空機整備事業の拠点として、官公庁などのヘリコプターを中心に点検・整備及び改造作業などを行っている。

皆で知恵を絞り再稼働へ

川越テック株式会社

従業員が一丸となり素早く復旧対応

２０１９年10月６日にマリアナ諸島で発生した台風19号は、12日には日本に上陸し、関東、甲信に記録的な豪雨をもたらした。13日未明に越辺川右岸決壊・氾濫し、川越テックも多大な浸水被害を受けた。かかる状況下で全員が危機意識をもち、一丸となってハード面、ソフト面での復旧に素早く対応。結果、1か月で仮復旧にて再稼働したが、そこに至るまでの貴重な記録の一つである被害の様子と、その後の経過を紹介する。

被害の様子と復旧

(1)被害状況（10月13日～16日）

写真1　台風が去った直後、RPF（固形燃料）の製造工場と事務所の浸水状況。

写真2　監視カメラが捉えた未明の工場フェンス横の浸水状況。

写真3　事務所内のパーティションも倒されていた。

写真5　事務所内は散乱していた。

写真4　RPFの原料が部屋いっぱいに広がっていた。

写真6　不要物を回収して廃棄した。

写真7　水没した事務所1階は床を張り替えて復旧した。

写真8　片づけも終盤に近づきやっとスケール復旧した。

写真９　冠水によって電気が止まってしまったので、電源が復旧するまでランタンを設置して室内を明るくした。

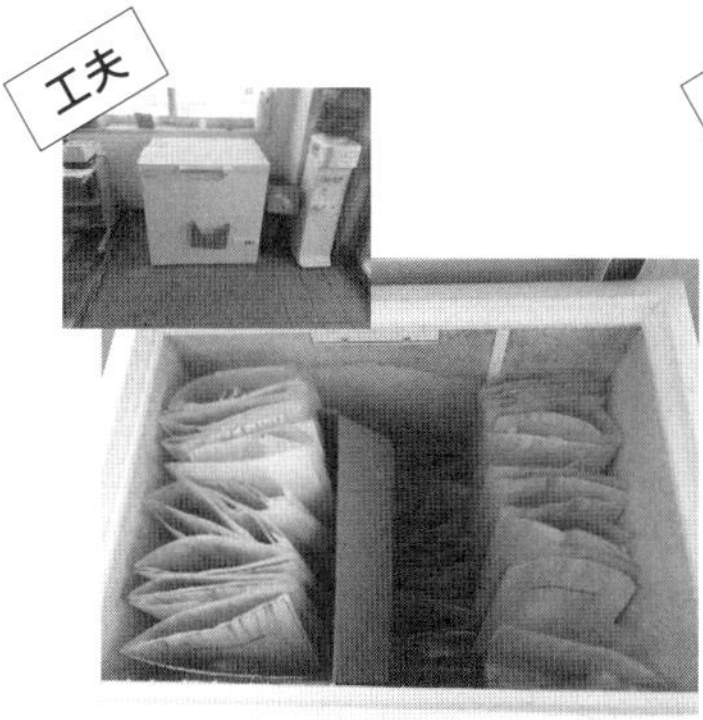

写真10　大型冷蔵庫を購入して入れたのは重要書類。冷却乾燥させた。

被災後１か月で再稼働

災害時を想定し危険分散していた芳野台の物流事務所に一旦事務所機能を移していた。事務所の電源・通信主装置、重要書類などを２階に移設するといった事務所復旧工事が10月末に完了したため、事務所機能を戻した。

設備は浸水箇所（ケーブル、モーター等）の交換や乾燥が順調に進み、11月５日に最も重要な電気室（キュービクル）の耐圧試験が完了。その後、順次稼動テストを実施し、災害にあってから丁度１か月後の11月11日に再稼動できるようになった。それに伴いサプライチェーンが復活した。

雨降って地固まるというが、今回、台風が去った後、けやきの郷様をはじめとする地域の法人、自治会、企業とは今まで以上に緊密で良好な連携関係となっているのが有難い。

地域連絡会参加企業③

浸水することのなかった工場も被災、災害対策構築へ

宮坂米菓株式会社 代表取締役社長　宮坂博文

台風19号によって、会社が水害にあったことを知ったのは、13日の朝8時頃だった。それまでは、水害にあうわけはないと思っていた。というのも、『吾作割れせん』の製造工場は県道に面した場所にある。県道から朝日航洋さんに向かって入る4m道路が一部浸水して通行できない時も、工場が浸水することはなく、大雨のときは工場の駐車場がご近所の車の避難所となっていたからだ。

しかし、「19号台風は50年に一度の台風」といわれており、またそばには小畔川が流れているので、台風が落ち着いた12日の夜中、万一のことがあったらという思いで、専務が工場の様子をみにいった。「川が氾濫している様子はない。大丈夫」という報告を聞き、安心してい

写真1　工場も浸水し、まるで湖のようだった。

たところ、13日8時頃、道路をはさんだ向かいの農家の方から、「大変な状況になっている」との電話があった。飛んでいくと、工場が水に浸かり道路や畑が湖状態になっているのを知ったという次第だ。

工場の中は、高価な製造機械も製品もぐちゃぐちゃ。何をどこから手をつけたらよいかわからない状態で、涙が出る思いだった（写真2・3）。

でも、負けてたまるか！だ。1か月で再開する！と決心。従業員一丸となって頑張った。幸い会社関係者以外にも私や家族の友人、幼馴染の友だちも毎日応援にきてくれた。大量の泥かき、清掃をしてくれ、文字どおりみんなの力で1か月で片づけが終わり、一部の機械も使えるようになった。

『吾作割れせん』の製造の一部再開は、11月12日。事情を知った地元のスーパーさんなどが置いてくれるなど、ずいぶん助けられた。

なお、今回の被災から学び、これからは台風・大雨に関して

写真2　製品を入れる缶・段ボールが散乱する室内。

写真3　高価な製造機械も水をかぶり使いものにならなくなっていた。

は、以下のような対策をとることを決定している。

① 幹部会議にて3、4日前から台風の動きを考慮しつつ行動を決定する。

(イ) 機械は、なるべくもち上げて（1m以上）下にパレットを入れる。

(ロ) 重い包装機等はチェーンブロック、フォークリフト等で10cm上げ、全部を厚手の防水シートで風呂敷のように包み込む。

(ハ) 製品はできるだけ、同じ川越市内にある月吉倉庫に移動する（運送会社との提携完了）。残りは下にパレットを敷き、（1m以上）上げる。

(ニ) 原料は、下にパレットを敷き1m以上上げる。

部署ごとに係を決め、速やかに作業を行う。

② 幹部会議にて、前日にはそれぞれ社員の役割を決める。

令和元年東日本台風による越辺川沿いの社会福祉施設の被災と業務継続に及ぼす施設特性

徳島大学助教　大学院社会産業理工学研究部　金井　純子
徳島大学教授　環境防災研究センター　中野　晋
徳島文理大学講師　人間生活学部　山城　新吾
株式会社エイト日本技術開発　徳島大学客員准教授　三上　卓

避難確保計画と業務継続計画の重要性

令和元年東日本台風では越辺川右岸0・0k付近の堤防決壊により、高齢者施設川越キングスガーデン（1法人2施設）や障害者施設けやきの郷（1法人6施設）が甚大な被害を受けた。被災した2法人を対象に、被害状況、避難行動、避難確保計画、被災後の業務再開状況等についてインタビュー調査を行った。また、浸水痕跡調査を実施した上で、破堤に伴う川越市内の氾濫進展状況を数値シミュレーションにより再現し、証言内容の検証を行った。高齢者施設と障害者施設の利用者の身体的特性や、避難方法、避難生活などの情報を施設特性に注目して整理し、施設特性を踏まえた避難確保計画と長期避難を想定した業務継続計画を検討しておくことの重要性について明らかにした『土木学会 安全問題討論会'20資料集』（発行 土木学会）の内容をここに紹介する。

1 はじめに

近年の豪雨災害では、高齢者施設や障害者施設など社会福祉施設が甚大な浸水被害を受けており、中には死亡事故も発生している。２００９年の中国・九州北部豪雨では、山口県防府市の特別養護老人ホーム・ライフケア高砂が土石流で埋まり、利用者7名が生き埋めとなって死亡した。２０１０年の奄美豪雨でも、奄美大島の認知症高齢者グループホームわだつみ苑が浸水し、利用者2名が死亡した。２０１６年の台風10号では、岩手県の小本川が氾濫し、河畔に立地する認知症高齢者グループホームの利用者9名全員が死亡した。このような事態を踏まえ、２０１７年6月に「水防法」及び「土砂災害防止法」が改正され、高齢者施設や障害者施設などの要配慮者利用施設の所有者または管理者については、洪水・土砂災害における防災体制や訓練の実施に関する事項を定めた「避難確保計画」を作成し、各市町村長に届け出る義務が課されることになった。また、国は計画作成の手引きや事例等[1)2)3)]を示し、市町村が施設管理者に対して説明会を開催したりするなど、地域の環境及び利用者の特性を考慮した実効性のある計画策定を求めている。

避難確保計画に関する先行研究として、永井ら[4]は、高齢者施設の立地特性に着目した水害時の支援方法として、施設属性と災害リスクの地理情報分析を基にした体系的な避難計画の必要性を指摘している。金井ら[5)6)]は、要配慮者利用施設では避難に時間と人手を要するため、施設特性に応じた避難行動開始基準の必要性を指摘している。宇田川[7]は、計画策定済みの施設への調査から、避難経路の安全性や利用者の健康維持が懸念事項であることを明らかにし、実行可能性向上のための対策として、気象情報等の収集・分析体制を強化すること、避難対象となる人員を減らし避難誘導のための人員・資機材を確保するために避難開始基準やサービス停止基準等を設けることを提案している。

また、入居型施設の場合、施設は利用者にとって生活の場であり、被災によって業務が停止すれば生命の維持も困難な状況に陥るため、災害後には速やかに業務を再開できる体制構築が必要とされる。これらのことから、入居型の社会福祉施設では自然災害の発生を想定した業務継続計画の必要性も年々高まっている。

しかし、水害の発生形態は地域により異なるだけでなく、施設の立地や業務形態によっても異なるため、水害時の避難確保計画や業務継続計画を策定するための参考事例にするためにはさらに多くの事例収集が必要である。

よって、本研究は、施設特性の異なる高齢者施設と障害者施設に注目し、令和元年東日本台風による水害時の避難行動について分析を行い、避難確保計画及び業務継続計画の課題を明らかにすることを目的とする。

2 令和元年東日本台風の概要

令和元年東日本台風と命名された台風第19号は２０１９年10月12日19時に伊豆半島に上陸し、強い勢力を保ったまま、関東、東北地方を縦断して、東日本の広い範囲で深刻な被害をもたらした。この台風の影響で記録的な大雨となり、東海、関東、中部、東北の１都12県に対して大雨特別警報が発表される事態となった。さらに、関東・東北地方を中心に、１４２か所（国管理14か所、県管理１２８か所）の堤防が決壊し、広範囲で浸水被害が発生した。[8)] 厚生労働省の報告[9)]によると１都11県で高齢者関係施設43施設、障害者関係施設41施設、児童関係施設40施設が浸水し、入所者の避難が行われた。

埼玉県では10月12日から13日にかけて大雨となった。山間部にある名栗、堂平山の各観測所では３日雨量が５００㎜を超え、平野部にある観測所においては３００㎜を超えた。24時間雨量については、名栗、堂平山、高坂、飯能、鶴ヶ島の各観測所で既往最多雨量を超えた。川越市では、越辺川の右岸０・０ｋ付近の堤防が決壊し広い範囲が浸水した。[10)] この地区は、北西から北東に越辺川、大谷川が流れ、南西部から南東部へ小畔川、入間川が流れている。４河川は落合橋付近で合流し入間川となる。その内の３河川（大谷川、小畔川、越辺川）が合流する三角地に高齢者施設と障害者施設がある。高齢者施設（1法人２施設）

や障害者施設（1法人6施設）が甚大な浸水被害を受けた。

3　調査方法

(1)　浸水痕跡調査とインタビュー調査

図1に浸水痕跡調査の地点、調査対象の施設A（特別養護老人ホーム 川越キングスガーデン）、施設B（けやきの郷）の位置を示す。２０１９年10月～２０２０年3月にかけて越辺川流域の浸水痕跡調査とインタビュー調査を行った。

浸水痕跡調査は川越市と坂戸市の浸水地区23か所について、水害発生翌日の２０１９年10月14日に加え、同10月28日、２０２０年1月19日、同3月28日に実施し、地盤からの浸水深をメジャーで測定した。また、各地点の標高は国土地理院の５ｍのＤＥＭから調査地点付近の値を読み取った。インタビュー調査は２０２０年3月18日に実施した。

以下では施設外壁等に残った痕跡から測定した最大浸水深にもとづいて考察を行う。

(2)　洪水氾濫解析

洪水氾濫解析の概要について述べる。

氾濫解析は内水・外水氾濫解析シュミレーションソフト「ＡＦＲＥＬ（アフレル）－ＳＲ」（ニタコンサ

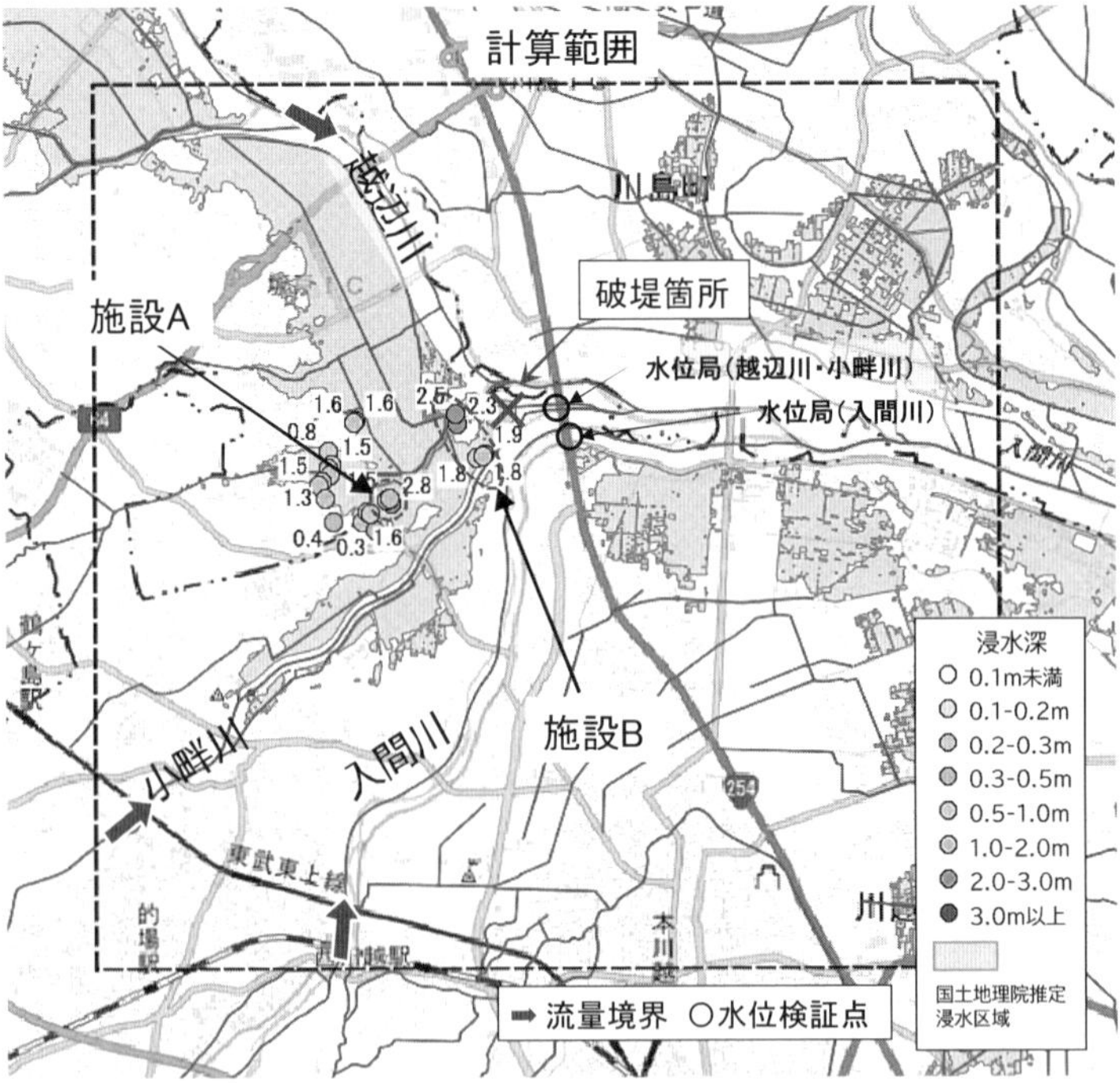

図１　調査対象の施設の位置と氾濫解析の範囲

ルタント株式会社）を用いた。

氾濫解析手法は、平面２次元非定常浅水流方程式をスタッガード格子で差分化し、時間的にはＬｅａｐ－Ｆｒｏｇ法により、陽的に計算するものである。この洪水氾濫解析手法は開発者の１人である三好ら[11]によって、その有効性が検証されている。計算格子は10ｍ×10ｍの正方格子とし、地形データは国土地理院の５ｍのＤＥＭからメッシュ内の最小値を採用した。最小値を用いた理由は氾濫流が計算格子内の低い場所に沿って流出すると考えられるが、格子内の平均標高として与えることで流出しなくなる事態を避けるためで

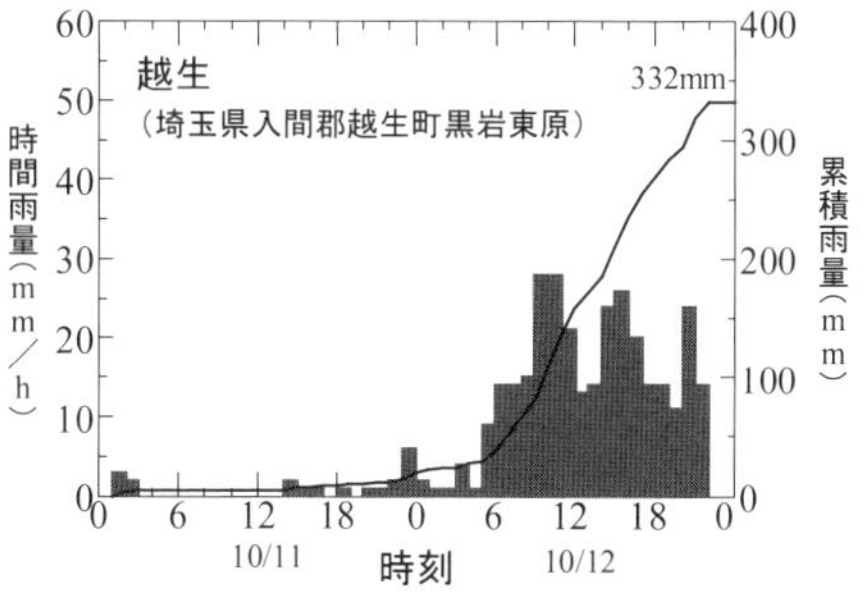

図２　越生での時間雨量と累積雨量

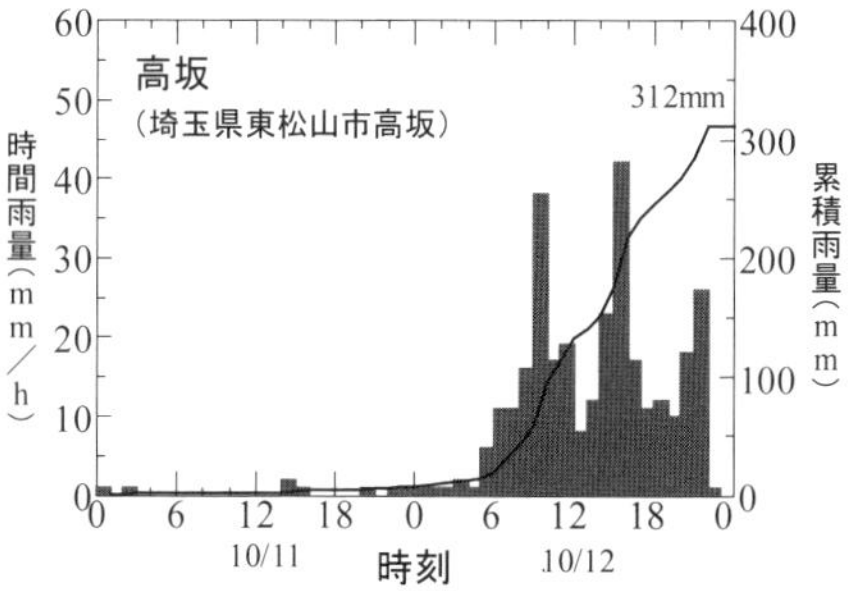

図３　高坂での時間雨量と累積雨量

ある。しかし、このために場所によっては浸水深が高めに評価される傾向がある。また、河川からの越水をできるだけ正確に評価するため、河川堤防部には盛土を配置して、５ｍＤＥＭの最高値を与え、連続堤の特徴を再現できるようにした。計算時間間隔は０・０４秒で、10月12日６時から10月13日12時までの30時間を計算対象期間とした。

解析は、**図１**の点線で示す領域で実施した。降雨は越生（**図２**）、高坂（**図３**）のデータを用いて計算した。

上流端流量は、越辺川、入間川、小畔川の流量から流下距離を考慮し重ね合わせて上流端で与え、落合橋水位局の観測水位を再現できるように支流からの流入分を調整して与えた。**図４**は解析で用いた上流断面での流量変化である。**図５**は落合橋水位局での水位変化の再現状況である。

越辺川０・０km付近では約70ｍにわたり破堤した。破堤時刻ははっきりしていないが、施設Ｂの職員の証言によると10月13日1時頃から急激に水かさが増えてきたこと、5時25分には国土交通省により、破堤が確認されていることを考慮し、10月13日1時～4時半にかけて段階的に破堤したものと仮定して計算した。さらに、大谷川が越辺川に合流する箇所に設置された雨水ポンプ（排水量5・25m³／s

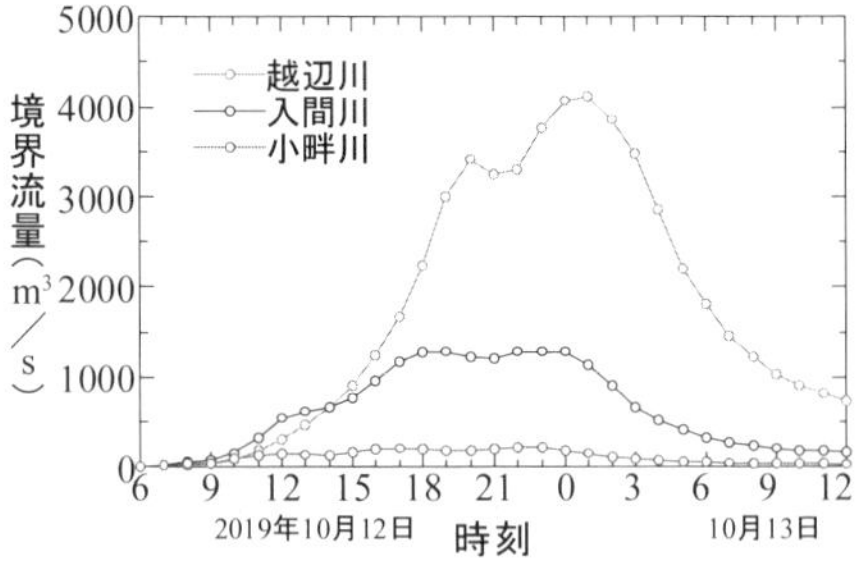

図4　解析で用いた上流断面での流量変化

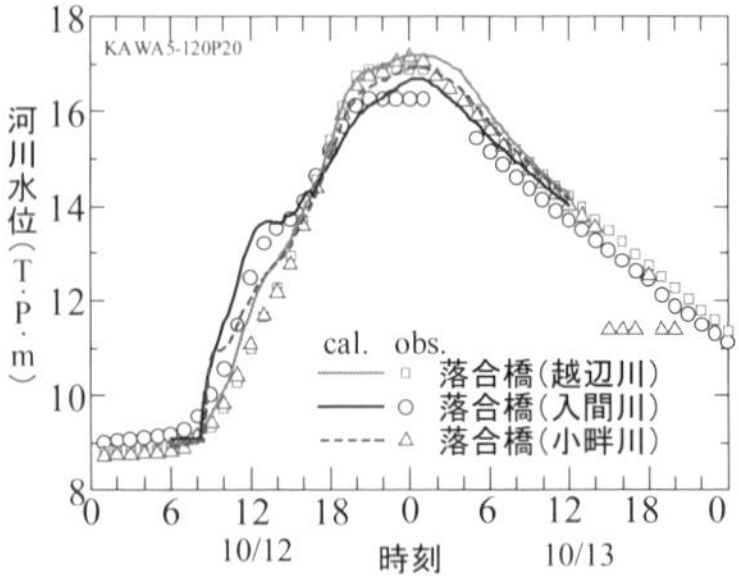

図5　落合橋での水位変化再現状況

図6　施設A、B周辺での最大浸水深の再現計算結果

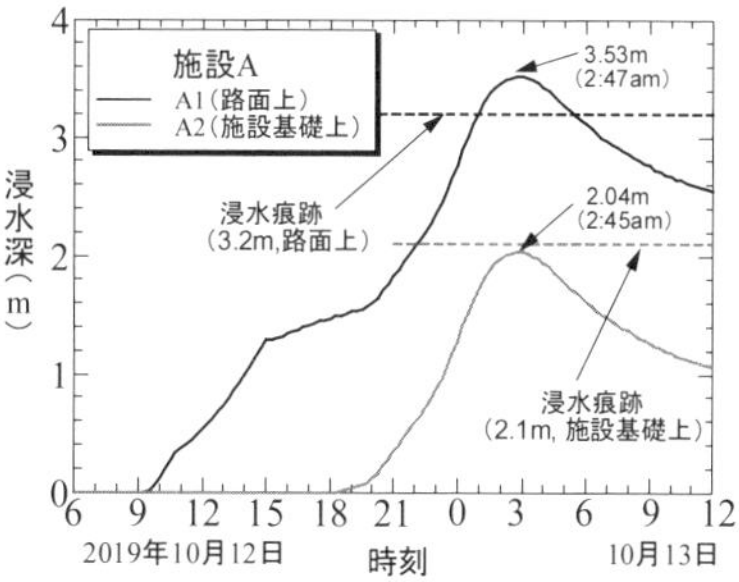

図7　施設Aでの浸水深変化（解析値）

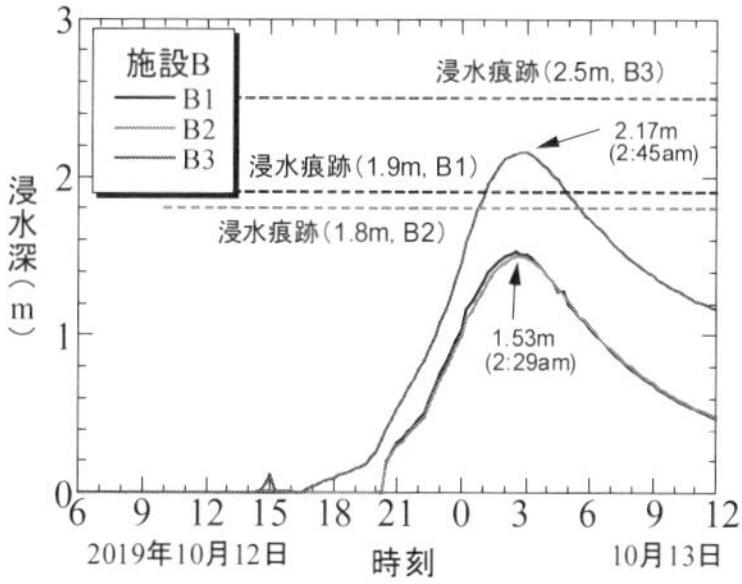

図8　施設Bでの浸水深変化（解析値）

のポンプが2機）による排水と水門操作（閉鎖期間10月12日12時23分～10月13日13時）を考慮した。

4 調査結果

図6は、施設A、B周辺での最大浸水深の再現計算結果である。最大浸水深は、施設A周辺で3mを超えており、小畔川に近い施設Bでは1～2m、大谷川に近い施設では2～3mの範囲を示している。

図7は、施設Aでの浸水深変化（解析値）である。施設Aの浸水痕跡は、A1地点（路面上）で3・2m、A2地点（施設基礎上）で2・1mであることから、A1地点の解析値は浸水痕跡高さをやや上回る結果となった。**図8**は、施設Bでの浸水深変化（解析値）である。施設Bの浸水痕跡は、B1地点（建物壁面）で1・9m、B2地点（貯水タンク）で1・8m、B3地点（作業場）で2・5mであることから、解析値は、

浸水痕跡高さを下回る結果となった。

施設Aと施設Bの浸水深変化は、10月12日の12時前後の水位上昇期に若干の相違が見られるが、13日の深夜から未明にかけての急激な水位上昇を示している点は、概ね証言と一致している。

(1) 各施設の被害状況と避難行動

表1は、施設Aと施設Bの避難行動および避難情報等を時系列で整理したものである。両施設とも1999年の水害の経験を踏まえてソフト面、ハード面の水害対策を強化していたことにより、建物被害は甚大であったが人的被害は免れた。各施設の特徴を「避難確保計画」「避難準備」「初動対応」「避難生活」の4項目で整理した。

a) 施設A（高齢者施設、浸水深1.5～3.2m）

施設Aは破堤箇所から約1km離れた田園の中にあり、浸水深は道路面から3.2m、平屋棟の床上1.5mであった（**写真1**）。利用者は100名で認知症や寝たきりの方も多い。建物は平屋棟と2階建ての別棟とが隣接しており、過去の水害の教訓から、平屋棟の地盤は2mかさ上げされ、増築された別棟も避難棟の役割をもっていた。

表1　施設Aと施設Bの避難行動および避難情報等を時系列で整理したもの

			施設A	施設B
利用者数			100名	75名
身体的特徴			介護度3以上、認知症	9割が自閉症
災害発生時の避難先			施設2階	施設2階
浸水深			1.5～3.2m	1.8～2.5m（床上1.5m）
日	時刻	気象・洪水警報／避難情報	避難行動	
11	16:00			利用者を在宅避難（75名→36名）
12	4:06	大雨警報		
	7:24	洪水警報		
	8:30	避難準備・高齢者等避難開始（小畔川流域）		
	11:00		避難準備	
	11:15	避難勧告		利用者を市民センターへ避難（13名）
	12:00	小畔川（八幡橋水位観測所）避難判断水位水位到達		
	12:05	暴風警報		
	13:00			災害対策本部設置
	16:00	入間川（小ヶ谷水位観測所）避難判断水位水位到達		
	17:00	入間川（小ヶ谷水位観測所）氾濫危険水位到達		
	19:00	越辺川（入西水位観測所）氾濫危険水位到達見込み 大谷川越水		敷地内に浸水開始
	21:51	大雨特別警報		
13	1:00			建物内に浸水開始→避難開始（垂直避難）
	1:30		玄関付近冠水→1次避難開始（平屋棟から別棟1階）	救助要請
	3:00		1次避難完了、物品搬送	
	3:30		停電、EV停止	
	4:00	未明：堤防決壊	2次避難開始（別棟1階→2階）	
	5:00	5:25 巡視員が越辺川堤防決壊確認	救助要請	
	6:00			消防隊員により救出
	6:30		水位上昇止まる	
	10:45		消防隊員により救出～夕方	
避難先			13日中に近隣の施設や病院に分散	5日の間に4か所を移転

写真１　A1 地点の浸水痕跡

【避難確保計画】

施設Aでは、過去の水害経験を踏まえた避難確保計画を作成しており、毎年、避難訓練を実施していた。今回の台風においても、避難確保計画にもとづき職員と利用者１００名全員が無事避難した。

【避難準備】

12日の午前中の段階で左記のような周到な準備を行っていた。
特に、水位の計測と宿泊職員の確保は、初動対応に大きく役立った。

・正面玄関の階段の水位の計測
・夜間の宿泊職員の確保
・別棟（避難棟）へ避難する場合の必要物品の準備
・別棟（避難棟）へ避難する場合のベッドの配置確認
・私有車、公用車を安全な場所へ移動

【初動対応】

13日1時30分、水位が玄関付近まで達したため、平屋棟にいた70名を別棟に移動させた（1次避難）。

写真２　B1地点の浸水痕跡

４時には水位が急増し、別棟１階の利用者を更に２階へと移動した（２次避難）。停電でＥＶ（電気自動車）が使えなくなったため、階段を人力で運んだ。その後、施設は孤立状態となり11時頃から夕方にかけてボートで救助された。

【避難生活】

救助後は一旦近くの避難所（小学校）に避難したが、川越市の調整により13日中には近隣の施設や病院に分散して受け入れられた。分散による長期避難は、福祉仮設住宅が完成する２０２０年３月末まで続いた。

b）施設B（障害者施設、浸水深1・8〜2・5m）

施設Ｂは破堤箇所から約３００ｍ離れた場所にあり、越辺川、大谷川、小畔川に挟まれた三角地帯に位置する。浸水深は最大で２・５ｍで、Ｂ１地点の建物の壁面には明瞭な浸水痕跡が残っている（写真２）。利用者は75名で９割が自閉症の障害をもつ。建物は全部で６棟あり、過去の水害の教訓から、床高を上げて水を受け流す構造にしたり、キュービクルの土台を１ｍ50㎝かさ上げするなど水害に備えていた。

【避難確保計画】

施設Bでは、過去の水害経験を踏まえた避難確保計画を作成しており、今回の台風においても、迅速な避難行動により職員と利用者75名全員が無事だった。

【避難準備】

11日～12日午前中の段階で左記のような周到な準備を行っていた。特に、在宅避難と自主避難によって施設に残る利用者を最小人数にしていた点は、初動対応に大きく役立っている。

・11日に利用者の約8割を自宅に帰した（在宅避難）
・12日午前中に市民センターへ自主避難（事前避難）
・夜間の宿泊職員の確保
・情報共有アプリを導入

【初動対応】

13日1時頃、建物内への浸水が始まったため、施設に残っていた利用者を急いで2階へ避難させた。1時30分に市へ救助要請し、6時に救助された。

【避難生活】

利用者13名は、12日午前中に市民センターへ自主避難したが、翌日に市民の予約が入っているという理由から近くの小学校（避難所）へ移動した。一方、施設から救助された利用者も小学校へ避難し13日午前中に合流することができた。しかし、小学校は翌日から通常授業があるため13日午後に全員で旧公民館に移動した。ところが、再び衛生状態が悪いという理由で移動を余儀なくされ、18日午後に総合福祉センターの体育館へ移動した。発災から5日の間に4か所を転々としたことで利用者や職員の心身の疲労は深刻であった。利用者全員が1か所でまとまって避難できる場所は他になく、結果的に総合福祉センターの体育館に5か月以上滞在することになった。

(2) 立地特性と施設特性の課題

施設Aと施設Bは、複数の河川が合流する三角地帯に立地する。水がたまりやすい地形であるため、過去にも内水氾濫の被害を受けている。本稿では堤防決壊による外水氾濫の解析を行った結果、浸水深の上昇速度が速く、浸水深も高いという特徴が見られた。一方、入居型の高齢者施設や障害者施設には介助が必要な利用者が多く、避難に人手と時間がかかるという特性があり、特に夜間は職員数が少ないためそれが顕著に表れる。つまり、洪水氾濫解析とインタビュー調査から、河川に近い立地、堤防決壊による外水氾濫、入居型施設、夜間という要素が重なると災害リスクが高くなるといえる。

(3) 長期避難生活の課題

施設A、Bとも過去の水害の経験を踏まえてソフト面、ハード面の水害対策を強化していたことにより、建物被害は甚大であったが人的被害は免れた。しかし、建物被害が甚大であったために利用者の避難生活が長期化し、その後の業務継続や事業再開に大きな影響を与えた。

施設Aの場合は、利用者を分散して他施設へ緊急入所させる方法により、早期に避難先を確保することができた。一方、施設Bは、利用者と職員がまとまって避難できる適当な避難場所をみつけることができなかった。自閉症者の場合、新しい環境への適応が難しく、信頼関係がある職員の支援が必要不可欠であるため、分散避難ができなかった。結果的に、一部の利用者は他の施設へ入所することになったが、総合福祉センターでの避難生活は3月時点で5か月に及んでいる。

両施設のように長期避難が必要となった場合、集団で避難でき、かつ福祉的設備のある場所を被災直後に用意するのは困難である。

したがって、利用者の円滑かつ迅速な避難の確保を図るための避難確保計画とともに、避難先でも最低限のサービスを提供できる業務継続計画もあわせて策定しておく必要がある。また、避難所やその後の受け入れ先の確保を施設任せにするのではなく、行政の協力と福祉関係団体の連携による支援が重要である。

(4) 移転・現地復旧の課題

施設Aは、移転する方針を決め、市や県と協議して「福祉仮設住宅」の建設に踏み切った。

福祉仮設住宅とは災害救助法で定められた仮設住宅の一種で、特に、高齢者や障害者など身体的特性に配慮し、バリアフリー等の設備・仕様が施された共同住宅である。2011年の東日本大震災で岩手県、宮城県、福島県に整備された事例があるが、近年では、2018年の北海道胆振東部地震で厚真町や安平町の2か所に全国初の大型福祉仮設住宅が整備された[12)]。

施設Aの福祉仮設住宅は市内の小学校跡地に建設され、2020年4月から業務を再開している（**写真3**）。福祉仮設住宅には、被災前と同じ定員とすることや、2年間で移転先を整備することなどの条件がつけられている。

施設Bは施設Aと同様に安全な場所への移転及び福祉仮設住宅の建設を要望したが、十分に検討する時間的な余裕がなく現地復旧（復旧補助金の申請）を決定せざるを得なかった。また、復旧補助金は現状復旧が原則で、例えば地盤のかさ上げや浸水しても最小限のダメージですむような建物の構造に改変することは認められていない。

写真3　施設Aの福祉仮設住宅

移転、現地復旧のいずれを選択しても、高いハードルがあり、被災した施設が将来的に事業を継続していく上での大きな足かせとなっている。

被災し混乱の中にある施設が、移転あるいは現地復旧について十分に検討できるよう、個別事例の情報収集、蓄積、活用の仕組み作りが必要である。

5　まとめ

令和元年東日本台風で深刻な被害を受けた高齢者施設と障害者施設を対象に水害時の避難行動と業務継続についてインタビューを行った。各施設とも過去の水害の教訓をいかし、ハード面、ソフト面の対策を強化していたため、周到な事前準備の上、迅速な避難行動が行われた。

一方、施設は大規模修復が必要な状態となり、利用者は他の場所で長期間避難生活を送ることになった。さらに、今後再び水害が発生するかもしれないというリスクがある中、施設は、移転か現地復旧かという非常に難しい選択に迫れた。

本事例は、避難行動から避難生活までを想定した避難確保計画と業務継続計画の必要性を示唆しているといえる。また、避難生活の長期化や移転・現地復旧の問題は、被災施設だけの問題ではなく、地域福祉にかかわる団体や自治体が連携して解決しなければならない課題であり、制度改善を含めて国の支援が必要である。

謝辞：本調査を行うにあたり、ご多忙の中、インタビュー調査にご協力いただきました社会福祉施設の皆様には深く感謝申し上げます。

参考文献

1）国土交通省水管理・国土保全局　河川環境課水防室：要配慮者利用施設（医療施設等を除く）に係る避難確保計画作成の手引き（洪水・内水・高潮編）、平成29年6月．

2）内閣府（防災担当）ほか：要配慮者利用施設における避難に関する計画作成の事例集（第3版）、平成31年3月．

3）厚生労働省・国土交通省：水害・土砂災害に係る要配慮者利用施設における避難計画点検マニュアル、平成29年6月．

4）永家忠司、田上晶子、猪八重拓郎、外尾一則：高齢者施設の立地特性に着目した水害における避難支援に関する研究、低平地研究、No.20、june、2011．

5）金井純子、湯浅恭史、中野晋、渡辺一也：要配慮者利用施設の初動対応・事業継続におけるタイムラインの必要性、土木学会論文集F6（安全問題）、Vol．71、No.2、I_47-I_54、2016．

6）金井純子、三好学、安藝浩資、中野晋：高齢者施設における洪水時の「避難開始の判断」の重要性と判断の目安の設定方法、土木学会論文集F6（安全問題）、Vol．73、No.2、I_139-I_146、2018．

7）宇田川真之：要配慮者利用施設における風水害の実効的な避難確保計画の策定促進にむけた提案、災害情報、No.17-2、pp.201、pp.211、2019．

8）内閣府：令和元年台風第19号等に係る被害状況等について、令和2年4月10日．

9）厚生労働省：令和元年台風第19号による被害状況等について（第16報）、令和元年10月18日現在．

10）埼玉県：台風19号による被害状況について（第2報）、令和元年10月12日22時00分現在．

11）三好学、田村隆雄、武藤裕則、安藝浩資：都市郊外部における排水路基底流量を考慮した内水氾濫解析、水工学論文集Vol．

60、I－139-I－144、2016.

12）毎日新聞：全国初の「大型福祉仮設住宅」厚真町と安平町に 北海道地震、2018年12月28日.

出典：土木学会　安全問題討論会'20資料集

第2章

共助の力

「けやきの郷」被災における川越市災害ボランティアセンターのボランティア活動支援

社会福祉法人川越市社会福祉協議会 担当職員　小川和広

はじめに、2019年台風第19号で国内各所において被災され、お亡くなりになられた方、また被害を受けられた方々にあらためてお悔やみとお見舞いを申し上げるとともに、未だ避難生活をされている方々が一日も早く、「ふだんのくらし」に戻ることを心から祈念させていただきます。

災害ボランティアの経緯

1995年の「阪神淡路大震災」を契機に全国的に「災害ボランティア」への関心度が高まり、川越市社会福祉協議会（市社協）においても、災害時のボランティア事業への関心が一気に上昇した。特に、

２０１１年の「東日本大震災」の教訓を受けて着手した「川越市災害ボランティアセンター」（災害ＶＣ）事業への取り組みを皮切りに、災害ＶＣの要綱、運営マニュアルの策定、立ち上げ訓練（市社協職員、市職員、県社協職員等参加）を重ね、〝もしも〟の時のために備えてきた。実際に、「東日本大震災」、「２０１５年９月関東・東北豪雨（鬼怒川水害）」、「２０１８年７月豪雨（西日本豪雨）」、「２０１９年房総半島台風（台風第15号）」等の被災地へ職員を派遣し、実際の被災地での災害ＶＣの運営支援に携わった。

このほか、災害ボランティア養成講座の開催や地域住民、市内在学の高校生以上の学生を対象にした災害ボランティアバス事業の実施等、地域住民とともに被災地への支援といった活動にも力を入れてきた。

災害ボランティアセンターの実働

２０１７年10月台風第21号をきっかけに川越市災害ＶＣを立ち上げ

それまで川越市では、ボランティアを派遣するほどの災害が起きていなかったと記憶しているが、２０１７年10月台風第21号によって川越市寺尾地区に内水氾濫が発生し、初めて川越市災害ＶＣを立ち上げることとなった。この時は、それまでしてきた訓練とは異なる支援活動をしようとして調整に戸惑ってしまい、迅速な対応を取ることができなかったという反省がある。とはいえ寺尾地区住民の自主防災組織（自治会組織）及び民生委員・児童委員と連携を取りながら、協働での復旧支援を行なうことができたという手応えがあった。

また、実際に災害ＶＣを開設したことで、訓練では気づかなかったことを把握でき、改めて災害ＶＣ要綱等の見直しができた年でもあった。こういった体験を経て住民との協働で得た教訓を伝えるべく、他の地域で災害ＶＣの出前講座を開き、災害支援や平時の支え合い、「自助・互助・共助・公助」の重要さを伝えていった。また、災害ＶＣに対する考え方を普遍的にするためにも、市社協職員には研修会を開催。職員の意識の共有を図った。

２０１９年10月東日本台風で災害ＶＣを立ち上げ

２０１９年10月東日本台風（台風第19号）では、前回の教訓をいかし迅速に災害ＶＣを立ち上げることができるように、10月12日（土）深夜０時まで総合福祉センターオアシスに各職員が待機。翌13日（日）には現地調査及び被災された高齢者施設の避難支援を行なった。更に、14日（月）には関係部署が参集し再度現地調査を行ったところ、被災場所の中心が２か所（平塚・下小坂地区、寺尾地区）であったことから、市社協に災害ＶＣ本部を、下小坂地区及び寺尾地区にサテライトを設置する形で災害ＶＣを立ち上げた。

この時のボランティアは、市内在住・在勤・在学限定で市社協ホームページ、フェイスブックで募集した。

２０１９年10月東日本台風（台風第19号）災害ＶＣの実績

○10月14日（月）川越市総合福祉センターに川越市災害ＶＣ本部を設置

○サテライトの設置期間　寺尾地区　：10月16日～10月21日　寺尾自治会館
　　　　　　　　　　　下小坂地区：10月15日～10月22日　下小坂自治会館
　　　　　　　　　　　　　　　　　10月23日～11月15日　川越墓園

※11月16日以降の相談は、通常の福祉相談の活動の中で被災者支援窓口を開設して受付

○ニーズ受付及びボランティア活動者数

ニーズ受付数	個人	グループ（活動数）	活動合計数
40件	816名	24団体（241名）	1057名

○ボランティアの活動内容

・家屋内の泥だし
・屋内外の家財の片づけ、搬出
・床、壁、窓などの拭き掃除
・漂流物の撤去

○活動者・運営協力者内訳

ボランティア（個人・団体）、企業・個人商店、ＮＰＯ法人、宗教法人、自治会・住民組織、労働団体、大学・高校ほか

○10月14日～11月15日までの職員運営体制（延べ人数）

県社協	他市町社協応援	市社協
18名	49名	２５９名

右記の災害ＶＣ活動は、地域住民組織（自治会、民生委員・児童委員等）、半月以上継続して活動した個人のボランティア、全国の被災地に出向いている職能団体（労働団体、プロボノ）、宗教団体の活動や物品の寄付、洗浄機・運搬用の車両・通信機器・運搬用資材・食料品等を無償で提供・貸与してくださった企業、市内の大学、高校生のサークルや部活、その他県内社協など、様々な方面から多くの支援をいただき運営することができた。

このほかにも総合福祉センターオアシスでは、10月17日から3月25日までの１６１日間、被災施設の「初雁の家」の方々の受け入れを行なった。その際、フードバンクを手がけるＮＰＯ法人から月２回程度、温かい食事（炊き出し支援）のご提供をいただいた。

使命は復旧（ⓕだんのⓚらしのⓢあわせ）支援

市社協の役割は、被災者の方々に寄り添い、また多くの支援者の思いに耳を傾け、被災者にも伝えること、つなげること。一日も早い復旧（ⓕだんのⓚらしのⓢあわせ）を最大限に支援していくことが最大の使命であると考える。

災害大国といわれているわが国において、近年特に災害時におけるボランティアによる活動は強く求められているところである。川越市社会福祉協議会としては、もしもの時の〝災害〟に備え、平時からのつながりや情報共有、支え合いを大切にしながら、地域住民、ボランティア団体、ＮＰＯ法人、社会福祉施設、行政、企業等とともに地域福祉と地域防災の連携を推進していきたいと考えている。

災害復旧ボランティアの力で、泥で埋まった建物がきれいに

ワークセンターけやき事業所長　谷島広恵

市社協、発障協が窓口となり、ボランティア受け入れ

２０１９年10月12日、けやきの郷は台風19号による甚大な浸水被害を受けた。建物の復旧に着手できたのは、水が引き被害写真を撮り終えた後の10月16日だった。

復旧ボランティアの受け入れにあたり、一般の方は「川越市社会福祉協議会ボランティアセンター」（市社協ボランティアセンター）、施設関係は「埼玉県発達障害者福祉協会」（発障協）がそれぞれ窓口となり連絡調整を行っていただいた。

市社協は被災地区にボランティアセンターの拠点を作り、地域の個人の方や団体のボランティアの受け入れを行った。活動前の保険の加入、それぞれのボランティアのスキルにあわせた配置、復旧作業に必要な道具（シャベル、一輪車、リヤカー、バケツ、土嚢《どのう》袋、ホース、ブラシ、水切り、スポンジ等）の手配等、復旧ボランティアにかかわる業務を法人窓口と連絡を取りながら中心的に進めてくださった。それにより

高校生から70代までの一般の方々、地域自治会、青年会議所、大学、一般企業、福祉関係事業所、災害救助慈善団体など、多くのボランティアの協力をいただいた。

発障協からは災害後、早々に被災状況の確認に代表者がおみえになった。被災者側の負担にならないようにと、必要な道具を持参し、日常業務の一環として復旧作業にあたってくださった。そういったご協力もあり、最も重労働である被災物の搬出と泥のかきだしを1週間で終えることができたのだ。この後、発障協には、復旧するまでの利用者の受け入れや避難場所での利用者支援等、福祉専門職ならではのご協力をいただいている。

最初の日曜日、一般ボランティアは300人超

作業スタート後の最初の日曜日には、予測をはるかに超える300人もの一般ボランティアが力を貸してくれた。10時の開始から続々とボランティアが訪れ、けやきの郷職員とともに泥まみれになりながら皆さん懸命に行ってくださった。消防士を目指す高校生、福祉系大学生、日頃よりお世話になっている関係者等々。午後になっても受付を終了できないほど参加者は途絶えなかった。市社協と調整に四苦八苦した面もあったが、多くの搬出物とボランティアで埋め尽くされた圧巻の光景に感謝の思いで胸がいっぱいになった。

全国各地の被災地にて復旧ボランティアを行っているという団体は、まさしくプロ集団だった。「私た

ちは慣れているから、場所の指示さえ出してくれれば大丈夫」という団体のリーダーを中心に、手際よく2日間かけて水害の形跡がわからないくらい施設全体をきれいに磨いてくれた。また同日、清掃業を営んでおられる障害のあるお子さんをおもちの方がいらっしゃった。きっぷがよく明るい方で「日頃から多くの方にお世話になっているので、私ができることをやろうと思って」と話されていた。

また、ケルヒャージャパン株式会社様からは、自社の高圧洗浄機や泥の吸水可能な掃除機等を無償貸与していただいた。社員の方々とともに高床式の建物の床の清掃や床下に溜まった泥水のかきだしを数日かけて行った。この作業での一番の悩みは床下1・3m程にもたまった泥水をくみだすことだった。中腰の体制で泥水を吸い取るのだが、くみ取った機械は重くて床上にもちあげることができなかった。それでも何とかしてきれいにしたいと、後日ポンプ機等の機材を持参して再度挑戦した。高低差がありながらも外まで見事に泥を吸い取ることができ、瞬く間に床下がきれいに掃除されたのには感動した。

このように、職員だけでは到底終えることのできなかった建物の復旧・清掃作業を、多くの方々の力添えをいただき無事に終えることができた。多くの方々に支えられたからこそ、半年後にはリスタートすることができた。これからは支えてくださった地域の方々に感謝とともに恩返しをしたい、と心から思っている。

〈時系列の復旧状況とボランティア参加者数〉

10月14日（月）　市社協災害ボランティアセンター開設

10月16日（水）　6名　けやきの郷 復旧作業開始　職員は配属事業所にて作業
初雁、やまびこ 重機にてわらの撤去
10月17日（木）　112名　発障協ボランティア参加（平日）
10月18日（金）　119名
10月19日（土）　雨天中止　ボランティア受入準備　立正大学准教授 新井利民先生、市社協小川和広さん来所
10月20日（日）　338名　一般ボランティアのみ募集　搬出は全事業所でほぼ終了
10月21日（月）　135名　施設内清掃と園庭清掃、土嚢作り
10月22日（火）　雨天中止
10月23日（水）　110名　発障協ボランティア終了　天理教災害救援団体（ワーク）
ケルヒャージャパン様による相談室床清掃指導　床下泥撤去
10月24日（木）　106名　一般ボランティアのみ　天理教災害救援団体（ワーク）
ワークボランティア受入終了
10月25日（金）　雨天中止
10月28日（月）　50名程度　ケルヒャージャパン様　相談室床下の泥撤去を機材を使って再挑戦
10月29日（火）　50名程度　相談室床下　職員と市社協職員で行いほぼ終了

10月30日（水）　50名程度
10月31日（木）　50名程度
11月1日（金）　50名程度　ホームボランティア受け入れ終了
11月5日（火）　25名程度　初雁とやまびこの施設周辺の復旧作業　やまびこは木材洗い
11月8日（金）　25名程度
11月11日（月）　10名程度
11月12日（火）　10名程度　初雁の家 受け入れ終了
11月15日（金）　10名程度　市社協災害ボランティアセンター閉鎖

「初雁の家」の泥かき——ボランティアの方とともに

初雁の家 課長　沖田　健

大量のわらと卒塔婆で埋まった園庭

台風19号が去った後、わらや卒塔婆で一面埋まっていた初雁の家の園庭は、どこから手をつければいいのかと思うほどの唖然《あぜん》とする光景だった。この大量のわらは、周囲に広がる田んぼの刈り取った後の稲わらが流れついたのかも。しかし、卒塔婆はいったいどこから?と頭の中は混乱した。

しかし、気を取り直し、川越市社会福祉協議会、埼玉県社会福祉協議会を通して多くの一般の方や施設から初雁の家に集まってくださったボランティアとともにまず行ったことは、園庭のわらや泥を集めつつ、室内の家具などを出すための搬出路と棟内の家具などの置き場を作ることだった。利用者40名分が使っているたくさんの家具などに加えて作業班の作業台や椅子もあるため、多くのボランティアの方の協力が必要だった。スコップで泥やわらを集める方、集めたわらや泥を一輪車で運ぶ方、重たい家具や家電を運んでくれる方と、多くのボランティアの方の協力のおかげで、被災から日にちをあけずに棟内の清掃をすることができた。

また大雨！ たまった水をポンプを借りて排水

水害にあってから数日後、再び大雨洪水警報が出るほどの大雨が降り、園庭に雨水がたまり始めた。水害の影響で園庭の排水溝が詰まっていたため、雨水が排水できなくなっていて、雨が降った分だけどんどんとたまっていってしまう。せっかく進み始めた復旧活動が無駄になってしまわないかと、とても心配になったのを覚えている。

園庭に水がたまっていては水害の復旧作業が進まない。雨水を排水しなければならず、ボランティアの方が20名ほどで、園庭から入口付近の排水溝までバケツリレーで排水作業を行った。

しかし、雨量があまりにも多く、使えるバケツのほとんどが小さいため、全く減る様子がみられない。途中からこれはあまり効果的でないと感じ、自らの判断で他の作業に切り替える方も出てきた。ボランティアの方の復旧活動の足並みをそろえて力をあわせることが復旧への最短ルートであり、こういったときに私たちけやきの郷の職員がどんな復旧作業をお願いしたいかをきちんと伝えることが大事だったと反省している。

雨水は後日、機材を業者からお借りして一気に排水することができ、排水後に排水溝内の泥もボランティアのご協力のもと、取り出すことができた。

2グループに分かれ効率よく棟内泥だし

高圧洗浄機を使って床や壁の泥を洗い流し、その泥水を外にかきだした。10〜15名ほどの構成で2チーム作り、泥だし清掃作業を行った。1チームはボランティアセンターの拠点を作ってくださった市社協の小川和広さんを中心に仕切っていただき、もう1チームは職員とボランティアの高圧洗浄機を扱える方をメインに配置した。ボランティアの人数が多い時は、更にデッキブラシなどで掃除するチームも編成、他には機械で届かない所を洗うチームを作ってそれぞれに別れて活動をした。

この時、まだ使用できる水道の蛇口が3つと、発電機しか使えなかったため、2チームを作るのが精いっぱいだった。ただ3つの蛇口も、同一敷地内にあるやまびこ製作所と共有で、ボランティアの方の手洗いや持参した道具を洗うのにも使用するため全く足りず、お互い助け合い、譲り合いながら使用した。泥だしは、とにかく泥が乾いてしまう前に片づけないといけないのでスピード勝負。おかれた環境の中で2チームに分かれて2か所同時に効率よく泥だしと清掃ができ、一番大変かと思われたリビングや居室の大まかな泥だしは3〜4日で終えることができた。

この時、ご自身の高圧洗浄機を持ってきて作業をしてくださった方がいた。こういった復旧活動のボランティアを数多く行っているようでご自身の車に多くの道具を積んでおり、リーダーのようにどんどん一人でその場に適した工具や道具を取り出してきて積極的に清掃を進めてくれていた。固定されたタンスを動かせずに困っていたので撤去を依頼すると、一人でご自身の工具を駆使して搬出してくれた。また、水圧でゆがんで開かなかった倉庫の扉を工具を使いあけていただいたので倉庫内を掃除することができた。

私自身を含め、慣れない復旧活動で判断に迷うことも多く、適切な指示が出せないこともあったのは間違いない。そういったとき、ボランティアの方に混乱や不安を与えてしまい、厳しい意見もいただいた。これは今後の課題の一つだ。

水害により、窓が割れ、壁が傾いている部屋があり、危険なので掃除せずにおいておいたが、ボランティアの方の中には危険な場所も掃除をしたいと思う方もいた。他にも流木がフェンスに倒れかかっているのを、チェーンソーで切って除去しようとしてくれた方もいた。こうして振り返ると、危ない場所やどこまでの範囲の掃除を行うかは、始める前にお伝えしないといけなかったと気づく。

想像以上に移動が大変だった家具類

建物内のあらゆるものを急いで園庭に出したので、出した後に置き場所を決めて整理したり、分別をしないといけなくなった。

雨でぬかるんだ園庭は足元が悪く、建物内も濡れていて滑りやすい。そんな中で分別・整理のために何度も重たい家具や家電を移動させなくてはならないのは、本当に申し訳なく思いながらも、ボランティアの皆さんにお願いした。思った以上に家具や家電、調理機器が多く、あっという間に整理のために作ったスペースがなくなってしまった。

パン班の機材の搬出では、重すぎて人力では動かせないものもいくつかあり、無理に動かすとケガの心配もあったので、業者に依頼しないといけないほどだった。他にも冷蔵庫内に残っていた食材が泥水を吸って重くなり、小麦粉などは腐って異臭を放っていた。こういった状況が発生することも今回経験してあらためて気づいたことだった。

消防士の方もボランティアで来てくださっており、「力仕事があればいってください」と声をかけていただいた。家具などの搬出・整理・移動は重労働がほとんどだったのでとても助かった。

想像以上に大変だったのが、衣類や寝具類、作業物の処分だった。泥水を吸った衣類や紙類は重くなる。利用者40人分ともなるととても多い。運び出すためにビニール袋に入れて行ったが、少し時間が経つとカビが生えてきてしまい、衛生環境面で配慮が必要だ。

途中からごみ分別表や「可燃ゴミ」「粗大ゴミ」などごみの種類ごとの置き場の張り紙やごみの分別表を張り出した。最初からごみを種類別にどこに置くのかを示すことができていればボランティアの方が迷わず、活動もスムーズだったと気づく。表示後は一つ一つの置き場を聞かれて答えることも減り、細かな指示をすることなく活動が順調に進んだ。

土嚢袋の運搬での助け合い

集めた泥をどう処分したらいいのかと困っていたが、川越市社会福祉協議会（市社協）の方に土嚢袋《どのう》と土嚢袋立てをご準備いただき、大量の泥を処分することができた。土嚢袋立てがあることでそれまで二人一組で行っていた作業も一人で行うことができ、効率よく活動が進む。作った土嚢袋は最終的に千近い個数に及んだ。

泥は袋いっぱいに入れてしまうととても重く、運ぶのは重労働だ。一輪台車の数が限られているのに、土嚢袋を作る担当者は十分にいるので土嚢が次々に積みあがっていく。そんな状況だったので、一輪台車を担当する方は捨てに行った後、すぐに次のものを運ばなければならず、とても大変そうだった。そうこうしているうちに、ボランティア同士で声をかけあって、交代して運び始めた。ボランティア同士で助け合ってお互いのためにと協力してくださっているのだ、と有難かった。

また、土は掘っていくほど硬い土になっていくが、どこまでが流れてきた泥なのか判断が難しくなっていた。人によっては「もうもともとあった土と判断して集める作業はやめていい」と考え、別の方は「まだ集めたほうがいい」などと、個々で意見の相違が生じたりもした。そういった時はもとの状態を把握している職員が指示を出すことが大事だった。結局この時は、駐車場の駐車スペースの目印としてはってあったロープが見えた時点でもとの土と判断し、掘るのをやめることにした。

広い園庭を多くの人数で行うので土嚢袋もすぐになくなりそうになったが、市社協の方に連絡するとすぐに追加分を用意してくださった。ボランティアの方や私たち職員も困ることなく、復旧活動に集中できた。たくさんの方のさまざまなお力添えに感謝でいっぱいだ！

人の力のすごさを実感

復旧作業中、終日電気も水も使えない中でほとんどの作業が力仕事、つまり重労働だった。しかも２０１９年の10月はまだまだ暑い日もあったのだ。雨ガッパに長靴で活動したので体力の消耗も激しく、水分も適宜必要だった。日が経つにつれ、今度は寒さが増し日も短くなってきた。ボランティアの方々が復旧活動で汗をかき、風邪などひかないかとの心配もでてきた。

ボランティアの方は男女とも年齢層も幅広く、毎日のように来てくれる方もいた。本当に多くの方の協力をいただいた。ただ、幅広い年齢層なので体力差もあり、活動内容の割り振りや活動量も考え、休憩するタイミングを提示するのは簡単なことではなかった。休憩時間中も復旧作業を続けたい方もおり、体力のことを考えると休んでもらいたいだけでなく、他のボランティアの方もその様子をみていて気を使って手伝う方もいるのではないか、と懸念したが、その方の熱い気持ちと受け入れ、活動していただいた。その方は二日の短期で参加していただいたので、少しでも早く復旧してもらいたいという考えで、休憩せずに復旧活動をしてくれたのだと思う。

大変な重労働ばかりの中、大きなケガ等もなく、皆さんのご協力をいただけたことは災害復旧のとても大きな力になった。〝感謝〟以外の言葉がみつからない。

唖然とした最初の光景も、ボランティア、職員、多くの人の力が集まることできれいにもとの姿になった。

当時を思い返すと、一日一日をどう配置し、どんな活動をしたらよいかを考えることで手いっぱいだったが、今しみじみ、人が協力してなせる業のすごさを実感している。

ボランティアの皆様！　あらためて、ほんとうにありがとうございました！

〈支援団体〉日本臨床発達心理士会埼玉支部

臨床発達心理士が担う災害支援ボランティア活動の考察
――初雁の家被災者支援をとおして

日本臨床発達心理士会埼玉支部　坂本佳代子

日本臨床発達心理士会埼玉支部（以下、埼玉支部）は、東日本大震災発生以来、以下の様々な場所で災害支援活動を実践してきた。さいたまスーパーアリーナや福島県いわき市南台応急仮設住宅集会所でのびえろの遊び広場、鬼怒川堤防が決壊した茨城県常総市での子どものあそび広場、熊本地震被災者支援として遊具寄付・研修会開催・子どものあそび広場助言など。これらの活動は、どれも埼玉県以外の発災による災害支援であった。

ところが、２０１９年10月12日の台風19号により、埼玉県も大きな災害被害を被った。この台風により、埼玉県川越市内では特別養護老人ホーム「川越キングスガーデン」と、隣接する障害者支援施設「初雁の家」を含むけやきの郷の２カ所の福祉施設が床上浸水し、緊急一時避難を余儀なくされた。

ここでは、臨床発達心理士として県内で被災した福祉施設への、ボランティア活動の特徴と課題を明らかにしたい。

1 ボランティア介入に至る動機

I 被災した2か所の福祉施設に埼玉支部がかかわることへの検討

川越キングスガーデンに対しては、全国のキリスト教団体等の様々な支援が入っていることを既に確認していたので、埼玉支部が介入する必要性はないであろうと判断した。他方、障害者支援施設初雁の家については、県内福祉関係者も初雁の家が被災し避難している事実についてほとんど知らず、支援もあまり入っていなかった。

初雁の家は、社会福祉法人けやきの郷の運営する事業所である。台風19号により、法人内すべての事業所が被災し、障害者支援施設初雁の家は11月になっても緊急避難所生活を続けている埼玉県内唯一の障害者支援施設となっていた。ここには多様なニーズがあるはずであり、埼玉支部の支援の必要性は高いと判断した。

II 初雁の家の避難状況

初雁の家は、4か所目の避難所である川越市総合福祉センター「オアシス」に定着するまで、近隣小学校や旧公民館など3か所の避難所を転々とした。

Ⅲ　初雁の家の支援団体

初雁の家の支援には、埼玉県内の障害者福祉施設団体が動き出していた。埼玉県発達障害福祉協会（発障協）はけやきの郷の災害対策本部にかかわり、連携調整支援を実施。DWAT（災害派遣福祉チーム）は有期限でオアシスでの利用者支援に入っていた。筆者はその動きを把握しながら、DWAT終了後のオアシスでの利用者支援を引き継ぐかたちで、埼玉支部が担うとよいと考えた。

Ⅳ　埼玉県発達障害支援専門5団体の連携を検討

埼玉支部がボランティアに入る場合、発達障害者支援にかかわる専門職5団体で連携実施できることが望ましいと思われた。埼玉県には埼玉県発達障害総合支援センター（センター）が主催している「発達障害支援に係わる専門職合同研修」があり、県内の臨床発達心理士・臨床心理士・理学療法士（PT）・作業療法士（OT）・言語聴覚士（ST）の5団体が研修会を毎年開催している。筆者は、5団体が毎年の研修によって培った知識・技術をこの災害支援でいかすことが有用であると考えた。オアシスでの避難生活では、PT・OT等々の専門性は直ちにいかされ、役立つことが推測された。

以上の経緯から埼玉県内被災者に対して実施した災害支援ボランティアをとおし、3つの柱が支援活動の欠かせない要因になっていることをみいだした。第1要因はボランティア活動実施の手順について、第2要因は対人支援の構築について、そして第3要因は対物支援の意味についてである。

2 ボランティア活動における開始までの手続き

ボランティア活動を開始するまでに、提案、合意形成、打診のような手続きを系統的に行った。

Ⅰ 埼玉支部での合意形成

筆者は11月10日（日）に役員及び支部長に初雁の家ボランティア支援について提案し、翌日には埼玉支部の合意を得られた。合意を踏まえて、外部に対しての行動を開始した。

Ⅱ 外部団体への打診

11月11日（月）にセンターに連絡を取った。埼玉県発達障害総合支援センターは、埼玉県発達障害支援にかかわる5団体の研修を主宰している。連絡の目的は、専門職5団体へのボランティア連携の声かけを依頼できるかの打診である。センターからの回答は以下のとおりである。

「センターが5団体に声をかけることはできない。しかし、埼玉支部が直接法人とコンタクトが取れるようにお手伝いできると思う」、また「埼玉県発達障害福祉協会（発障協）が支援の中心になっているので会長と連絡を取ってはどうか」との助言もあった。

Ⅲ 事前調査

11月19日（火）にオアシスに事前訪問をした。体育館でくらす利用者の様子を視察した後、けやきの郷の内山災害対策本部副本部長及び初雁の家田崎久美子副事業所長と、埼玉支部会員三人（筆者を含む）が相談・打ち合わせをした。その後急遽災害対策本部会議への参加を要請され、以下のとおり支援指針及び支援内容案を打ち合わせた。

1．支援指針について

埼玉支部は支援実施を考えているが、同時に発達障害者支援の専門職団体である5団体として連携し、初雁の家の支援ができるとよいと考えている。他の4団体には本日の訪問を踏まえ、これから働きかけていきたいとの趣旨を伝えた。

2．支援内容の案

(1) 職員のメンタルヘルス（相談）

(2) 利用者の直接活動支援

(3) 他施設に短期入所等で緊急入所している利用者を訪問調査し、けやきの郷に報告する（専門職視点での報告が可能）

(4) 不足物品の調達

この他に、副本部長からは、この機会に専門職の方から専門知識・技術を学べたらいい、との希望もでた。

3．会議終了後の埼玉支部担当者打ち合わせ

副施設長から提起されていた、利用者の健康が一番心配との視点を重視し、埼玉支部としては朝食作り支援から始めることも検討した。食事を入口にし、そこから多面的に課題が広がることが考えられるのである。埼玉支部はこれまでの災害支援活動においても、食事の重要性と食事から始まる活動の発展性を担っ

てきており、食事は支援の中核になることを認識している。

その後、初雁の家から朝食作りよりは、加湿器レンタルでの協力が有難いとの要請があり、受諾した。

11月25日（月）には、発障協長岡洋行会長と支援に入るにあたっての留意事項等について、連絡を取った。長岡会長からは、法人は多くの課題を抱えており、方向性を定めきれていない状態にあり、埼玉支部が自ら積極的に提案していくとよいという助言をいただいた。

Ⅳ　支援内容の決定

11月26日（火）に埼玉支部役員会において、正式に初雁の家の被災支援ボランティアを実施することを決定した。決定した実施内容は以下の4項目である。

1. 体育館で使用可能な大型加湿器のレンタル代補助
2. 職員のメンタルケア
3. 午後の職員数の手薄な時間帯の活動支援（レクリエーション活動）
4. 埼玉県の発達障害者支援にかかわる5団体中、臨床発達心理士会を除く4団体（PT・OT・ST・臨床心理士会）に対して連携打診

以上の経過から、ボランティア開始までの手続きとして重要なことは以下の点である。

1. 関係者間合意形成の重要性

活動実施に際しては、目的と方針が明確である必要性がある。更に団体（複数人）で活動する時には、目的・

方針の他に団体の合意が不可欠になる。

災害支援ボランティア活動のように、開始までの時間的ゆとりがなく、状況変化と折りあいをつけながら活動していく場合には、ことさら「合意」は重要である。今回のボランティア活動で筆者は、(図1)のような手続きを意識し丁寧に進めていった。

そのことが、今回の活動をスムーズに開始・展開できることにつながったと思われる。

2. 支援を受ける者(受援者)への欠かせない伝達事項

受援者への支援の基礎として、支援団体の社会的位置づけをきちんと伝えること、交渉者個人(今回は筆者)の立場をきちんと伝えること、支援団体は何ができるかを具体的に伝えることが重要である。

およそ支援を行う者は、一般的に受援者(団体)が、自らのニーズをまとめて支援者に伝えられる状態にはないことを、しっかりと認識している必要がある。支援者の側が、支援者(団体)は何ができるかを受援者側に具体的に提示することが重要なのである。受援者側は支援者側からの具体的提案を受けて、自分たちには今、何が必要かにステップ・バイ・ステップで気づいていくものなのである。

上記の対応を丁寧に実施することで、受援者は支援者に対して信頼できる人・団体であると思えるようになっていくことが期待される。このことはボランティア活動の最も重要な条件なのである。

図1　ボランティアを始めるまでの手続き

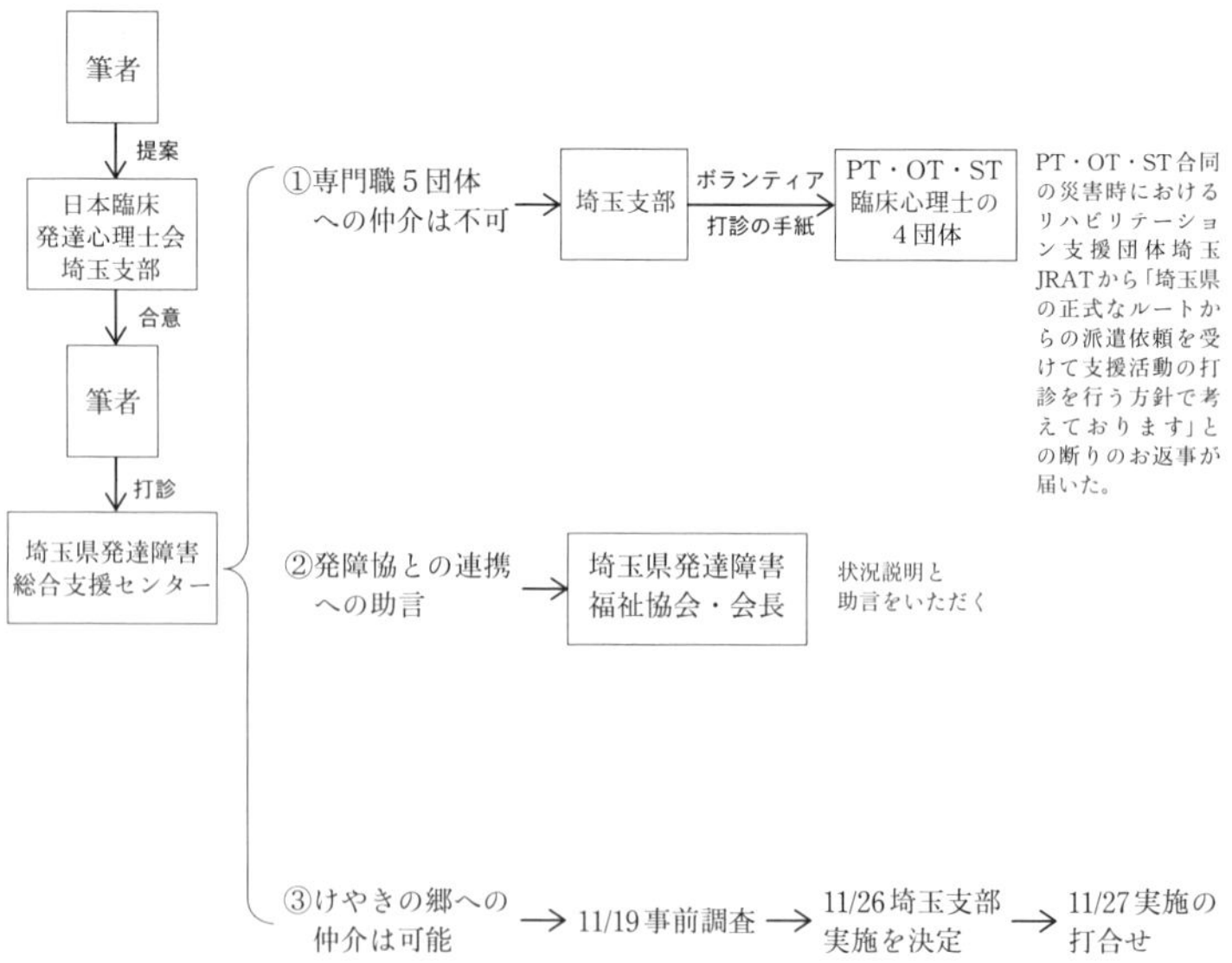

3　ボランティア活動における実践報告

初雁の家の支援は、最初は利用者のレクリエーション活動を担うことが中心だったが、その活動をしながら後半は不足物を寄付する支援活動に移っていった。この支援活動を第1期、第2期として位置づけ、以下に述べる。

第1期【実施期間　2019年11月29日～2020年2月18日】

1．レクリエーション活動

11月29日（金）に実施のための打ち合わせを行い、早速実践することになった。

期間：12月3日～2月18日までの11回。1回あたり1時間30分。

活動内容：利用者のレクリエーション活動。職員数が少なく、活動ができにくい時間帯に担当した。
参加者：埼玉支部会員４名。

2．不足物の寄付

当初の大型加湿器レンタル代助成の予定が変更になり、利用者の毛布類が不足しているので、それを購入したいとの申し出があり、受諾し寄付した。

3．他機関の協力の依頼

発達障害者支援専門４団体には臨床発達心理士会埼玉支部の支部長名で連携打診の依頼を出したが、結果的には参加団体はなかった。

4．メンタルケアについては、その名目にもとづいて実施することはなかった。

5．広報・啓発

(1) 埼玉支部会員には支部メールを使って、初雁の家の状況を伝えた。
(2) 埼玉県の発達障害者支援にかかわる5団体中の4団体への広報として、2月8日に5団体の研修会があり、主催者兼会場であるセンターの協力の下、その場で実状報告と連携及び寄付依頼を行った。参加者たちからは「初雁の家がそんな状態だったとは知らなかった」との声が多く寄せられ、積極的に寄付に応じる人が多かった。
(3) 埼玉県内の福祉団体等、筆者の関係者への広報を行い、寄付協力を依頼した。

第2期【実施期間　2019年12月中旬～2020年3月31日】

1．不足物品の調達：下着・ブラックコーヒーを中心に麦茶などの飲料手配

2．4月2日の世界自閉症啓発デーにあわせてのブルーライトの手配

4 レクリエーション活動における対人支援の構築について

1．体育館でのレクリエーション活動

(1) 時期

12月3日から開始。予定では3月末まで実施予定であったが、新型コロナウイルス感染防止のため2月18日で中断し、様子をみることになった。結果的に、再開はできず終了となった。

(2) 支援の理念

支援の際に重視したことの一つに、「約束したことは必ず守る」ことがある。これはボランティア活動が信頼を得るための必須事項である。次の表のように必ず一人、できれば二人は参加することを守った。

(3) 特徴

我々が実施したレクリエーション活動の特徴は、一斉に皆で身体を動かすなど全体活動をするのではなく、ボランティアスタッフ一人一人が異なるテーマをもちつつ、利用者の支援にあたったことである。スタッフの行ったテーマへ利用者が関心を示したら、その人とその場で活動を実施するという形で展開して

いった。

初雁の家の職員とも積極的にかかわり、活動のねらいや働きかけるポイント等を伝授したり質問を受けたりした。更には、初雁の家での仕事や今回の被災のことなど、様々な話題についても語りあった。

図２　初雁の家　ボランティア参加状況と活動内容

	担当者	A	B	C	D
	活動内容	バルーン使用のリラクゼイション	楽器利用の音楽活動	言葉・身体使用の活動	カプラ使用のかかわり遊び
1	12月 3 日	○			
2	12月 10 日	○			○
3	12月 17 日			○	○
4	12月 24 日	○	○	○	○
5	1 月 7 日	○		○	○
6	1 月 14 日		○		○
7	1 月 21 日	○			○
8	1 月 28 日	○			○
9	2 月 4 日	○	○		○
10	2 月 11 日		○		○
11	2 月 18 日	○	○	○	

2．活動の具体例

活動の具体例をＡ氏とＤ（筆者）の取り組みについて報告し、考察する。

例示―1　ファシリテーション・ボール（ＦＢ）によるリラックス活動の報告

Ａ氏の取り組みから

1　取り組み方針とＦＢについて

担当職員との話し合いから、利用者の姿勢や身体の動きへの支援を考えた。具体的には、65㎝のバルーンを活用して利用者のリラックスを行った。初回時５、６名の利用者は、余暇時間を体育館の窓から外をみる、布団にくるまる、テレビをみる、館内散歩を繰り返すなど、各自のペースで過ごしていた。突然の来訪に利用者の緊張感が伝わり、直接身体に触れることの難しさを感じ、ファシリテーション・ボール（ＦＢ）を活用したかかわりをすることにした。ＦＢはバルーンの空気量を対象者の状態に応じて適度に調整し、やわらかい状態で行うものである。ＦＢは変形しやすく、弾力性があることから重力負荷を軽減できる特性をもっている。また、触圧や揺れや振動により感覚運動レベルの統合を促す働きがあると考えられている。実際に筆者は利用者とは初対面で信頼関係が成立していないことを考慮して、安心できる環境が必要と考え、担当職員と一緒に実施することにした。

2　緊張が強いとされる利用者への取り組み

対象者は、50歳代男性であるＡ氏。所要時間は40分。職員から、身体が硬く緊張を緩めることが難しい、また、興奮すると治まりにくいと説明があった。この時、利用者は仰向けで手足をバタバタ動かしながら大声を発し、興奮状態であった。そのため、落ち着いてもらうことを当初の目的として、かかわることにした。

①　開始当初のかかわり

利用者の興奮状態の原因が不明で初対面のため、職員のかかわり方を観察し、接するタイミングを計った。筆者が話しかけたが興奮が高まる様子がないため、手足の動きを抑制するのではなく、動きを受け止めることを心がけ、肩、手に触れて様子をみた。職員には利用者のそばに座ってもらい、筆者の膝に頭が乗るように前傾姿勢で座った。「肩に触れます」と呼びかけながら、利用者の肩に手を当て、身体の緊張状態を観察した。過緊張の感じがないため、筆者の膝に頭を乗せ、肩と背中に触れながらゆっくり上体を起こし、あぐら座位姿勢をとってもらうように働きかけた。身体を起こす経過の中で、気持ちの切り替えができたのか、落ち着いた様子になっていた。65㎝のバルーンを利用者の前に置き、抱え込ませるようにして、バルーンと利用者の身体が密着するように空気調整を行った。バルーンを利用者の体形や状態にあわせて空気調整をしたものがＦＢである。ＦＢに身体を預けるように手で軽く促し、ＦＢが適度に利用者の身体を受け止めて寄りかかれるのを体験してもらった。利用者には静かに寄りかかる様子から、背中に軽く手を当て、ゆっくりした前後の動かしを楽しんでもらった。利用者は、かすかな揺れを楽しむようであった。

② あぐら座位から伏臥位姿勢

あぐら座位から脚を組み替えて割座姿勢をとってもらった。背中が板のように硬い状態であることをあらためて確認できた。そのため、FBに身体を預けながら、背中の緊張を緩めることを目的に実施することにした。尻と肩に手を当てて、膝立ちを促すと、自分からFBを抱えこんで四つ這い姿勢をとることができた。この状態で、

■肩と腰に軽く手を置いてゆっくり背中を伸ばす

■肩と腰に手を置いて対角線上に伸ばす

■割座でバルーンに寄りかかり、両肩に手を乗せ、軽く肩を振動させることを実施した。

力を入れ過ぎた手の触れ方に、緊張が強くなる感じがあった。手は背中を引っ張るイメージで動かすのではなく、手は軽く触れて動かす程度で、肩、背中、腰が緩むことを、職員にもみてもらいながら行った。利用者は気持ちよさそうに静かに受け入れ、肩、背中、腰を部位ごとに動かすことができるようになった。

③ 仰臥位姿勢と評価

伏臥位により背中の緊張が軽減できたため、FBでの仰臥位姿勢を行うことにした。利用者をFBに寄りかからせながら、バルーンの空気調整を行い体幹部との密着を図り、全身を包み込むようにした。利用

者の下肢は筆者の立て膝に乗せてしっかり手で抱えこみ、下肢の固定を図った。下肢の安定により上体の態勢が整ったところから、声かけをしながらゆっくりと前後に身体を動かすことを行った。利用者が姿勢と動きに慣れてきたところで、肩まわりの緩め、腕の屈伸、腰まわりの緩めを行ったが、穏やかな表情で筆者をみている様子があった。仰臥位は、ＦＢの援助者の態勢が安定していないと、利用者に不安感を抱かせてしまうため、丁寧に取り組む必要がある。

終了後に姿勢を確認した。当初背中を丸めた硬い姿勢を感じたが、実施後は背筋が伸びた状態であった。歩行は、背筋を伸ばし、両肩が下がり、歩行にぎこちなさが消えていた。職員からは、すっきりした表情をしている、いつもの身体の硬さがなくなっている、との感想があった。

3 結果

ＦＢを活用した取り組みで、利用者の緊張の軽減を図ることができた。また、職員との連携により、安心できる環境を設定することができたことで、短時間での変容が見られたと考えられる。

4 考察

重度知的障害と思える利用者の身体の強い緊張は、軽く触れる程度の力のやり取りで緊張を緩めることができた。この緊張は、慣れない環境からくるストレスや不安感によって作りだされた心理的要因が大きかったことは、ＦＢが終わった後のすっきりした表情と身体のリラックス状態から判断することができる。また、ＦＢに身体を預けることはできるが、自分自身の動きに気づきにくく、主体的な動きを引き出すことはできず、日々の生活が受け身になりやすい傾向にとどまっているように思えた。

今回のボランティア活動は、毎回が一期一会であり、どのようにして相互関係を深めるかが課題であった。そのため、職員との情報交換や利用者とのかかわりから、特性を把握しつつ活動を展開する必要があった。あらためて支援達成は重要であるが、支援についての継続の重要性を確認する機会となった。

例示―2　カプラを使っての利用者とのかかわり遊びについて

Ｄ（筆者）の取り組みから

1　初雁の家の利用者の特徴

初雁の家の主たる利用者の年齢は48・7歳、知的障害は重度から最重度の遅れがあり、あわせて自閉症スペクトラム障害、身体障害などの障害も合併していた。強度行動障害を有している利用者もいる。

2　支援場所の説明

避難場所になっているオアシスの体育館には、14、15名程の利用者がいた。入口付近に布団があり、寝所となっている。奥にテレビや座卓が置かれ、その上に個人の教材・遊具が置かれている。

利用者たちは、体育館内を早足で歩いたり、テレビの前に座っていたり、寝転んでいたりしている。

3　筆者が取り上げた利用者とかかわるための手段

⑴　カプラを選んだ意味と目的

利用者支援に対して、音を使うか、ものを使うか、体を使うかを検討した。第1回目は利用者の関心を知る意味でも、カプラを持って行こうと決めた。カプラは一般的に、木片の積み木と捉えられている。しかし筆者は、初雁の家の利用者の障害特性を考慮すると、積み木としてはいかされにくいと考え、以下の属性を活用することを考えた。

⑵　カプラのその他の属性

心地よい音がする・木のよいにおいがする・触り心地がよい・簡単に握れて扱いやすい。

かかわり方（その1）

カプラを持って、体育館に入った。職員から体育館の床は傷つけないように留意していると聞いていたので、ブルーシートの上でカプラをおもむろに出した。音がするので関心をもって近づいて来る利用者がいる。私は繰り返し、カプラをすくっては落とすことを繰り返した。利用者はカプラの動きとその音に興味を寄せた。しかし、重度知的障害者の興味・関心は、一般的にあっさりとしていることが多い。そこで、次にカプラで本人の手のひらから腕に軽くタッチし、それにあわせてリズムを取って「ポンポンポン」や「トントントン」等の声をかけた。そのうちに表情が和らいできた利用者は、自分でカプラをつまんで上から落とし始めた。その時に出る音を強調する目的で、私は「カラカラカラ」や「シャラシャラ」等の擬音を軽くだす。そのことが繰り返しの遊びになった。

このかかわり方のポイントは、

① 利用者の注目している場面で、カプラの音を出してゆっくり提示した。視覚的、聴覚的提示で、まず利用者の興味を引いた。

② カプラをすくって落とすことで、重度の利用者に興味をもってもらう。模倣可能な活動で興味を引き続けた。

③ かかわり方のレベルアップをねらい、興味をもって近づいてきた利用者に接触刺激、音声刺激とともに働きかけた。

④ 誘発され、利用者の自発的模倣行動が出てきた（自分でもカプラを落とし始める）。

⑤ 利用者の行動を発展させるために、ポンポンなどの擬音を使って行動を強化した。そのことにより利用者と支援者のかかわりが継続・発展した。

かかわり方（その2）

遊びに割り込んできた利用者が、カプラをしまおうとしていた。彼の仕草をみていると、容器の中に全部片づけたいと望んでいるように思えた。カプラをきちんとそろえないと容器に全部が入らないのだ。彼は「あれっ?」という表情をして、もう一度全部を出して入れ直す。私は、入れ方のお手本としてカプラをそろえて容器の中に並べていくことを5、6本やってみせた。彼はすぐにそのやり方をのみ込んだ。そうやって全部がきれいに容器の中に収まると、自慢気な表情をした。私は拍手して喜びあいながら、次のステップを考えていた。次回は別の容器をもってこよう、彼がその時どのように挑戦するかが楽しみだった。次回以降、私は別の容器を持参した。彼は想定どおり挑んでくる。楽しいかかわりになった。

このかかわりは、本人が何をしようとしているかをしっかり観察・アセスメントすることが第一ポイントである。ものを器にきちんと入れたい思いが強いことを理解することが重要である。一般にはこだわり行動とみなされる行動である。同時に筆者は本人の特性として、自分自身の成功を人と共感できる力もあることも把握していた。この力を踏まえ、レベルをやや高めた活動展開を目標とした。異なる容器にきちんと入れる作業を工夫し、できたらともに喜びあうという、本来の人と人の関係性を積み上げていけることを確認した。

以上のことから、これらの積み重ねがどれだけ確実にできるかが本人にとっての発達課題であるとの見通しがみえてきた。

かかわり方（その3）

数語の単語のみを話す利用者がいる。筆者は彼との言葉遊びをした。聞き取りにくい発語ではあるが、複数の単語を話しかけてきてくれたのである。私はカプラを一つずつ彼に手わたすと同時に「コーヒー」「お刺身」等の彼がしゃべっていた単語をリズミカルに語りかけた。その遊びに彼はにこにこしながら乗ってきて、非常に長く繰り返すことができた。職員たちも遠くから私たちのやり取りをみていた。

これは、カプラの手わたしという利用者の発達レベルと興味にあったやり取りに、本人の話せる単語を重ねる手法である。この活動展開には、二人で作り出すリズムが重要になってくる。まずは筆者が単語をいう。利用者はそれを模倣する。これによって、利用者は自分の知っている単語をもっと話したくなる。本人は自身のできることが連続して示されるので、成功体験から表情がいきいきとしてくる。

重度の利用者とのかかわりは、①単純で明確なやりとり、②リズム、③本人にとってできること（ここでは単語をいう）、④模倣要素を入れること、⑤繰り返すことなどがベースとして有用である。

かかわり方（その4）

一人離れて、プラスチックコインをひたすら並べている利用者がいた。私は彼のそばで、直接にはかかわらず勝手にカプラを並べたり重ねたりしていた。案の定、彼は私がいることに気づき、私の行動を気にしているようだった。私にでて行けとのサインを出さないのは、いてもよいということだと判断し、黙々と私自身のカプラ遊びを続けていた。私は、彼がプラスチックコインを並べる特徴やリズムにあわせて自分のカプラを並べた。彼は、私のカプラ造形をじっとみるようになった。そこで私は、彼のプラスチックコインの中にカプラを混ぜ込んで新しい造形を作ったりした。彼はそれを受けて新しい造形を作ろうとする様子を見せることもあれば、必死になって「片づけてください」と私に懇願することもあり、そうかと思うと、にこにこしながら身体接触してくることもあった。

これは重度でこだわりのある利用者とのかかわりをどう開始し、発展させるかを明らかにした典型例である。ポイントとしては、利用者の土俵に入り利用者と同様な、または似た行動を近接した場所で行い、利用者に圧力をかけずに視野に入るようにすること。利用者の警戒感を解き、何らかの働きかけを通して新しいやり取りを形成する。利用者の反応（拒否、受容）にあわせて働きかけ方を変容させることが、こだわりのある利用者とのかかわりをスタート・発展させるために重要なのである。

かかわり方（その5）

カプラは職員と何気ない会話をする時にも役立つ。職員と利用者のこと、オアシスでの過ごし方のこと等をカプラを触りながらだとざっくばらんに話すことができるのである。そういう時、私も職員もカプラをいじりながら井桁に組み上げていったりする。人が人とかかわる時に、何かものが介在するとかかわりが滑らかになったり、気持ちが楽になったりする。カプラにはそれを促進する属性もあるのだ。利用者とだけでなく職員とのコミュニケーションを進めるために、何らかの第三のものの存在は重要である。このことは、面接など成人の対人支援に重要であることは多く知られている。

筆者はカプラを導入に使い、その後は別なもので多様なかかわりを広げられるとよいと考えていたが、結局カプラばかりで毎回レクリエーション活動をすることになってしまった。

ここでのレクリエーション活動のポイントは、職員やボランティアの活動に利用者をあわせようとするのではなく、利用者が構築しようとしている「世界」を感知し、触れあい、支援者も参加し、最終的には「利用者」と「私」と「もの」とが十分にいかされるようにすることなのである。

3．初雁の家職員と埼玉支部ボランティアとの関係の変化

当初、初雁の家の職員は、埼玉支部のボランティアが利用者にあった活動等ができるのかと危ぶんでいたかもしれないが、徐々に我々の活動のねらいややり方を理解し、職員からの質問なども多く出されるようになり、職員も一緒に楽しんだりすることができるようになっていった。

職員からの注意事項が事前に伝えられた。職員としてはボランティアには伝えなくてはならない配慮である。我々はそれを受けとめつつ、「それは自己責任としますから」と応え、利用者とかかわり続けた。その様子を見て、職員は「自然体で接してくれるから、利用者にもその気持ちが伝わって、緊張しないでくつろいでいました。楽しんで自分をだしていました」と話してくれた。

この言葉は、我々ボランティアには大変重要である。職員にとっては、利用者を怖がらないでくれる人は自分たちの味方なのである。初雁の家の利用者は重度の自閉症と重度の知的障害をあわせもっている。行動障害のある人たちが多くいるのだ。職員はこれまでの経験で、ボランティアや実習生などの外来者は、一般的に利用者に緊張し、どう接していいか思案にくれ、かかわりをあまりもたないでしまう経験を多くしてきている。だから、埼玉支部の支援者のように、自然体でかかわり、利用者が楽しんでくつろげる人は職員にとっては味方であり理解者でもあり、それゆえ信頼をおくことができるようになる。

5 ボランティア活動における対物支援の意味

Ⅰ 不足物品の依頼

ボランティア開始時から、必要物品整備の手伝いは可能であることを伝えていた。その結果、毛布類を寄付することになった。その他の不足物品について問うと、副施設長から「下着が足りないんですよね」との話が出てきた。

この意味するところは、受援者として重要な力である「人に依頼する」ことができるようになったことである。困っていることがわかり、頼れそうな人に訴えてみようと考えることは受援者としての成長である。この時、支援者との関係性には心理的距離の近さと信頼感の芽生えが生じてきているのである。

早速、埼玉支部に報告し、寄付を募ることの了解を得てから、筆者は寄付活動を始めた。多くの人々から「まだ避難所生活してるの?」との驚きの声があがった。更に「物は集めるの大変だから、寄付金も受け付けてよ」と提案してくれる団体もあった。

寄付活動は、地域の関係者におかれている事情を周知させる重要な役割をも果たすのである。

1月になり、下着類が十分集まった頃、あらためて初雁の家に不足物品の確認をした。すると副施設長から「実はコーヒーがないんです。コーヒーは災害支援救助品にはあたらないということで、最初からただけなかったんです」との話がでてきた。12月中旬に災害救助法による支援が途切れ、それ以降、水や麦茶も不自由していることまで話にでてきた。これは生命に関わる深刻な課題である。それでも水については企業等からの寄付があることを確認し、埼玉支部は麦茶やブラックコーヒー（肥満防止のため）について寄付を呼びかけることにした。

筆者は、コーヒー・麦茶類を手配する方法として、キリン福祉財団に相談した。埼玉支部が複数回、活動助成金をいただいている財団である。そこから紹介されたのがフードバンク埼玉であった。筆者はこの団体とも東日本大震災以来かかわらせていただいている。そのようなつながりがいかされ、フードバンク埼玉との連携は素早く取ることができた。

ボランティア活動は、「つながること」、「ネットワークが作られていくこと」に一つの特徴があるが、ここでまさにネットワークが活動に結びついていった。

II　ブルーライトの要請

2月11日に、初雁の家の主任から「4月2日は世界自閉症啓発デーになるので、その日はブルーライトを飾りたい」という希望がでた。２０１８年から初雁の家では、屋上にシンボルカラーであるブルーライトを飾り始めたという。昨年は川越キングスガーデンからブルーライトを借用したが、２０１９年はキングスガーデンも水没してしまったため、借用のあてがないとのこと。

「ちょうど、3月25日に利用者たちはオアシスから本拠地の初雁の家に戻ることができるようになり、そのお祝いの気持ちもあるし、けやきの郷は自閉症に特化した法人だから、我々が自閉症啓発デーを率先して実践しなくては」との思いと目的を聞いた。
この相談依頼は、受援者と支援者の関係が更に一段進んだことを意味する。当初生活必需品支援から始まった対物支援が変質した。ブルーライトは決して生活必需品ではない。これは

① 世界自閉症啓発デーを率先垂範する責務

② 施設への帰還祝い

としての、いわば施設の社会的使命の実行であり、そのシンボルとしてのブルーライトなのだ。シンボルの調達を依頼しても、埼玉支部はその意味と意義を理解し実現できる団体だとの信頼と期待を初雁の家はもってくれるようになった、ということだろう。

埼玉支部がこの要請を受けるということは、単に物品を調達するということではなくなる。初雁の家の社会的使命に共感し、ともに実現しようとする連帯感が芽生えたのである。この時、筆者たちは支援者というよりは、協力者になっている。

ブルーライト調達については、埼玉支部の奔走によって、整えることができた。

4月2日の点火式には、埼玉支部で初雁の家のボランティア活動に参加した4名全員が参加し、利用者の初雁の家への帰還と世界自閉症啓発デーを施設職員とともに祝った。

対物支援は単に〝生命・生活等に必要なものを提供する〟という意味あいだけのものではないのである。受援者と支援者の関係性をも変えていく可能性を秘める。しかし、そうはいっても、まずは受援者の切実

なニーズに確実に応えていくことから、第一歩は始まる。その確実性が、受援者の信頼感の構築につながる。そして、その土台に立脚して、受援者と支援者の関係性は変革していきうるのである。

6 結論

本論文においては、3つの視点、即ち第1にボランティア活動実施の手順について、第2に対人支援の構築について、そして第3に対物支援の意味について述べてきた。ここではこれまでに掲げなかったボランティア活動の留意点を述べると共に、3つの視点について総論する。

I ボランティアを開始するまでの留意点

(1) 仲介者について

今回は仲介者が存在することで、支援団体は受援者へのつながりをもつことができた。具体的に仲介者は「埼玉県発達障害総合支援センター」であった。日本臨床発達心理士会埼玉支部（支援団体）は専門職5団体のつながりがあり、社会福祉法人けやきの郷（受援団体）とは「まほろば」（埼玉県委託事業により埼玉県発達障害者支援センターを運営：発達障害総合支援センターが主管している）とつながりがある。仲介者が双方と責任をもってつながっている、県の機関であったことは幸運であり、重要なポイントである。即ち、仲介者が適切だったのである。

(2) 交渉者について

ボランティア活動の中心を担った筆者の特性として、埼玉県における障害者福祉組織を知っており、かかわっていたことが了解され、それによって安心感を与えた可能性が考えられる。

(3) 支援団体として提供できる活動内容を伝えること

何より、支援団体ができることを始めに伝えることは、ボランティアを志す者として第一義的に重要な基本である。受援者は何をしてもらえるのか、わからないのが普通なのである。

(4) 支援者は現地の状況を素早く察知し、ニーズを洞察すること

現地視察は基本であり、利用者の様子・状況、職員の表情・動きを意識化してとらえる。更に受援者に傾聴することで、ニーズや課題を明確化しやすくなる。今回は「副施設長さんは、利用者の健康が一番心配」との一言に我々は共感し、そこから毛布が不足しているところにつながり、「下着や飲料も足りない」という訴えにつながっていった。

II 活動が第1期から第2期に発展したことの考察

(1) 信頼感の構築

職員は当初、ボランティアが利用者と本当にかかわれるとは思っていなかったかもしれない。現場主任が当初、我々に語った言葉がある。

「利用者を集めてミニコンサートなどをやってくれるボランティアはあるんです。ご本人たちは、支援ができた満足感でお帰りになるんですけれど、利用者にとってみれば、興味も関心もない場に急に座ってい

ろといわれるわけで、苦痛なんですよね」

このようなボランティア活動は、様々な場で少なからず見受けられるのである。臨床発達心理士は、強度行動障害を有する、重度知的障害・自閉症の利用者とのかかわり方を承知している数少ない専門職である。職員からみれば、自分たちの苦労をわかってくれる理解者として捉えられる。職員はそのような気持ちがベースにあって、埼玉支部ボランティアへの信頼感をもつようになっていったと考察している。利用者とのかかわり方を見て、施設職員に受け入れられたのである。発達障害のある人々を知る臨床発達心理士ならではの距離の縮め方であろう。

そうなると、施設職員は埼玉支部のボランティアと利用者とのかかわり方を観察して参考にするようになった。利用者の身体の支え方、タッチの仕方によって安心感がでてくることの伝授や、遊具（カプラ）の属性を把握し、多様ないかし方を知った上で、目の前にいる個人にどのような使い方を提供していくかとの視点で捉えることとの伝授。同じものでも、個人や、状況に応じて活用法は異なり、どのようにして個に応じた楽しさを作りだすかの方法等に職員は注目した。

(2)　物品の援助

対物支援は、単に物品の充足を満たすだけにはとどまらないのである。支援導入として、不足物支援は取り組みやすいというメリットがある。それをきっかけにしながら、受援者は自らのニーズに気づいていき、支援者は受援者の置かれた状況の把握が進んでいく。初雁の家支援では、「災害救助法が切れると、水までも不足する」という窮状を知ることになったのである。埼玉支部は、自分たちのできることとして麦茶やコーヒー集めに奔走した。その先でブルーライトという、初雁の家が社会的使命を果たすシンボル物品についての打診がなされた。

5のⅡでも論じたが、ものを媒介として、受援者と支援者の関係性も変わりうる。ここでは支援者は連帯・協力者となっているのである。臨床発達心理士なら関係性の発展も加えやすいことの一つの事例である。

対物支援には、もう一つの重要な役割がある。窮地にある被災者（受援者）の状況を関係者に周知させることができるということである。初雁の家の被災は関係者にもほとんど知られていなかった。寄付を募る行為を通して、地域で何が起きているのかを知らしめていく行為も、対物支援から派生する特徴的行為の一つなのだ。

7 展望と課題

ボランティアが何をする人たちかがわかり、そこに信頼感が育つと、受援者は自分たちの気づいたニーズを伝えられるようになる。

職員が「皆さんをみていて、人に頼むと人は応えてくれるんだ、ということを教えられました。自分たちの力で人に訴えてみようか、助けを求めてみようか、という気持ちになったんですよね」と話してくれた。この力を引き出せたとしたら、我々のボランティア活動は、施設職員に対して、重要な一石をも投じたことなるのである。
現在、初雁の家は住まいは復旧はしたが、元々の河川敷に近い施設建物で生活をしている。しかし、利用者の命を守るために、安全な場所への移転を考えている。そのための資金の工面、候補地選択は大きな難問である。その根本的な課題を知りながら、臨床発達心理士という専門職が今後どのようにかかわりをつないでいくのか、は大きな課題である。

追記
この論文は、坂本の原稿を、日本臨床発達心理士会災害支援研究会において、一部修正・加筆したものである。

参考文献

1）須田初枝他：成人自閉症者入所施設における水害経験：２００５年：国立障害者リハビリテーションセンター研究紀要26号
2）社会福祉法人けやきの郷パンフレット２０１８年10月版
3）日本臨床発達心理士会埼玉支部：災害支援報告書第１号～第６号：２０１５年～２０２０年

〈関連団体〉埼玉県発達障害福祉協会

「災害時における障害児者入所施設の利用者の他施設への受け入れに関する協定」について

埼玉県発達障害福祉協会 会長　長岡洋行

２０１９年10月12日から13日にかけ、北日本に大きな被害を出した台風19号は、埼玉県でも大きな爪痕を残した。

被災された方々ならびにけやきの郷の皆様に心からお見舞い申し上げます。

今回、私は埼玉県と埼玉県発達障害福祉協会（協会）で協定を結んだ「災害時における障害児者入所施設の利用者の他施設への受け入れに関する協定」の経緯について、災害対策の一助になればという思いを込めて寄稿する。

なお、埼玉県発達障害福祉協会は主に知的障害のある方の支援をしている事業所の団体であり、２０２０年８月の時点で会員数は２８６事業所となっている。

〈被災施設支援の経緯〉他施設での受け入れ、避難所への応援派遣を同時に

10月13日午前、台風19号の被害状況の第一報は、SNSを通した現場職員のやりとりだった。さいたま市の障害者支援施設の写真から被害の大きさを実感し、「施設の自助だけでは太刀打ちできない」、協会等による共助が必要と判断した。すぐにけやきの郷の被災状況についても少しずつ伝わってきて、その日、19時過ぎにけやきの郷の阿部理事長と連絡がついた。「とにかく避難している利用者を救ってください」というのが阿部理事長の第一声だった。

15日午前、さいたま市にある公共施設である彩の国すこやかプラザに協会の正副会長で緊急対策本部を立ちあげる。情報が少ないので手を尽くして、県内の被害状況を把握するとともに泥かきやごみ搬出等の施設復旧作業の応援と、避難している利用者の支援を検討した。利用者支援として、他施設での受け入れ、避難所への応援派遣を同時進行で準備することとなる。協会の事務局がある埼玉県社会福祉協議会（県社協）は、災害援助のボランティア活動などの中核を担っており、心強い存在となった。

15日午後、私たちは被災した2施設を回った。日が暮れる直前、ようやくけやきの郷に到着。予想を上回るすさまじい被害の状況とともに、それを見て茫然《ぼうぜん》とした協会職員の皆さんの様子が今でも強烈に目に焼きついている。

〈避難利用者の支援〉39の会員の施設から受け入れ申し出

15日の夜になって、けやきの郷の管理職の方々と打ち合わせをした。皆さんのご希望は、複数の避難所にいる利用者の方々が同じところで生活できないかというものだった。避難先が分かれると利用者も職員も分散しなければならず、十分な支援体制が取れないことが予想された。

当初、1か所の障害者施設にまとまって移動できないかという話も出た。しかし、長期の復旧期間が必要となることが想定された。それが厳しければ公共施設等を集団避難先にできないか、という希望がでてきた。

翌日、協会は復旧作業の協力依頼を会員施設に伝えた。会員施設の協力のもと、2か所の被災施設に対して、土日を除く10月17日～24日の間、40人前後の応援スタッフを派遣した。会員施設の皆さんは、応援依頼があるという心積もりで準備をされていたところが多かったので、要請の翌日にはチームを組むことができた。また、初期の段階で埼玉県セルプセンター協議会、きょうされん埼玉支部、川越市障害者福祉施設連絡協議会、さいたま市障がい者施設連絡会から協力の申し出をいただき、協働で被災した2施設の応援体制を組めたことに感謝申し上げます。

川越市内の数か所に分散して避難していた利用者の皆さんは、10月17日から川越市総合支援センター「オアシス」に移動することができた。協会は県社協と連携し、災害派遣福祉チーム（ＤＷＡＴ）の調整をサポート。

この時、けやきの郷の復旧に半年ほどかかる可能性のある中、オアシスの使用期間は明確になっていなかった。避難生活が長期化すれば、利用者と職員の疲労、さらに報酬が途絶えてしまう状況等も懸念された。

協会は埼玉県福祉部障害者支援課にけやきの郷の意向を伝えるとともに、避難生活が長期化した場合の会員施設での受け入れについて協議を重ねる。協会施設での避難者受け入れに関しては、障害者支援課の判断が必要になるが、けやきの郷の復旧全般に関することは中核市である川越市の所管である。県社協が音頭をとってくださり、けやきの郷、川越市、川越市社会福祉協議会、埼玉県、私たち埼玉県発達障害福祉協会等による会議を行う。これにより、機関や部署を超えた方針の確認などがスムーズになっていった。

10月30日、阿部理事長から「協会施設での受け入れ」についての依頼があった。けやきの郷では災害復旧の制度の活用を検討されていたようだが、様々な壁が立ちふさがったと聞いた。依頼文には「避難所生活を強いられており重度の知的障害と自閉症のある彼らが、慣れない集団生活、構造化されていない環境に長期的に置かれ障害の重度化などの2次障害を強く懸念して」という理由が書かれていた。協会はすぐに県と協議し、県から協会への「受け入れ協力の依頼文」を頂戴し、会員施設へ協力の要請を行った。

会員施設からの反応は早く、最終的には39施設から申し出があり93人分の受け入れが可能となる。会員施設から「声がかかるのを待っていました」「準備していました」、更に「今回は厳しいが、受け入れ先が足りなければ何とかするから」「頑張ればもっと受け入れできます」という声もあったのが心強かった。

〈埼玉県との協定〉被災施設支援のスムーズな初動へ

実際の受け入れが本格化したのは、12月から。そのころ、埼玉県の障害者支援課から「災害時における障害児者入所施設の利用者の他施設への受け入れに関する協定」について、ご提案があった。概要は以下の通り。

(1) 施設が被災して利用者の避難が長期に及ぶ場合、利用者がまとまって避難できる場所を確保できない場合を想定し、利用者を他施設で受け入れられる体制を構築する。

(2) 他施設受け入れ等に必要な支援(市町村等に対する協力要請や情報提供等)を迅速かつ円滑に行えるようにする。

協会は全会員施設に意見を求めたうえ、2月4日に理事会で締結を決定。その後、3月23日に正式に協定を結ぶ。今後、もしも長期避難が必要となった場合、この協定が会員施設と利用されている方にとって少しでも安心につながることと、被災施設支援のスムーズな初動につながることを期待している。

毎年のように起こる異常気象による災害。私たち各施設の自助努力だけでは利用者を守り切ることは難しい。今回は協会の共助が有効なことを改めて実感することになった。そして制度や仕組みを活用した公助が、今後はより重要になっていくと思われる。

けやきの郷の皆様のこれからの安心のためにも、私たちにできることを進めていこうと思う。

２０１９年台風19号により災害を受けた「けやきの郷」に対してのボランティア活動

埼玉県発達障害福祉協会 副会長
社会福祉法人清心会 常務理事　岡部浩之

２０１９年の台風19号の被害を受けお亡くなりになった方、また、被害を受けられた方にあらためてお悔やみとお見舞いを申し上げます。

ここで、一法人の職員の立場より、県内の多くの障害福祉サービス事業所が加盟している埼玉県発達障害福祉協会（発障協）の会員として今回の災害復旧支援に関わった経緯や感想を述べることにする。

＜支援の経緯＞社会福祉協議会と連携

２０１９年の台風19号は、当初、私の地元でもある埼玉県北西部、秩父地方の被害の方が懸念されていた。

10月12日午前より暴風域に入り、これまでに経験したことのないような雨と風に脅かされた。そして、午後に入るとダムの貯水量の急激な増加や放流に関する報道が次々となされ、危機感が高まっていった。それでも、この時はまだ河川上流域における被害の心配の方が先立ち、その後に起きる下流域や平野部の被害などは想像できなかった。

翌13日より埼玉県内の被害情報が少しずつ入り出したが、連休中だったこともあり情報収集に時間がかかり、内容も断片的だった。そこから徐々にSNSやメール、電話連絡などで県内の発達障害福祉協会（協会）加盟施設の被害状況が明らかになってきたが、けやきの郷の被害実態が具体的に伝わってきたのはその翌日、14日になってからだったと記憶している。

私たち埼玉県発達障害福祉協会（発障協）が団体として動き出したのも14日になってからであり、情報収集の迅速化が可能となった昨今において初動に時間を要してしまったことは、今回の災害復旧支援を通じての課題であると感じている。

その一方で、被害発生直後からも個人単位、事業所単位での活動が自発的に行われていた。結果的にはその活動から発信された情報が、その後の発障協としての活動方針に反映されたこともまた事実だった。個としての活動と組織としての活動。災害復旧支援の場面においては、その両軸をいかに有効に機能させていくかが重要だということを今回あらためて学んだ。

発障協としての災害復旧支援は、事務局を委託している埼玉県社会福祉協議会と連携を取りながら行われた。このことは、その後のＤＷＡＴ（災害派遣福祉チーム）派遣の際にも大いにいかされたと思う。また、私たち発障協は、様々な機関や組織との調整役を果たせるよう、柔軟性と機動力をもって動くよう心がけていた。

〈支援の実際〉短期・中期・長期で支援内容に変化

災害復旧支援を考えていく上で私たちの役割を明確にすべく、支援内容も短期（1週間〜10日程度）、中期（1か月程度）、長期（3か月以上）の3つに区分けをした。具体的には以下の通りになる。

（短期）瓦礫《がれき》の除去や土砂の搬出支援

災害復旧初期は少しでも早く元の姿に戻すことが最重要と考え、発障協から1日あたり10〜30人を派遣した。仲間が集い、思いを共有しながら復旧作業を行うことで、わずかながら被災現場に活気が戻ってきたようにも感じた。この作業は、民間ボランティアの皆さんに引き継ぐまで約10日間実施した。今回、私は主にこの部分を担当したが、発障協はじめ、同業の仲間たちは常に「互助・共助」の精神を兼ね備えており、「いざ鎌倉」の際には各地より迅速に駆けつけ、助け合える関係にあることに感銘を受けた。

（中期）ＤＷＡＴへの派遣協力

災害復旧の長期化によって、利用者を支える仕組みにも課題がでてきた。我々の専門性を最もいかせるサポートとして、利用者の皆さんが避難している避難所への職員派遣を積極的に行った。派遣はＤＷＡＴを通して行ったわけだが、多くの派遣職員が発障協加盟団体の職員だった。また、派遣のコーディネートについては発障協相談支援部会も参画して、業務をサポートさせてもらった。

（長期）被災利用者の避難先からの一時受け入れ支援

決して十分とは言えない住環境では、避難所生活が長期化するにつれ、利用者の心や体にも影響を及ぼすことが考えられる。発障協では早い段階から、避難所でくらす利用者の方々について、加盟事業所で一時的な受け入れを行う提案をしてきた。慣れ親しんだ施設や職員と、一時的とはいえ離れることはつらかったと想像に難くないが、けやきの郷の職員と受け入れ先施設の協力により——期間は個人差があったものの——多くの方が利用された。その際にも、発障協相談支援部会のコーディネーターが調整役としてお手伝いさせていただいた。

重要なのは数多くの団体や組織、関係機関とのネットワーク共助

不謹慎な表現になってしまうかもしれないが、今回の災害復旧支援への参加は、我々にとって多くの学

びをもたらし、今後に向けての反省や課題も明確となる貴重な経験ともなった。特に、災害復旧支援については数多くの団体や組織、ボランティア等の共助によって形成されていること、災害時における関係機関とのネットワークや共助の重要性を再認識することができた。

また、それぞれの立場や組織の違いにより様々な考え方はあったとしても、早期の災害復旧を目指すという思いは共通であり、すべての方たちが全力で取り組んでいることを強く感じた。そのためにも災害復旧支援に関しては、関係機関との調整を担うコーディネーター的存在が重要であると痛感した。

災害復旧支援についてはまだ駆け出しではあるが、私たち発障協もいずれはそのような調整役を担える存在になれることが理想ではないかと考えている。

これからも、私たちにできること、私たちでなくてはできないことを考えながら防災への意識を高めていきたいと思う。

〈関連団体〉DWAT

埼玉県の災害派遣福祉チーム（DWAT）結成後、初派遣でけやきの郷へ

埼玉県発達障害福祉協会相談支援部会 部会長
みぬま福祉会地域支援部 総合施設長　山路久彦

埼玉県の災害派遣福祉チームに355名が集まる

埼玉県の災害派遣福祉チーム（DWAT）は、2017年度埼玉県災害福祉支援ネットワーク（埼玉県、さいたま市、川越市、越谷市、埼玉県社会福祉協議会と12の事業者団体、5つの職能団体）が設置した団体だ。初回の登録メンバーは、当初埼玉県が想定していた100名を大きく上回る355名が集まった。

チームの目的は、大規模災害の発生時に避難所等における要配慮者の支援や福祉施設等への人的支援を行い、要配慮者の二次的被害の防止を図ることである。2011年の東日本大震災、2016年の熊本地震を経験し、災害への関心の高さを感じる。DWATは毎年、新たなチーム員の養成や更新研修を行い、

災害発生時に質の高い専門的な支援が行えるように準備をしている。

２０１９年度の時点では全国34都府県で災害ネットワークを設置し、ＤＷＡＴはすでに22府県で結成がなされている。今後は都道府県ごとの課題を整理し、その地域ごとに合わせたＤＷＡＴが設置されることになると思う。

初めての災害派遣がけやきの郷

全国的にみると、２０１６年の熊本地震で初めてＤＷＡＴが派遣されることになった。その後も２０１８年の西日本豪雨をはじめ多くの自然災害が日本を襲っており、その都度、ＤＷＡＴが派遣されてきた。

埼玉県でのＤＷＡＴの初めての災害派遣は、２０１９年の台風19号の水害により社会福祉法人けやきの郷が運営する障害者支援施設初雁の家をはじめ、グループホーム、通所施設など6事業所が床上浸水の被害にあい約50名の利用者が避難生活を余儀なくされたこの状況に決まった。

川越市の総合福祉センターオアシス内に集団避難された利用者の避難所での生活の安定と、二次被害を防止するため、障害者施設に所属する、または勤務経験のあるチーム員登録者で派遣可能なメンバーを募集。避難されている方の多くが自閉症であり、その支援には自閉症への知識と理解、経験という専門性が必要と判断されていた。

ＤＷＡＴは先遣チームと支援チームで構成した。10月16日、先遣チームを現地に派遣し現状を確認、ニーズを把握。その報告を受け、その日のうちに支援チームの派遣を決定した。10月17日からチーム員を募集し、10月19日～11月20日までの約1か月、延べ200人が活動することとなった。

派遣体制は1チーム5名、派遣期間は1クール3日間、活動内容は応急的な生活支援とし、具体的には食事介助、入浴介助、外出同行や洗濯、掃除などだった。

利用者は慣れない場所や日課で不安であった。職員は利用者の支援と復旧作業を並行しなくてはならないため疲労困憊《ひろうこんぱい》。職員間で話し合う時間もとれず、情報が伝わりきれないなど様々な課題があった。

チーム員も初めての派遣で緊張し、訓練は受けてきたが他のメンバーとどのようにチームワークを高めればよいか、どう業務を遂行すればよいのか、戸惑いを感じていた。

特に利用者の情報が少ない中で、被災施設の職員にいろいろ質問でき情報を提供してもらえばよいが、そのような時間も手間もとらせるわけにはいかない。支援に行っているのに、かえって業務を増やしてしまうのではないか、という懸念もあった。

障害特性をチーム内で共有

実際、当初は被災施設の職員からの指示を待ってしまうこともあった。そこでメンバーでミーティングを行い、チーム員が主体的に活動を行えるように工夫したり、利用者の障害特性などの情報をチーム内で共有できるように資料を作成した。そこから、食事や入浴支援だけではなく、どうしたら快適に過ごせるのか、楽しみが必要なのではないかと考え始めた。そこで好きなアニメをともにみたり一緒に散歩に行くなど、余暇支援も取り組んだ。利用者の情報も、苦手なことや配慮点だけでなく、好きなこと得意なことを情報収集することで関係構築に役立ったと思う。

とはいえ、初めての派遣では、チーム員の経験不足により避難所での主体的な活動が難しいことを痛感した。また、3日間という短期間では、利用者のことを知り、関係性を構築し、信頼してもらえるようにはなりにくい。派遣チームの引き継ぎを行うタイミングがなく書面での引き継ぎになってしまったこともあり、支援の一貫性が保ちにくくなったのでは、とも感じた。

避難された方が、避難期間をその人にとってどれだけよい環境で生活できるのか。人ものもお金も環境を構成している。今回の派遣を通じて、環境がその人の生活にいかに大きな影響を与えるかということを痛感した。災害派遣は応急的な生活支援。今回は食事介助や入浴介助という直接的な支援になったが、今後は平時から被災者の生活課題やニーズに対応できるように医療、保健、福祉関係者と協働体制を構築し、社会福祉関係者だからできる、各分野（障害、児童、高齢等）での専門性をいかした災害支援ができるようにすることが必要だと思った。

日頃から共助の精神で皆と協力

2020年は自然災害だけではなく、世界規模で新型コロナウイルス感染拡大が問題となっている。コロナ禍での災害が、避難所生活に大きな影響を与えることは容易に想像できる。しかし、現時点ではその対策は準備できているとはいい難い。過去に経験したことのない災害が、毎年のように私たちの地域でも起こりうる可能性がある。今回の災害派遣の経験を無駄にすることなくいかせるように、災害だけでなく日頃から共助の精神で皆さまと協力できたらと考えている。

〈受け入れ先施設〉川越いもの子作業所

利用者5名と仕事とイベントをともにして

川越いもの子作業所 施設長　大畠宗宏

〈10月12日〉急な逆流で施設浸水を知る

２０１９年の10月12日土曜日、テレビのテロップに大雨警報と避難勧告が出されていた14時頃、入所支援施設である「川越いもの子作業所」に向かった。通勤には自転車を使っているが、カッパを着ていればどうにか進むことができた。

川越いもの子を運営する社会福祉法人「皆の郷」には７つのグループホームがある。そのうち６か所は、東上線の霞ヶ関駅とＪＲ的場駅の周辺に位置し、４つのグループホームが避難警告エリアに入っていたので小学校の体育館に避難していた。入所施設に着いてすぐに「ホームの仲間たちが体育館の真ん中にいるのだが、彼らを取り囲むように壁際には多くの避難してきた人がいて落ち着かない。川越いもの子の入所施設に移動することはできるか」という電話があった。彼らは、17時ごろに職員と一緒に来て15人ほどが各ユニットに分かれて避難していた。

夕方を過ぎるころには、風と雨が一層ひどくなってきた。けやきの郷の総務課長（当時）内山智裕さんに19時ぐらいに電話をかけた。けやきの郷は大雨になると、ニュースでもたびたび避難該当地域として発表されるくらい水がでやすい地域にあり、とても心配になってきた。しかし「まだ浸水はみられない」ということだった。

台風が千葉県沖に抜けた21時過ぎ、風が少しおさまる。横殴りの雨が厨房の裏口から入ってくる可能性があるかもしれない、と待機していた給食のセンター長は、一応その心配がなくなったということで帰っていった。大事に至らなかったことに少し安心すると、また、けやきの郷のことが気になって内山さんに電話した。「建物の中にまでは来ていないが、周囲は水で覆われている」ということで、安心している自分とは正反対の状況にあることを知ることになる。

そして、日付が変わってすぐに内山さんのＳＮＳの情報で、急に逆流が始まり施設の浸水がすごい速さで進んだことを知る。再度、内山さんに電話をかけた。何を話したかはあまり覚えていないが、内山さんが２階に避難していることを冷静に話していたことだけは記憶に残っている。

＜10月13日＞利用者受け入れの準備があることを伝える

翌日は、川越市障害者スポーツ大会の日だったが中止となる。日曜日であったが、いもの子の通所は通常運営した。午前中けやきの郷を見舞いに行こうと平塚新田の方へ車で向かうが、川越市の清掃センターを過ぎると、辺りは湖のようになっていて進入できない。仕方なく落合橋から川島町にわたり、橋の途中から越辺川に合流する堤に降りて、けやきの郷へ向かった。途中、越辺川の堤が決壊して、けやきの郷の方に向かって水が流れていた。そこから左に曲がってけやきの郷に行くために朝日航洋の川越メンテナンスセンターの前を通ると、シャッターが曲がって、赤いヘリコプターが水に浮かんでいるのに驚いた。少し行くとグループホームが見え、ホームもワークセンターけやきも1階の窓まで水に浸かっているのがわかった。入所施設の方までは見えなかったが、遠くまで水面は広がり、改めて水害のむごさを知らされた。

その日の午後と翌日に、旧名細公民館（旧名細中学校併設）にある避難所を訪ねた。障害者相談・地域支援センターけやきのセンター長水野努さんに「何かあれば、利用者10名ぐらいは受け入れられますよ」と伝えた。今から思えば、台風接近の時の12日に15名のグループホームの仲間を受け入れたことで気が大きくなっていた。「10名、大丈夫ですか」と聞かれ、利用者の障害の程度のことが脳裏に横切り、「5名までは大丈夫です」と言い換えた。入居の前の面会のために、避難している川越市総合福祉センターオアシスに行く。4名とも布団の上に座っていた。

けやきの郷の利用者は10月25日から受け入れた（5名中1名は11月から）。最初に受け入れた4名は、なでしこハウスとコスモスハイツに入った。どちらも9人のユニットで、部屋が1部屋ずつ空いていたので、6畳の部屋に2名ずつ入ってもらった。

〈川越いもの子で5名を受け入れ〉
同じ施設の仲間と仕事が支えに

川越いもの子作業所は50名定員の入所支援施設で、9時45分から16時まで仕事をしている。リサイクル作業、木工、タオルたたみの下請け、クリンネス（清掃）、表現活動があり作業別に分かれている。17時からお風呂、18時30分から夕食。朝は6時半起床の7時朝食というのが一日の流れとなる。けやきの郷からいもの子に変わって、このスケジュールが受け入れてもらえるか心配だった。

ユニットに来て、4名は少し不安な表情を浮かべていたが、お風呂に入り夕飯を食べ、布団に入るころには、とても安心した表情に変わっていた。

他の場所に来ても、食事後のコーヒーであったり、夕食の後のテレビであったり、数日後に出るカレーライスであったり、居間の角の椅子であったり。彼らなりに支えにするものをみつけたようだった。

仕事は、リサイクル作業に2人。アルミと鉄缶、ビンに分ける仕分け作業や、プレス機に缶を入れる作業を担当してもらった。クリーニング店のお絞りタオルの点検と仕分けの作業にも2名が入り、淡々と作業をこなし始めた。同じけやきの郷にいる仲間が一緒であることに支えられていることを感じた。11月になってから入ってきた人は、入所施設に泊まりながら表現活動、すなわち絵を描いていた。

施設は違うが、生活の軸を労働においていたことは共通していて、そこは彼らにとってもよかったと思う。利用者と私たちが、ただ保護する関係だけではなく、仕事があることも避難生活の支えになっていたと感じる。

いもの子の仲間とも楽しい時間を過ごす

彼らは、いもの子のイベントにも参加した。富士見中学校で開かれた「川越いもの子作業所チャリティーバザー」では、10時から15時まで、たくさんの人が来場するバザー会場の中で、バザー品の買い物をしたり、模擬店で食事をしたり、舞台の演奏をいもの子の仲間とともに楽しんだ。また、12月のいもの子恒例「家族そろって餅つき大会」では、いもの子の仲間・家族の中に交じって、杵《きね》をもって餅をつき、みんなの応援に応えていた。利用者の中には、川越出身で同じ学校に通っていた人もいて、「この人のお母さんとは親の会で一緒に活動したことがあるの」と話す親御さんもいて、水害で避難してきた仲間のことへの気遣いを感じた。月末の仕事の終わりの会の時に、来月の仕事終わりにみんなで歌う歌を決めるのだが、村田英雄の「人生劇場」をリクエストしたけやきの郷の〝仲間〟がいた。「やると思えばどこまでやるさ。それが男の魂じゃないか」という歌詞。さすがに知っていた人は少なく、来月の終わりの歌にはならなかったが、音楽の時間に彼自身に歌ってもらった。彼の魂を、生き方を聞いたようだった。

早い仲間で2月の中旬に、遅い仲間も4月の初旬にいもの子を去っていった。コロナ禍でのお別れとなった。

〈関連団体〉全日本自閉症支援者協会

障害者施設と災害～どうあるべきか～全日本自閉症支援者協会の立場から

全日本自閉症支援者協会 会長　松上利男

『私たちが命を守るためにしたこと―2019年台風19号、障害者施設〝けやきの郷〟の記録―』の出版にあたり、「自閉症という行動障害ある人たちの施設として、『コロナ禍』という問題も含め、これからどう向きあっていったらよいのか、行政に対してもどう向き合っていったらよいのかなどについての考察」というテーマでの執筆依頼をいただいた。

今回のテーマを受けて、私からは、「⑴社会福祉法人けやきの郷の自閉症支援で果たしてきた役割、⑵「人災」としての水害～コロナ禍も踏まえて、⑶災害時の自閉症のある人への支援（合理的配慮）」について、述べていきたいと考える。

けやきの郷の自閉症支援で果たしてきた役割

けやきの郷は、重い知的障害を伴う自閉症の子どもを抱える親21名が中心となり、義務教育終了後の成人期の自閉症者支援サービスの創造という先駆的な活動を展開している。

私ども全日本自閉症支援者協会（全自者協）は、1987年に全国8か所の自閉症者施設（自称）で発足。1985年7月に全国2番目の自閉症施設「初雁の家」（精神薄弱者更生施設）を開設されたけやきの郷は、私ども全自者協の発足当初から協会活動の中心的存在として活動をリードしてくださった。

1999年に国際労働機関（ILO）において21世紀のILOの目標として、「ディーセント・ワーク（Decent Work）：働きがいのある人間らしい仕事」が提案された。

私は「障害のある人のディーセント・ワーク」の基本的視点について、以下のように考える。

①権利の主体者・働く主体者であること
②地域社会でのくらしが提供されること
③社会から認められる役割があること
④「働けない」ことを「障害の問題」にしないこと
⑤合理的配慮がなされ、「強み」が発揮できる環境が提供されていること
⑥ニーズに応じた様々な働きが実現できること
⑦働きに応じた正当な賃金が得られること

⑧「チャレンジできる、学習できる」環境が提供されていること

けやきの郷は、「人間（ひと）としての尊厳をもって、幸せに豊かに。責任をもって生きる」との法人理念にもとづいて、「初雁の家」開設時から利用者の生活の場と、働く・活動の場を地域に求める社会参加の実践を積み重ねてきた。

その実践は、常に「自閉症のある人たちの地域生活支援ニーズ」に向き合いながら、初雁の家開設後、初雁の家の作業棟「やまびこ製作所」（後の福祉工場）、埼玉県下初の知的障害者福祉ホーム「潮寮」、グループホーム「しらこばとの家」など複数のグループホームの開設に取り組むことに現れている。

このようなけやきの郷の法人設立時から現在に至る実践は、まさに私が前述したＩＬＯの「障害のある人のディーセント・ワーク」の実現そのものであると思っている。

「人災」としての水害～コロナ禍も踏まえて

⑴　水害について

先述したように、けやきの郷は１９８５年に初雁の家を開設されたが、地域住民の反対運動にあい、現在の土地での開設に至るまで設立発起人会が発足してから7年の歳月を要したと聞いている。

２０１３年6月に障害者差別解消法が成立したが、私どもの法人もグループホームや通所施設の建設のたびに、初雁の家同様、地域住民からの反対運動にあい、建設を断念せざるを得ない状況に追い込まれる

ことを経験している。

今回の水害は、「初雁の家」に隣接する越辺川の堤防決壊によるものだが、20年前にも水害にあわれたという話も伺う。

私は、1982年5月から3か月間、国際交流事業によりスイスの「ストレンゲルバッハ障害者労働センター（AZB）」に勤務した。AZBには郵便局、公民館、マーケットなどが隣接しており、利用者の皆さんが近所のレストランでランチを楽しんでいた。

それをみて、日本においても同様に障害のある人たちの福祉施設やグループホームなどは、社会参加がしやすいまちの中心地の施設を利用できるように、制度的に支える仕組みが必要であると思った。

しかし、日本の障害者施設、特に障害者入所施設は、建設を地域住民から反対され、まちから離れた場所や初雁の家のように水害リスクの高い土地に追いやられる事例が、たびたび見られる。

2019年11月7、8日、初雁の家が甚大な被害を受けた1か月後、すでに大会開催準備が進んでいたことから埼玉県川越の地で全日本自閉症支援者協会研究大会を開催した。

大会当日、大会冒頭でけやきの郷の阿部叔子理事長から、水害の経緯と現状、今後の対策についてのご報告をいただいた。

私は会長あいさつで、「今回のけやきの郷の初雁の家など福祉事業所の水害は人災である」と断言した。

地域住民の施設建設反対運動にあいながら、7年の歳月を経てやっとの思いで建設したその場所が、水害リスクの高い土地であったということ、安全な施設建設用地確保について、行政からのリポートが得られなかったことなどから「人災」といわざるを得ないと考える。

水害後、けやきの郷は、初雁の家の安全な場所への移転と整備を願い、行政・国への働きかけをしたが、いったんはその地に残り改修を選ばざるを得ない結果となった。

今回のけやきの郷の経緯を踏まえて、私ども全自者協は、障害のある人が地域の中で安全・安心なくらしができうる施設建設用地の確保について、どのような制度的な仕組みが必要であるかについての議論を深めたいと思っている。

また、障害者差別解消に向けて、より実効性のある障害者差別解消法の見直しや自閉症・発達障害についての理解を深める啓発活動を推進したいとも考える。

(2) コロナ禍に対する対策

皆様もご存じのように千葉県船橋市にある「北総育成園」で、２０２０年3月28日に新型コロナウイルスの集団感染が発生した。その後も障害者支援施設、高齢者介護施設での集団感染が続いている。

自閉症支援施設では、利用者の障害特性からマスクをすることも、ソーシャルディスタンスについての理解をして実行することも現実的に困難な状況である。その一方で多くの入所施設では、特に大きな集団での生活を基本とした住環境になっていることから、集団感染リスクは極度に高いといわざるを得えない。

集団感染リスクを抑えるためには、大きな集団の形態をとらないくらしに近づけること（小規模、小舎制、ユニット制、個室）が求められる。さらに感染者を隔離できる別棟の居室（風呂、トイレ付）も必要となる。右記住環境の改善を進めるには、入所施設からグループホームへの利用者の地域移行を進め、入所施設の定員を縮小することも解決策の一つとして考えられる。

それを可能とするためには、入所施設の住環境改善のための改修補助金の創設、知的な障害が重い人、多くの「行動的課題」のある人がグループホームでくらすことのできる報酬単価、建設のための増額が不可欠になろう。

また、コロナに感染した重い知的障害のある人、特に多くの「行動的課題」のある人の入院と入院中の支援も重要な課題としてあがってくる。

重い障害のある人の入院中の支援制度として、「重度訪問介護」を利用している人の入院中のコミュニケーション支援（支援区分6の人が対象）があるが、その利用対象の拡大、支援者の養成、病院との連携などの具体的課題を解決しなければならない。

在宅者の支援も重要となる。特にひとり親家庭の保護者が感染して入院した場合、障害のある子どものＰＣＲ検査結果がでるまでの間の支援について、隔離の場と支援者の確保が課題としてある。

災害時の自閉症のある人への支援（合理的配慮）

障害のある人、特に自閉症・発達障害のある人の震災や今回のような水害時の避難生活の支援については多くの課題があるが、残念ながらその解決は進んではいない。

水害発生1週間後に、全日本自閉症支援者協会の石井啓副会長とともに被害や、利用者の避難の状況の視察に行かせていただいた。

その時の避難状況について、石井副会長の視察報告より、抜粋してお伝えする。

「施設入所の方々が避難された先は、川越市の運営する総合福祉センターの中の体育館のようなホールで、仕切りもない大きな空間に21人のご利用者が、雑魚寝を強いられている、いかにも避難所といったていでした。（中略）雨風はしのげるものの、常に他者の目のある空間の中には、くつろぎを得られる場所が見当たりませんでした。そのためか、職員の方のお話によると、トイレ通いが頻回になっているご利用者が多く、その付き添いに追われて（今のところ24時間体制で支援に入っているそうです）職員が疲弊しているとのことでした。（中略）日中活動を行えないので、一日中この避難所の中にいなければならないことへのストレスが、行動障害のような反応となってでてくる可能性も危惧されるところです」

一般の住民の方々との共同避難所での避難生活ではないものの、「社会性の障害」「コミュニケーションの質的障害」「イマジネーションの障害」との障害特性を有する自閉症の方にとっては、急激な環境や生活リズムの変化、過度の刺激、見通しがもてない不安などにより、私たちが想像できないストレスの状態にあったと思う。
２０２０年6月に放送されたＮＨＫ教育テレビジョンハートネットＴＶ「水害から命を守る(2)『障害がある人の〝避難生活〟』」で、けやきの郷も取材を受けている。
放送の中から、コメントを紹介したいと思う。
「ただでさえ発達障害の子どもたちは見通しをもてない状況だと落ち着きを失いやすいので、避難所に入っても興奮して走り回ってしまった。そのことで叱られて、入って30分で外に出ることになったという事例もありました。」（知的障害や自閉症の子どもを持つ親を支援するＮＰＯ法人の代表 安藤希代子さん）
「避難所は〝バリアフル〟、つまりバリアに満ちあふれているということです。その解決策はバリアを取り除くということ。そういった対策のことを〝合理的な配慮の提供〟というのですが、それが求められていると皆さんがおっしゃっていると思うんですね。移動、あるいはトイレなど、それぞれに実は対策があって、配慮をどうやって提供するのか。あらかじめ一人一人の合理的な配慮について考えるような取り組みを事前にしておくことが1番、解決策になると思います」（同志社大学 立木茂雄教授）
自閉症・発達障害は、外見からはみえない障害であるため、実際に生活をともにしなければ障害特性を理解することは難しく、何がバリアになるのかがわからない。結果として合理的な配慮の提供が困難になりがちだ。
私ども支援者としては、利用者の社会参加を積極的に進め、自閉症・発達障害のある人と地域住民が「共にある」状況や環境を日常的な支援の中で作りだすことで、地域の人たちが障害理解を深めていく。このような地道な日常の継続した支援の積み上げが大切になる。

現在、コロナ禍の中で日常のくらしが大きく変化し、変化への対応が苦手で見通しのもちづらい自閉症・発達障害のある人たちは、私たち以上にストレスが高い状態にある。

私ども全自者協では、自閉症の人が自らを取り巻く環境の意味理解を進めるために、一人一人のアセスメント（障害特性の理解）にもとづく支援、例えば見通しがもちやすくなるように各人にあわせた絵や写真、文字などのスケジュールの視覚的な提示を行っている。

環境の変化があっても支援を通せば、コロナ禍といった生活の変化があっても適応的な行動が可能となる。

立木教授が語っておられた、「あらかじめ一人一人の合理的な配慮について考えるような取り組みを事前にしておくこと」を日々の生活の利用者支援の中で実践することが、私ども支援者に求められていると思う。

最後になりますが、２０１９年10月から約５か月の厳しい避難生活を経て、２０２０年３月25日に初雁の家が完全復旧されました。復旧に向けて昼夜働き続けて来られた皆様に敬意を表しますとともに、利用者皆様のご健康と幸せな暮らしの継続をお祈り申し上げます。

〈関連団体〉全日本自閉症支援者協会

「自閉症者施設」のあり方を考える～台風災害被災を契機として

全日本自閉症支援者協会 副会長　石井　啓

職員たちにみた「寄り添い、ともにくらす」姿

２０１９年秋の２度にわたる大型台風による台風水害は、各地に多大な被害の爪痕を残した。中でも台風19号の大雨が、社会福祉法人けやきの郷の運営する障害者支援施設「初雁の家」をはじめとする施設・事業所に水害という災厄をもたらしたことは、わが国の障害者福祉の歴史に語り継がれるべき出来事となったといっても過言ではないと考える。

その被害の甚大さもさることながら忘れてはならないことは、この災害すなわち「大雨後の増水で近くを流れる越辺川の堤防が決壊し、けやきの郷のある一帯が洪水になったこと」が、単なる天災ではなく、「人災」ともいうべき側面もある、ということだ。それは、こうした治水に難のある場所に、障害者福祉施設を建てざるを得なかったということに、国と県の責任が問われるのではないかということになる。という

のも、けやきの郷が初雁の家を建てるにあたっては、建設候補地が周辺住民の反対運動により十数回も変更を余儀なくされたということがあった。そしてようやくたどり着いたのが今の場所だったわけだが、それが川縁の水害危険区域だったにもかかわらず、住民の反対がないということの方を重視してこの地を斡旋した県や建設の許可をした国には、措置施設（当時）という公的援護を実施する機関に対する安全配慮義務があったと考えられる。結果的に一度ならず起きた洪水による浸水で、そこにくらす自閉症者たちの安全は脅かされることになった。

しかし、けやきの郷の阿部理事長はじめ職員の方々（とご家族の皆様も）による献身的な活動で、今回のような未曽有の規模の被害にあっても、一人の犠牲者もださずに利用者の方々のくらしは守られた。これは、初雁の家やグループホームでくらす自閉症のある人たちに、けやきの郷の職員が単なるサービス提供という枠を超えて、「寄り添い、ともにくらす」という感覚をもっていたことが、この危機を乗り越える力になっていたと、実際に避難生活をされている場を訪問した時に強く感じた。それは私自身も、同じ自閉症者支援のための入所施設（自閉症者施設）を運営する立場として近しく感じる感覚であり、同様の立場にある支援者に共通するものであるように思われる。

本稿では、こうした視点から初雁の家に代表される自閉症者施設の置かれている立ち位置を歴史的に振り返りながら、これからどうあるべきかを考察してみたいと思う。

「自閉症者施設」の成り立ちと変遷

実は、自閉症者施設という種別は、現在はおろか過去にも法律上正式に位置づけられたことはない。「自閉症児施設」は児童福祉法に位置づけがあり、40年程前に重度の知的障害を伴う自閉症のある人で行動障害により家庭復帰が望み難い人の受け皿としてスタートした。当時の社会情勢としては、ノーマライゼーションはおろか、その原因を子育てに求める母原病説が唱えられるなど、自閉症の正しい理解もなされていない状況であり、自閉症のある人の社会生活を支援する制度や資源などは皆無だったといってもいい。したがって、自閉症児施設の中で成長しその後、そこを出ることになる人や地域の中で頑張ってきたけれど、思春期の擾乱《じょうらん》もあって家庭生活の継続が困難になった成人の自閉症のある人の受け入れ先は、既存の福祉施設にはほとんどなく、新たに自閉症支援の心得のある入所施設を作りだすことしかなかった。

そこで主にそうした悩みをもつ自閉症児の親たちが中心になって、知的障害者福祉法の枠組みの中で「知的障害者更生施設」という施設種別を使って、「自閉症者施設」を標榜する施設を立ちあげていったのだ。

その後、2003年の支援費制度の導入による措置から契約への制度移行が行われたことを契機に、ノーマライゼーション思想とグループホーム等の障害者の地域生活を支援する制度が拡充。更には2006年の障害者自立支援法の施行によって障害者支援施策のトレンドが地域生活支援一色に染まっていった。これにより、30年前は自閉症支援のほぼ唯一の選択肢であった入所施設が時代遅れといわれるようになった。ブラックボックス化しやすい支援現場の構造ゆえに、一部の施設で起きた虐待事件のせいで入所施設全体が人権侵害の温床と見る向きもあり、今や入所施設は「脱施設化」なるテーゼのもとに必要悪とまで称されるようになってしまったのだ。

しかしながら、そこには論旨のすり替えがあり、「入所施設という場において人権侵害が起きやすい」ということが、いつの間にか「入所施設という仕組みが人権侵害を引き起こす」とされてしまったといえそうだ。そのようなすり替えがなぜなされたかはおくとして、問題なのは入所施設の必要性、更には有用性の検討が十分になされないまま不要論、有害論がまかり通ってしまっていることである。

入所施設不要論を見直す

「入所施設の仕組み」が悪いという論理は、箱物としての入所施設を否定するということだが、そこで欠けている視点は、そもそもなぜ今も入所施設が必要とされているのかというニーズの検討と、その場所で実際に行われている対人援助実践の肯定的側面の評価ということになる。全日本自閉症支援者協会は、その前身である「全国自閉症者施設協議会」の名の通り、自閉症者の入所施設の協議会として発足し、今日でもその正会員87事業所中の6割強に当たる56事業所が「障害者支援施設」であり、依然として自閉症者の居住支援に入所施設の必要性が低くないことを示している。

そこに入所している利用者は、家庭や地域社会で適応が難しい行動障害のある人（またはかつてあった人）がほとんどになる。成人期の自閉症のある人たちのそうした特徴的な行動の多くは、幼少期からの成長の過程で、親や学校を含む社会から得た情報を特異な認知や独特な感性、理解の仕方で受け止めて、本人なりにそれらを対応するための手立てとして獲得し行っていることが多いととらえられる。

そうした人たちには、常にその人のことをわかって適切な援助の手を差し伸べることのできる人的環境が不可欠であり、それができる人材は各処で求められ、地域にも優秀な支援者が台頭してきている。しかし、援助の理念を共有しやすかったり、一定レベルの援助技術をもつ職員集団を形成しやすいという点などで、入所施設という形態には一日の長がある。そうした人的環境のある入所施設のもつおおらかな受容性というものが、他の支援サービスでは得難い機能であると考えられる。実際、地域の中での支援現場からも、支援者同士の横のつながりが欲しい、つながりがないと精神的に保てないし、物理的（人手や場所）にも限界がある、といった声もでてきている。

地域でくらしたい、あるいは実際にくらせるようになってきた自閉症のある人は、個別の支援を受けながら地域でくらす。また、地域でくらすには本人にとっての負担が大きく、ある程度守られた環境が必要な人には、手厚い支援の手のあるおおらかな入所施設でくらすという選択肢があって然るべきと考える。そのいずれにも、人とともにくらしにくいという自閉症の特性への合理的配慮が必要で、地域での通訳的な意義を最低限に、家族を含む人とともに生きる権利と喜びを保障する「支援者」の存在意義がある。そうした質を問う支援はいうに及ばず、自閉症への難しい対応のイロハを伝承して行ける研修センター的な場としても入所施設の機能は有効なはずである。

地域における自閉症者施設の役割

障害者自立支援法は２００６年に施行され、その後２０１２年に障害者総合支援法が制定され、その際、障害者への支援内容が「保護」から「自立支援」へと大きく変わった。同支援法では支援の方向性として「障害者を就労させて納税者にすること」が明確に打ち出され、「自立支援」の色合いが鮮明になった。それに即して、障害福祉サービスのあり方も変わり、サービス内容も「就労支援」が中心となっていった。その中で従来の入所施設は、就労支援もしくはそれに準じた日中活動の場と、夜間及び休日の生活を支援する場とに解体されることになった。

自閉症者施設もその波にあおられ、日中の「生活介護」と夜間・休日の「施設入所支援」とに分かれたが、その中で多くの施設が日中の生活介護だけを通所で利用する人の受け皿も作り、近隣地域の療育的援助ニーズに応える事業を展開し始めた。このように個別的に特別な配慮を行い得る支援体制をもった自閉症者施設が、地域に向けた受け入れ体制を積極的に整備したことにより、地域でくらす支援の難しい人たちにとって有益な社会資源となってきている。

地域には、在宅で生活はしているものの、行動障害をもつ人や、強いこだわりをもっている人が存在する。様々な事情で通所施設にはなかなか馴染めず、結果的に家庭からでられなくなり、家族が丸抱えで生活をせざるを得ない人もいる。そういった地域で生活している支援の必要な人たちに向けて自閉症者施設は、職員の自閉症支援の専門性や、自閉症の人たちが過ごしやすいように配慮された空間という入所施設の機能を使い、毎日安定して通い、日中安心して過ごし、活動に参加して目標ややりがいをもって過ごせる場所になっている。実際に自閉症者施設では日中の活動として作業等に参加し、その中で、人とかかわりながら作業をすることでやりがいや意欲につながり、多くの利用者が毎日安定して利用することができている。このように自閉症者施設は、地域の中で行き場のない人たちの受け皿としての機能を確実に果たしている。

「地域生活支援拠点」となり得る自閉症者施設

自閉症のある人たちは知的レベルにかかわらず、ライフステージを通した療育的支援が必要と考えられている。具体的には、前述のような「自閉症者施設」に左記の新たな機能を付加し、「自閉症総合援助センター」とすることによって、重層的な支援体制を構築することが可能となると思われる。それはまた、今国の制度として整備が進められている「地域生活支援拠点」の中核としての役割を担い得ることにもなるはずだ。

〈自閉症総合援助センターの機能〉

(1) 生活保障（居住支援）機能——施設入所支援、グループホーム

地域生活移行への準備や地域生活移行が困難な人たちへの施設入所支援、グループホームなど、地域に

おける多様な居住機能の開発とバックアップを行う。

(2) 強度行動障害療育機能・行動援護、行動障害療育棟での重度障害者等包括支援

強度行動障害等により、在宅等でのくらしが困難な自閉症の人に対して、自宅等及び強度行動障害療育棟での集中療育を行う。

(3) 地域生活補完機能――短期入所、居宅介護、行動援護

ショートステイ、レスパイトケア、ヘルパー養成・派遣（居宅介護、行動援護、移動支援）等により地域生活を支える。

(4) 早期療育機能――児童発達支援センター、児童発達支援事業

幼児、学童、生徒等に対して発達支援を行うとともに、関係機関と連携し豊かに育ち、安心してくらせる地域の実現を目指す。

(5) 日中活動支援機能――生活介護

生産活動や生きがいとしての余暇的、文化的活動を提供する。

(6) 就労支援機能――就労移行支援、就労継続支援B型、就労継続支援A型

社会貢献、地域貢献を目指した福祉的就労及び一般就労を支援する。

(7) 相談・療育・普及・啓発機能――発達障害者支援センター、相談支援事業

本人やその家族等への相談、療育、就労支援を行うとともに、関係者への情報普及・啓発及び関係機関

との連携を図ることで、総合的な支援体制を整備する。

(8) 専門家養成機能――発達障害支援専門員養成研修

関係機関のスペシャリストに対し研修を実施し、自閉症・発達障害に関してのジェネラリストとして養成し、スーパーバイズ体制を整備する。

自閉症者施設の正当な評価を

現在ともすれば自閉症者施設のような入所施設は、精神科病院の入院病棟や高齢者のいわゆる社会的入院病棟と同一視され、人権侵害の温床として必要悪と断じられつつある。確かに集団生活による弊害で個人の生活様式が制限を受けたり、密室性から支援者等による虐待の生じる危険性が少なからずあったりというマイナス面は認めざるを得ない。またそうした意味で、いたずらに現状の入所施設全てを肯定するということではあり得ない。

しかしここであえて強調したいのは、これまで述べてきたように入所施設にはプラスの面が多々あるということだ。

障害者自立支援法に取って代わった新しい障害者総合支援法をみると、入所施設を廃止するとは決してうたってはいない。しかし、「生活の場ではない」とされ、短期入所やシェルターとして一時的に滞在する場所としてのみ存続を認める旨が書かれている。日本障害者協議会（ＪＤ）の政策委員会にある「生活の場を考えるワーキング・グループ」では、そのことにまつわる議論が行われ、様々な意見がだされた。その中には、現在の制度下で自宅とグループホームしか選択肢のない居住場所に対して、入所施設の機能を積極的に評価して、それを居住場所としての選択肢に入れるべき、との考えが出された。極めて重度な知的障害を伴う自閉症の人などの生活の場として、手厚いケアの保障される生活の場は入所施設しかないことがあらためて認識されたということに他ならない。

その議論の中には、単なる生活のケアということでなく、必要とされる支援として、開放された空間としての「広い共有スペース」というハード面とともに、「人間関係を主体的にもつことが困難な自閉症などの障害者にとって、親密な関係性を基盤とする帰属集団を作る」といったソフト面がより重要であると述べられている。それらが実現されれば自閉症者施設は、障害者権利条約の第19条「自立した生活及び地域社会への包容」にうたわれている「障害者が（中略）どこで誰と生活するかを選択する機会を有すること」「地域社会からの孤立及び隔離を防止するために必要な在宅サービス、居住サービスその他の地域社会支援サービス（個別の支援を含む）を障害者が利用する機会を有すること」を体現したものになり得ると思われる。

初雁の家が、たびたび水害にあうような土地にしか建設許可を与えられなかったという経緯を知れば、けやきの郷が被った甚大な被害は、「人災」といわざるを得ない。そして、専門性をもった支援を必要とする自閉症児・者の安住の場としてのみならず、地域連携や人材育成といった将来の支援を生みだす場であることが軽視されているのであれば、「入所施設が水害で閉鎖し、地域の自閉症児・者に対応できる支援者は皆無になりました」といったより甚大な被害を生んでしまうのではないかと危惧してしまう。入所のスタイルをとる自閉症者施設の存在意義が正当に評価されることを願うばかりである。

第3章

障害者施設と地域社会

被災した障害福祉施設に問われた地域社会との関係性

——利用者・職員・福祉施設が地域社会の一員になることを目指して

立正大学 准教授
社会福祉法人 けやきの郷 理事　新井利民

支援活動から地域社会との関係性を問い直す

２０１９年10月に発災した令和元年東日本台風によって被災した社会福祉法人けやきの郷は、幸いにして利用者や職員の全員が無事であったものの、避難時、避難生活、そして復旧、復興に至るまで様々な課題が露呈し、その課題は現在も続いている。

これらの課題に対して利用者・家族や法人職員が立ち向かい、骨身を削りながら闘っていったことは本書にある職員の手記などからも痛いほど読みとることができる。そしてその傍らには、様々な外部からの支援者の手があり、少しでも早く利用者・職員が通常の生活に戻ることができるよう支援活動が行われた。

本稿では、筆者がこの災害に対しかかわったわずかながらの支援活動と、職員や外部支援者の手記を踏まえ、障害福祉施設に災害の危機が差し迫り、避難行動をとり、避難生活を送り、そして復旧・復興を果たす際に、地域社会との関係性のあり方が問われたことを指摘する。そのうえで、障害福祉施設は今後どのように地域社会の中に存立すべきかについて、素描にとどまるが検討を行いたい。

1　危険の認知や避難行動の実施と「地域社会」

まず、障害福祉施設の利用者や職員が、災害時に適切な避難行動をとれるか否かは、当該利用者や職員の地域社会との関係性に依存するといっても過言ではない。中村[1)]は避難行動についてモデルを用いて示している。これによると、「危険の認知」と「社会的要因」が相互に作用しながら高まっていった時に、私たちは「避難の決定・実行」に向かうこととなる。そして「危険の認知」「社会的要因」「避難の決定・実行」はそれぞれに、促進要因や抑制要因があるとしている。

危険の認知を促進したり抑制する要因は、災害の特性や災害警報の有無、災害の経験、災害に関する知識、脆弱性《ぜいじゃくせい》の認識などがあげられている。けやきの郷の内山智裕総務課長（当時）の手記によれば、けやきの郷の被災においては過去の災害経験から得られた知識や脆弱性の認識などにより、避難場所まで移動する際に通ることとなる道路の冠水可能性が把握されていた。そのため入所施設「初雁の家」の利用者の在宅避難や避難先の確保が早い段階で行われている。しかしグループホーム利用者のうち、在宅避難をした利用者を除く18名と職員3名はそのままグループホームに残っている。これは建物が水害に備えて盛り土を施した2階建てであり、利用者全員が垂直避難可能であることにより、安全と判断してのことであった。また、入所施設「初雁の家」には法人本部があったが、過去の水害の被災状況に鑑みて、1階部分が使用不能になるほど浸水することまで想定した者はおそらくおらず、一部の職員は残留している。

このように、過去の災害経験や知識は、避難行動の促進要因にもなっているが、避難行動の抑制要因にもつながっていることがわかる。今回、河川の越水のみならず、想定外の堤防の決壊という事態によって、けやきの郷がこれまで経験したことがないような大きな被害がもたらされてしまった。

このような事態において、外部から全員の避難を強く勧める声があったらどうであっただろうか。筆者は様々な警報が発令された10月12日（土）、運営にかかわっている埼玉県北本市内の学童保育の児童数名を浸水可能性のある地域から安全な地域の保育室へ移送した。その後、けやきの郷のことが心配になり、17時39分と18時52分に総務課長（当時）の内山智裕氏に電話連絡をしている。その際、発令されている警報や進路の予測等に鑑みて、利用者も含めて避難したほうがよいのではないかと助言した。しかし、確固とした根拠を示すことはできず、また避難行動や避難所のことを考慮すると、理事長への進言や他の理事との協議を行うまでは至らなかった。もしこれが、災害にかかわる専門家の助言や、埼玉県や川越市の防災関連部局・障害福祉部局からの助言等であったならば、異なる結果であったやもしれない。

社会福祉法人や社会福祉施設の運営に際して、外部から根拠を示して助言や提案を行う者の存在は、このようなリスク管理を行う上でも非常に重要なことであろう。そういった意味でも、地域社会の多様な主体とかかわりあいながら組織運営を行っていくことの必要性を確認することができる。

また避難行動の判断の前提として、特に行動障害を伴う利用者がいる障害福祉施設の場合には、利用者が安心して過ごせる避難先が存在するかどうかも、避難の決定や行動を促したり抑制したりする要因になりうる。けやきの郷においても、安心して過ごすことのできる避難所が確保されていれば、入所施設の利用者とともに、グループホーム利用者と職員も避難し、未明に救命ボートにて救出されるという危険は避けることができただろう。

このように、過去の経験や正常化バイアスによって避難行動を躊躇《ちゅうちょ》しがちになることから、避難行動の判断に助言や勧告を行ってもらうよう、公式・非公式に地域社会の様々な主体と関係を結んでおくことが求められるといえる。そしてその前提には、地域社会の中に、障害福祉施設の利用者が安心して過ごせる避難所・避難場所が確保されるよう、関係者と調整が行われていることが重要となってくる。

2　避難生活と「地域社会」

「初雁の家」の利用者は、10月12日の自主避難以来、1週間に4度の避難所の移動を強いられた。当初避難を想定していたのは旧公民館の4階であり、エレベーターがなかったため避難を断念した。車椅子ユーザーがいたにもかかわらずこの避難場所しか想定していなかったのは、法人の想定・準備不足であることは否めない。しかしながら、ハザードマップ上は水害が想定されている地域の避難場所として、避難所のある地域社会の関係者、川越市行政もこのような事態を予想していなかったこととなる。これらのことからわかるように、けやきの郷の様々な施設を利用している者やその職員の避難は、川越という地域社会の中では、「想定外」であったということになるだろう。

この「想定外」だったことがその後の展開でも尾を引く。実際に他所に避難が行われたのちも、各公共施設の「都合」によって利用者の避難生活場所は転々とすることになってしまった。12日は市民センターのホールで一夜を過ごし、翌日は小学校の体育館、その翌日は当初避難する予定であった旧公民館の1階、という具合であり、その後利用者たちは旧公民館で避難生活を送った。筆者も10月13日に同所に赴き、今後の対応についての課題整理をサポートしたが、利用者の数に比して狭く老朽化した建物であり、数週間から数か月過ごすのに適切であるとはいえない環境だと思われた。

その後、障害者施設が地域の公共施設を継続利用していることに対する疑問が示され、わずか1週間で川越市から移動するよう要請があった。さらには、旧公民館の後、3月まで利用者が生活することとなった川越市総合福祉センター「オアシス」も、公式の「避難所」として指定をされなかった。

職員の手記には当時を振り返り、利用者たちが「川越市民」として扱われないことに対して強い憤りを感じていることが読み取れる。当初より、地域の避難所の中で生活することが想定外だったことからも、「障害のある利用者も地域住民である」という認識が地域社会の中で共有されていたとはいい難く、大きな課題を残したといえるだろう。

一方、それぞれの避難場所での生活において、様々な外部から人的・物的な支援があった。人的な面では、埼玉県発達障害福祉協会（発障協）の会員施設を中心としたＤＷＡＴ（災害福祉派遣チーム）による支援員の派遣、そして近隣の障害福祉施設や発障協加盟施設による利用者の一時受け入れは、制約の多かった避難場所での生活支援の力になり、また一時的ではあるが利用者の日常を取り戻すためにも大きな役割を果たした。

このような障害福祉事業を行う市域・県域のネットワークや様々な外部支援は、災害時に大きな力を果たしうることがあらためて確認された。今後もこのようなネットワークにおいて災害を想定して様々な相互支援体制のあり方を検討することが求められる。

3　施設の復旧・復興時の支援と「地域社会」

筆者は、前述の内山総務課長（当時）と共に、10月13日に施設全体の様子を確認するために現地に向かった。ほとんどすべての施設の1階が浸水し、汚泥やわら、近隣の墓地からの卒塔婆などが大量に施設内外に堆積している中で、復旧・復興を図るには多くの人手と長い期間が必要であることが想定された。

今回は、川越市社会福祉協議会の迅速な判断により、早くから災害ボランティアセンターが立ち上がり、川越市民を中心とする多くのボランティアが泥かき・家財道具の搬出・清掃活動を行った。筆者も勤務する大学の学生を組織化して訪問したが、それ以外にも大学や各種団体による組織的なボランティア活動の姿も多くみられた。その中でも前述の発障協はたくさんのボランティアを組織化して復旧活動の一翼を担った。おそらく、けやきの郷において、千人を超える一般の人々が集まることは、これまでほとんどなかったのではないだろうか。

災害ボランティア活動は、災害が頻発する日本において今では一般的な活動になっている。何らかの支援が必要な場所が可視化されれば、支援をしたいという人々に集まってもらうことができる。そのような意味では、障害のある人々のくらしを拓き、「支援を求めていくこと」の大切さを再確認することができたといえるだろう。

復旧・復興時の支援は、泥かき・清掃等にはとどまらない。結果として、避難所としての指定も認められず、利用者はそれぞれ帰宅できる家があるからと応急仮設住宅の設置も実現せず、さらには利用者の在宅避難や他施設の利用、そして日中活動の休止などによる障害福祉事業としての収入の激減など、法人運営は課題が山積することとなる。それらの事態に苦慮する職員に対して、様々な立場から助言を行う外部支援者の存在が大きかったことは、職員の手記から読みとることができる。

また、様々な個人・団体・企業からの寄付・寄贈なども継続的に行われた。職員が様々な報道機関からの取材に応じ、講演等で情報提供を行ったことも大きなきっかけとなったのだろう。くらしの状況やその課題をありのままに伝えることは、様々な支援が必要な障害のある人のくらしを地域社会の中で創造していくために、とても大事な営みであることが確認できたといってよいだろう。

4　利用者・職員・施設が地域社会の一員となるために

以上のように、今回のけやきの郷の被害は、改めて障害福祉施設にとって地域社会とどのように関係を結ぶ必要があるのかを問うこととなった。素描に過ぎないが、今後地域社会において障害福祉施設や事業を運営し、利用者を支援するにあたって必要な視点について、若干の課題提起をしたい。

まず第一に、今回の災害では、障害のある人々、特に障害福祉施設を利用する人々に対するある種の「排除」や、「存在」そのものをなかったことにすることが、地域社会における風潮や地域社会の権力によって、正当化されてしまった。このことは忘れてはならず、それに抗するエネルギーを施設内外に蓄積しなくてはならない。

一般住宅に住む地域住民であれば、他の市民の利用に支障が出るという理由で、おそらく1週間のうちに4度も避難場所を転々とさせられることはなかったはずである。更には、最終的に10月から翌年3月末までの約5か月も居住することとなった川越市総合福祉センター「オアシス」は、避難所に指定されることはなかった。統計上、川越市では10月18日以降、避難者はゼロとなっている。避難所として指定されていれば支援が受けられていたはずのものが受けることができず、不利益を被ったのは障害のある利用者たちである。応急仮設住宅の建設等が実現しなかったことも、利用者や家族に大きな不利益をもたらした。

このように、社会的立場が弱い者や多くの支援が必要になる者に対するある種の「権利侵害」や「差別的取り扱い」の正当化が災害時に起こりやすいことは、既に２０１１年の東日本大震災を踏まえた国の審議会でも報告されている。自治体の保健師が、避難所で生活する障害者への支援と称し病院や施設、福祉避難所につなぎ、一般の避難所から排除してしまうケースが相次いでいたという。そのため、精神障害者が自分の病状について打ち明けることができず、「不可視化」された。[2] このことは、新型コロナウイルス感染者に対する初期対応や現在も続く世論のまなざしからも理解できる。

二度とこのようなことが起こらないように、障害福祉施設利用者の避難行動や避難所のあり方について、関係機関はもちろんのこと、地域住民組織とも協議を重ねていく必要があるだろう。

第2に、職員一人一人、そして職員全体が、障害のある利用者のために「地域社会からの支援」を引き出す力量をふだんから形成することである。

災害時には、個人でも気が動転し、誰にどのような支援を要請したらよいか表現しづらいというのが実情であろう。障害福祉施設であればなおのこと、利用者の生活の状況は多様であり、避難生活を送る際に支援してほしい内容を具体化する作業はそれほどたやすいことではない。また、復旧にあたって泥だし・清掃のボランティアを受け入れた際にも、個々の職員は、どんな活動をどの程度まで実施してほしいのかについて、災害VCのスタッフや個々のボランティアに指示をだすことが求められた。

このように、障害福祉施設が被災すると、ふだんは障害のある利用者を支援する立場である施設やその職員が、様々な支援を受ける立場になる。そして職員らの手記に見るように、避難場所や法人が設置した災害対策本部には支援を申し出る多くの個人・団体の出入りや電話等でのコンタクトがあったが、それぞれの問い合せへの対応だけでも職員の負担は大きかったに違いない。

２０１１年の東日本大震災直後も、情報や人脈を用いて障害者の集団避難を積極的に確保するグループがあった一方で、声があげられず避難所で孤立して生活する人もいたのではないかという懸念が国の審議会でも提起された。[2)]

本来、様々なサポートを必要とする障害のある利用者を支援するのは、日常的にも職員に限定されるべきものではない。災害時に地域社会からの支援の少なさや、あるいは過剰な問い合せが発生してしまうことがないようにするためには、常日頃から障害のある利用者のための生活の支援として、「地域社会から引き出す」ための取り組みを行うことが求められるだろう。日常のそのような取り組みが、利用者のふだんのくらしを豊かなものにすることとなる。そして災害時には、日頃より構築された地域社会との関係性と、外部支援を具体的に求めることのできる職員の力量によって、スムーズな避難行動を促進し、また復旧・復興に向けて外部支援を効果的に組織化することができるのではなかろうか。

そして第3に、日常から地域住民や様々な人々が障害福祉施設に出入りできる仕掛け、利用者が様々な人々とかかわることのできる仕掛けを模索することの大切さを指摘しておきたい。もちろん、けやきの郷はこれまでの様々な活動を通じて地域社会・地域住民とのかかわりをもつ努力をしてきたに違いない。本稿で述べてきたように、避難場所での生活支援や復旧・復興活動に対する外部支援があったのは、これまでのつながりの賜物である。

しかしながら、「権利侵害」や「差別的取り扱い」の正当化があったこと、外部支援の組織化も改善の余地があることを考えると、平時からの多様な地域社会の人々や関係者による更なる施設・事業運営へのかかわりが、災害時の最大の備えとなるといえるのではないか。

また、今回は「水害」という性質と局所的な被害であったことから、市域・県域のネットワークで対応できたともいえる。更に大きな水害や巨大地震などにより被害が広範囲にわたった場合には、このような市域・県域によるネットワークでは対応しきれないことも想定される。東日本大震災においても、津波被害のあった沿岸地域から内陸地域の福祉施設に集団で避難したケースはもちろんのこと、福島県の高齢者施設では利用者229人が横浜市の高齢者施設に避難したケースもあった。[3] これまでの災害時の支援協定等は多くが同一地域内での組織や機関との協定だったため、東日本大震災ではあまり機能しなかったといわれている。

今後は、個々の社会福祉施設や施設関係団体が、自治体や県を超えた協定の締結相手をみつけ、援助時期や援助内容を取り決め、相互に支援を実施できるような想定や訓練も必要であろう。[4]

障害のある利用者の一人一人の顔が浮かぶ人々、そして利用者と向き合っている職員一人一人の顔が浮かぶ人々を、どれだけ地域社会の中に、そして広く社会全体の中に増やしていくか。私も微力ながらこのような実践の一翼を担っていきたい。

参考文献

1）中村功：第6章避難と情報．吉井博明・田中淳編．シリーズ災害と社会③災害危機管理入門．弘文堂．p.153-176，2008．
2）内閣府：障がい者制度改革推進会議第32回（平成23年5月23日）．（資料1）災害と障害者に関する意見一覧．p.16-23．2011．
3）東京都社会福祉協議会：特別養護老人ホーム福寿園（南相馬市）：受け入れ先を自ら探し、要介護高齢者が横浜まで避難．東日本大震災　続・高齢者、障害者、子どもを支えた人たち．東京都社会福祉協議会．P66-77．2012．
4）山田滋：現場から生まれた介護福祉施設の災害対策ハンドブック．中央法規出版．2012．

障害者福祉から考える地域作りと日常から備える防災対策を

鶴ヶ島市社会福祉協議会 事務局次長
日本相談支援専門員協会 代表理事　菊本圭一

災害への備えとして知見と協働を

２０２０年10月現在、防災に注力している自治体においては「福祉」と「防災」の連携により、平時の備えをより一層強化しようとしている。２０２０年（令和２年）３月には内閣府において「令和元年台風第19号等を踏まえた水害・土砂災害からの避難のあり方について」の報告書がまとめられ、台風第19号等からの課題を教訓とし、高齢者や障害者等の避難の実効性の確保に向けた取り組み（避難行動要支援者名簿の活用、地区防災計画の促進等）を自治体に促すこと等が示された。また、制度的な検討が必要な取り組みについては令和２年度11月現在も検討が行われており、制度的な論点としては、以下の通りである。

①避難勧告・避難指示（緊急）について自治体の意見を踏まえた制度上の整理
②災害発生前に大規模広域避難を円滑に行うための仕組みの制度化の検討

③高齢者等の避難の実効性確保に向けた、更なる促進方策について

そして、③にある「高齢者等の避難の実効性確保に向けた、更なる促進方策について」は、「令和元年台風第19号等を踏まえた高齢者等の避難に関するサブワーキンググループ」が設置され、福祉専門職の関与等を通じた要支援者の避難に係る個別計画の策定促進などについての検討が進められている。ここでは行政の縦割りを廃し、「防災」と「福祉」が今まで以上に連携して防災に取り組むためには、どのようなことが必要であるのかが検討されているのである。

2020年7月の豪雨においても、多くの方が水害・土砂災害の犠牲となっている現状を鑑みれば、災害が日常化しており、平時にいかに備えるかが、人命を含めた様々な被害を最小限に抑えるためにはとても重要なこととなっている。

これまでの災害の経験から、自ら避難することが困難な高齢者や障害者等の避難行動要支援者の名簿、避難行動要支援者の避難に係る個別計画、福祉避難所等、地区防災計画に関する制度面における改善が必要なことは明らかである。社会福祉法人けやきの郷の経験も、今後への取り組みにいかされるべきであることは誰の目にも明白なのであるが、被災地川越市では、あまり大きな問題としてとらえられていないことがとても残念でならない。

以上、日常化した災害に備えるためには、避難行動要支援者名簿に掲載される者の範囲、個別計画の制度的位置づけ、福祉避難所への直接の避難、地区防災計画の素案作成への支援など、被災経験のある地域

や防災に熱心な地域などの知見と、社会福祉協議会や介護支援専門員・相談支援専門員などの福祉関係者による日頃からの協働がとても重要となっているのである。

災害救助法に「福祉」が入らないことの影響

現行の災害救助法における「救助の種類（救助法第4条）」には「医療」と「助産」は記載されているが、「福祉」は明記されていない。また「関係者の範囲（災害救助法施行令第4条）」においても、福祉専門職が含まれていない。これまでの災害の想定では、救急医療のみを想定しており、福祉は通常の法律にもとづく措置やサービスを適用されることが前提にあるようである。

一方、災害対策基本法施行令では、指定避難所の集団生活に馴染まない要援護の方々に、福祉的な物資や福祉避難所を提供し、生活支援員を配置することとなっているのだが、災害と福祉による有機的な連携による防災体制の実現にはほど遠いという現実がある。

このように、これまでの災害時においては医療中心で進んできたため、我々福祉専門職が従事する福祉は全くといってよいほど、登場してこない。社会的な価値判断で優先度を判断している結果なのだろうが、私なりに一つの推測を立ててみる。

日頃より福祉は、医療より劣るといった待遇を受けることがしばしばある。福祉は扱っている対象が直接の命ではなく、その人の生きがいや人生など他人からみえにくい価値といった、共有しづらいものを大切にしながら当事者にかかわる。具体的には、当事者が大事にしている夢や家族、生きがいといった漠然としたものや趣味など、他人には価値がわかりづらいものが多く含まれている。これは、福祉が社会的に医療よりも軽視されということではなく、リスクのエンドポイントが、人命リスク、特に外傷性のケガ等による急性の直接死亡リスクを中心に序列化していることが原因と考えられる。そのため、平常医療BCP（継続または早期復旧）、福祉的な措置やサービスのBCP（事業継続計画）は、直接生命リスクではなく、リスクのエンドポイントがQOLとして捉えられ、QOLの低下による災害関連死という二次的なリスクが軽んじられているのである。

これらは、リスクのエンドポイントが、直接死亡リスクよりも低いという社会的な判断が働いてきた結果なのではないかと想像できる。医学的知見ではなく、社会的、政策的に判断され、結果的に福祉が医療より軽視され、災害救助法に福祉の文字が記載されていないのではないだろうか。

私は福祉が医療より劣る（専門性が低い、または、社会的な地位が低い）ということの問題を疑問に感じているのではなく、災害が原因となる長期的な避難生活環境の整備に福祉の視点や活動が入らないことに大きな不満を感じているわけである。リスク学の知見としては、このエンドポイントを何にするかを民主的に決定しないと、社会的な不公平が生じ、倫理的な問題を生じると考える。

例えば、平時に提供されている障害福祉サービスの供給停止や著しい機能低下は、単なるQOLの低下であって、直ちに人命リスクが顕在化しないという事実と、供給停止が長期化することによる災害関連死というリスクを天秤にかけていることになる。72時間（3日間）までは救命活動、その後の避難生活期には福祉の継続＝QOLの低下・災害関連死の予防が、時系列かつリスク対策の優先順位にもとづき展開されることが理想ではないかと考えている。

このQOLの低下の予防は、社会的な不平等や価値観が大きく影響するのである。よって災害時に必要な救助活動に福祉が位置づけられ、復旧復興へかかる長期間の支援を意識した準備が発災後の支援には不可欠なことと考えられる。

例えば日本人はいつから毎日入浴するようになったのだろうか。何日風呂に入れないと不潔や不満を感じるのであろうか。一方、愛犬（ペット）と二人ぐらしの人々にとって、愛犬は非常に価値が高く、避難所で一緒に生活できない期間が長引くことで生きる糧を失うかもしれない。

このように福祉はこのごくごく個人的な基準（価値）を大事にするのである。高齢者介護は、保険制度で社会化されたのだが、介護サービスの停止は、直ちに命にかかわらないというリスクの判断がなされている。介護保険制度は、平時と同様に災害時もサービスが継続されるだろう、継続すべきという考え方に立っている。そのため、緊急性が低いと考えられ、災害救助法では積極的には介入せず、災害時も介護保険制度の中で、事業者のBCPを含め、対応すべきとの考え方がベースにあるようである。

障害者福祉も平時の関連法にもとづき災害時も、その枠内で措置が行えるとの前提になっているため、救助法による介入が省かれている。

現実は、被災地の福祉サービス提供事業者が被災により、サービスや措置を継続することが困難になる場合、費用は介護・福祉の制度内で充当し、被災地での介護が継続されるという考え方なのである。また、福祉人材の被災によるパフォーマンスの低下や量的不足については、広域の専門職派遣などによりサービスを継続（ＢＣＰ・事業継続計画）する対応が求められているのである。

今回の台風19号による、けやきの郷の受けた被害や差別的扱いは、このようなことが背景にあるものと考えられる。社会保障費の増大が社会問題化している今日において、今後も災害への備えや福祉的な救助活動を福祉予算で対処すれば、災害への備えは進まず、第二、第三のけやきの郷が生まれかねないことに深い憂慮を感じている。

これまでの災害と「たらい回し」といった差別

東日本大震災の教訓として、障害のある方、高齢者、外国人、妊産婦等について、情報提供、避難、避難生活等様々な場面での対応が不十分な場面があったことは否めない。これらの者にかかわる防災の観点から、名簿の整備・活用を促進することが必要とされ、避難行動要支援者名簿の作成が災害対策基本法に位置づけられた。これにより、避難行動要支援者名簿は98・９％の市町村で作成が完了している。しかし、この名簿登載者への個別計画はほぼ作成が進んでおらず、実効性については多くの指摘がされている現状がある。

一方、東日本大震災においては障害者や高齢者など環境の変化に弱い方への通常の支援が途絶えたり、提供される支援が不十分になり、それらを支えるボランティアやプロボノによる長短期の支援活動が行われた。特に環境変化への対応が難しい自閉傾向がある方や医療的ケアが必要な障害者等には、災害による直接的な被害に引き続いて、そこから派生する別の（二次的な）被害を受けてしまうことがあった。災害にあっても適切な救助対応があれば防げる余地のあるものを放置することが、その後の長い復興活動においては、マイナス以外のなにものでもないことは何度も指摘されてきた。

そして、災害の発生時には、誰もが自分自身や家族を守ることに精一杯で、他人への思いやりや配慮の気持ちがあっても行えなくなる現実がある。被災地域の行政職員や福祉関係者であっても自治体の機能不全や職員関係者などの自宅が全壊してしまうような切迫した状況下では、誰もが余裕のない状況に陥り、他人への配慮や思いやりなどは有名無実となってしまうことが起こりやすいのである。警察や消防などの隊員が、ハリウッド映画のように颯爽《さっそう》と現れ、すべてを完璧に処理することができるわけではないのである。

そこで、不幸にも大きな災害が発生したときには、被災地域の方々が一日も早く通常に近い生活に戻れるような活動を行いたいものだが、簡単にはいかない現実がある。私はたまたま東日本大震災や熊本地震において、被災地域の行政機関（福祉課）や相談支援専門員を側面的に支援する機会を授かった。そこで活動した経験を踏まえると、共通する心の闇を毎回強く感じるのである。

今回の台風19号による水害で、けやきの郷はほぼすべての居住施設や事業所が水没した。

しかし、日頃からの避難訓練で指定された一次避難所への避難は完璧に行われ、人的な被害をほぼゼロにすることができた。不幸中の幸いなどといった薄っぺらの言葉では表現できないほどの価値ある避難行動であったはずである。

しかし、ここからが今回の台風による本当の被害であると考えている。

結論からいえば、一次避難所への避難後の二次避難所への移行において、たらい回しや避難所指定をしないといった、差別的な取り扱いが起きたのである。今回、川越市の防災危機管理室は、この責任を障害者福祉課とけやきの郷のみに転嫁していることがそれを物語っているのである。

グループホームの住人は市民であって災害救助の対象者としたが、入所施設利用者は法人の責任において救助する責任があるので、けやきの郷は、障害者福祉課と協議することとになった。縦割り行政による典型的な判断といってもよいであろう。

この判断には、人や生命に対する畏敬の念や優しさの気持ちが全くと言ってよいほど感じられない。障害者権利条約にある「合理的配慮」にも抵触する由々しき事態であったと考えられる。『毎日新聞』の報道により大きな社会的な批判を受けた、路上生活者に対する東京台東区の「住民票がない」人は避難所に入れないといった差別と同様のものである。このように災害時には優生思想が目立つことになるのである。

このような差別は東日本大震災や熊本地震においても、大なり小なり繰り返し起こっている。避難所での食料配布の列や罹災証明書を交付するための行列場面などで、障害者や高齢者が並べないなどは典型的な事象である。災害が起きて危機的な状況の中で、資源やサービス、避難スペースなどが不足すると、命や分配の原則に優劣をつけて、力の強い者が有利になるルールや考え方が横行するのである。みんな困っているのだからといった事象を基盤にして、障害者や高齢者などの個別のニーズに対応をすることは否として、差別が生じるのである。なにもかも平等といった考え方を前面に押し出し、障害者や高齢者も特別扱いはしないといった考えである。要は、共生社会の理念とは真逆「自分さえよければいいのだ」といった考え方が生まれる。今回もけやきの郷の被害は、法人の責務において対応するもので、川越市は他の多くの市民への災害救助活動が優先なのだといったことになったのである。極めて遺憾で1年経った今でも強い怒りを覚えてやまない。川越市の主催する福祉イベントで、川越市長を前に、「福祉と防災の連携」「平時の備え」について言及していた私自身の責任も感じ、強く自戒している。

最後に、障害者が差別を受けない真に住みやすいまちづくりに向けて、今回のけやきの郷の経験を関係者と共有し、今後の防災にいかすべきだと考えている。

具体的には、平時から地元地域の関係者と（自立支援）協議会などを通じて、相談支援や地域生活支援拠点の仕組みをうまく活用しながら、災害への備えを行なっていきたいものである。要援護者名簿だけではなく、個別（避難）計画の作成を視野に入れた具体的な行動が必要であると考えている。

そして、福祉と防災の連携が今以上に進むよう、私自身も川越市の地域自立支援協議会の委員として、微力ながら進めていくことをお約束して、本稿を閉じる。

第4章

水害から障害者を守るために

大型台風を想定した知的障害者入所施設の避難訓練

医学博士・防災士　北村弥生

障害者施設は、水害や土砂崩れのリスクが高い場所に建設されることがある。近隣住民の反対にあったり、安価な土地を選択せざるを得ないためである。「水防法等の一部を改正する法律（平成29年5月19日）」などにより、災害リスクのある土地にある福祉施設には、避難確保計画を様式に従って作成し、自治体に提出し、避難訓練を行うことが義務づけられている。しかし、避難先の選択、避難判断、避難先の設営、訓練に関する方法は様式にないために、具体的な避難計画にはなっていない。事業継続計画の作成も推奨されているが、浸水被害を受けた状態を想像し、計画作成に時間をかけることは困難で、実用性のある事業継続計画が作成されていない場合が多い。

ここでは、埼玉県川越市にある社会福祉法人けやきの郷の水害にもとづいた避難訓練の経験を例として、知的障害者の入所施設における避難計画の作り方、避難訓練の実施方法についての提案を紹介する。けやきの郷は、ハザードマップでは３～５ｍの浸水予想域に立地し、１９８５年の設立以来１９９９年熱帯低気圧[1]、２０１９年台風19号（東日本台風）で床上浸水を経験した。

1　なぜ避難するか？　床上浸水して停電・断水すると施設待機は無理だから

床上浸水の可能性が高い場合は、最悪水圧による建物の流出や流木などによる家屋の損傷の危険があるため避難すべきと考える。床上浸水しても、２階に垂直避難すれば生命は助かる可能性は高い。しかし、垂直避難した場所にとどまることは、汚水のにおいがきついことのほかにも、停電・断水すると冷房が効かない、水洗トイレの水が流れない、調理ができないなどの生活上の困難がある。

2　床下浸水であれば、避難しなくていいのか？

床下浸水の危険がある場合に避難するかしないのかについて、法人の職員間で意思統一を図ることは重要である。避難判断の方針はすぐに決められなくても継続して意見交換し、台風や集中豪雨の予報が出た際に情報収集することで、危険が迫った場合に最善を選択することができるということは、東日本大震災における津波避難について指摘されているからである。

変化を嫌う自閉症の人にとっては、日常生活と異なる「避難」及び「避難生活」は負担になると推測されること、その対応をする職員の苦労が多いことは、自閉症の利用者の避難に積極的になれない理由であると推測される。

浸水は翌日には引くと推測されるが、床下に流入した土砂が多ければ水が引いてから床をはがして土砂をかきだし消毒したり、断熱材が水を含んでいないかを確認しなくてはならないので、少なくとも1階の住人は、一時的に移動する必要がある。浸水後の避難は、道路は泥まみれで移動するために長靴を必要としたり、足元が悪かったりするため勧められない。したがって、床下浸水の危険のある場合もできるだけ雨が降り出す前に避難することが望ましいと筆者は考える。

3 どこに避難するか?

台風のように予想ができる水害の場合には、できるだけ帰省による自宅待機を促した上で、利用者と必要な人数の職員がまとまって避難できる場所を確保したい。近隣の指定避難所（小学校の体育館が一般的であるが教室が使える場合もある）、補助避難所（公民館などが一般的であり、小学校よりも収容人数が少ない）、福祉避難所、福祉施設、宿泊施設、大学の講堂や教室などから、環境が適した場所を自治体及び避難先施設管理者と相談する。

車椅子利用者がいる場合には、エレベータや車椅子用のトイレがあるか、細かい段差がどの程度あるかを事前に確認する必要がある。行動障害が重度で他の避難者の目が気になる場合に、一定の区画を確保できるかも確認したい。指定避難所になっていない施設を使う場合には、夜間の使用を含めた施設使用に関して配置される追加人員が必要なことも考慮する必要がある。

けやきの郷では、最寄りの指定避難所の避難スペースは4階でエレベータがないことから、今後の災害については自主避難所として開設される市民センターの2階の5室（合計196・86㎡）と調理室の使用を川越市から提案され、水害被災の翌年の2020年9月に、利用者75名（入所施設40名、グループホーム35名）と職員約100名中約30名による避難訓練を行った。避難所の収容人数は一人2㎡、福祉避難所の収容人数は一人4㎡で計算されるため、提供された空間は49～98名を収容できると見込まれた。実際には、75名の利用者全員を5室に配置すると寝るスペースの確保で精いっぱいであったが、自宅待機できる利用者28名を除いた47名と職員であれば、若干の余裕をもった配置ができる見込みが立った。

4　避難先の設備

避難所の部屋配置図を用意し、利用者の具体的な部屋割（表1・2）と就寝スペースの配置、トイレ・洗面所の位置と形状（図1）、机・椅子の配置・靴脱ぎ場所・トイレスリッパ置き場・閉鎖場所などを記入して計画を立てることは、次の課題である（図2）。避難場所の台車、衝立など利用できるものはどこにあるかも確認して、配置図に書き込んでおけば初めて避難所に来た職員でも迷わない（図3）。調理室についても、どのような電化製品が使えるのかを確認する。冷蔵庫には日常的に使用している団体の調味料が入っている場合もあるので、一時的に移動した場合に使える容量も確認する（図4、5、6、7）。

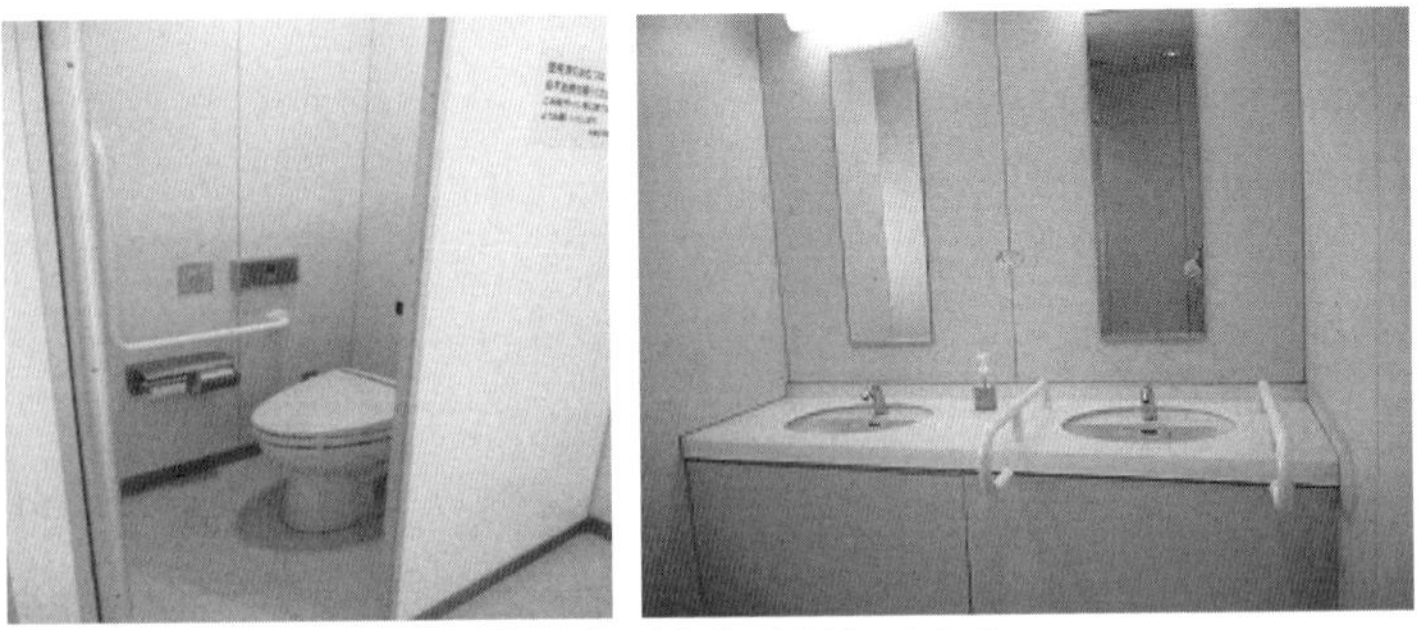

図1　トイレと洗面台は位置と形状を確認しておく。

図2-2　倉庫には、避難中に使えそうな物品もあるため、使用可否を事前に避難所に確認する。

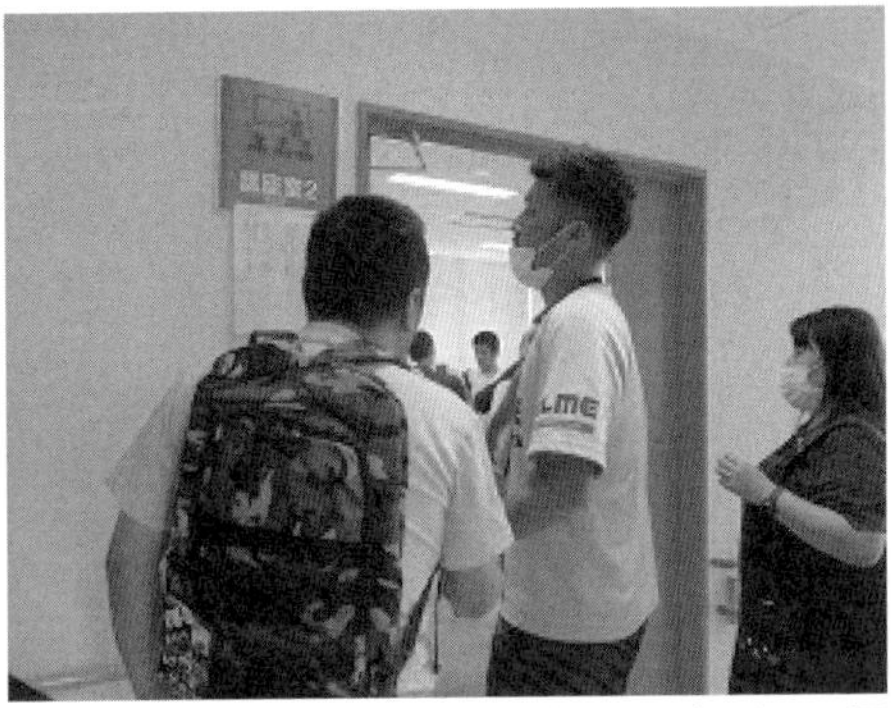

図2-1　各室の入口に部屋割表（**表1**）を掲示しておくと、避難所に初めて来る職員も安心して誘導できる。

図2-3　靴は廊下の入口で脱ぎ、トイレに行くときにはスリッパを使う。

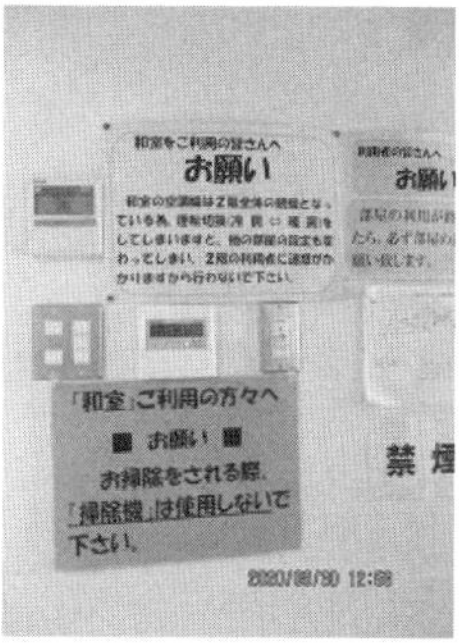

図 3-1　エアコンの操作パネル・掲示物は、最初はそのままにしておく。利用者がはがしはじめたら全て取る。

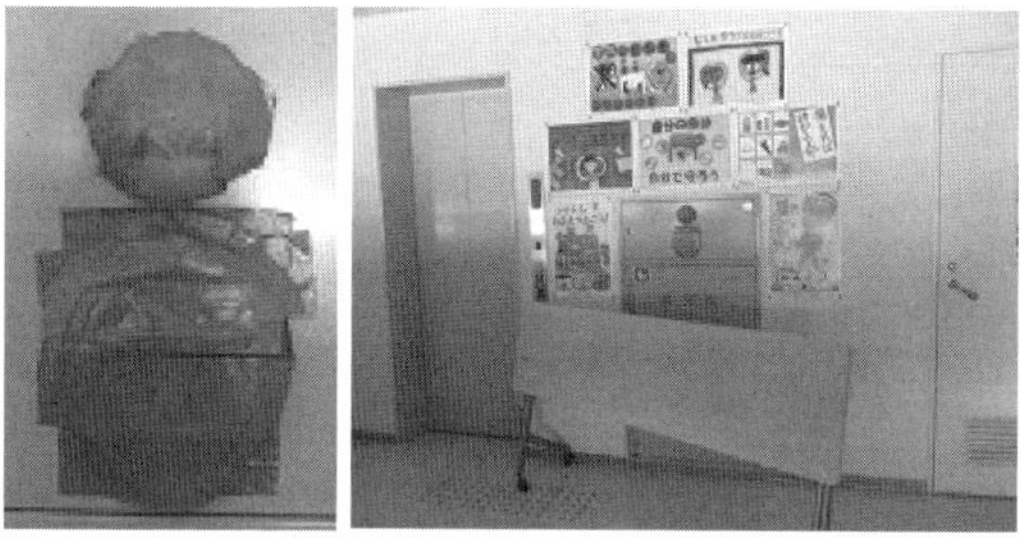

図 3-2　最初に、隠すのは非常ボタン・非常ランプ・非常口のカギ・非常口のみ。

図 3-3　衝立などを利用して利用者の安全を確保する。

図５　電子レンジが２台あることを確認。その他に、炊飯器が３台あった。

図４　食事をする机と椅子の配置も要検討。

図６　左下のロッカーは包丁入れで施錠されている。

図７　冷蔵庫には、サークル名が書かれた調味料などが、ほぼ満杯に入っていた。食材を保管する場合は、他団体の所有物は一旦取り出しておく必要がある。冷凍庫には保冷剤があった。

表1　部屋割表

室名	※　講座室1、講座室2、会議室1、会議室2、和室		
合計	男性（　　）名　女性（　　）名		
利用者	氏名	ふりがな	備　　考
1			
2			
3			
4			
5			
6			
7			
8			
9			
10			
職員	氏名	ふりがな	備　　考

※どれか1つに○をつけて、その部屋を使う人の氏名を記入する。
　職員欄は交代要員も考えておく。

表2　避難者リスト：毎日、避難所責任者に渡す

月　　日

室名	利用者人数		職員人数	
	男	女	男	女
会議室1				
会議室2				
講座室1				
講座室2				
和室				
調理室				
合計				

部屋	責任者氏名	(役職)	責任者の電話・メールなど連絡先
講座室1			
講座室2			
会議室1			
会議室2			
和室			
調理室			
		※	
		※	
		※	

※部屋担当にならない災害対策本部員の役職を記入する

5　いつ避難準備を開始するか：気象庁の会見または公共交通機関の運休予告があった場合

表3に、グループホーム潮寮の避難確保計画の内容を盛り込んで、大型台風の場合の避難のタイムラインの雛形《ひながた》を示した。大きな被害が予想される台風であれば、上陸の4日程度前には上陸日時について気象庁が会見を行い、公共交通機関が運休の予告をする。令和元年東日本台風の場合は10月12日の台風上陸に対して10月8日に気象庁の会見があり、公共交通機関の運休が予告された。今後も、気象庁の会見または公共交通機関の運休予告があった場合には、各法人で災害対策本部を立ち上げ、避難準備を開始するのがよいと考える。公共交通機関の運休は利用者と職員の通勤に影響するため、法人として対策を検討する価値はある。ヘルパー派遣をしている事業所では、移動するヘルパーの安全確保は重要である。また、避難所への移動は、日中で雨が降り始める前が望ましいことから、必要な場合にすぐに移動できるように準備は早く始めたい。

けやきの郷では、職員間の情報共有方法としてインターネットを使った組織内の掲示板であるSlackの導入に取りかかったのは10月9日であり、実質的には、この時に災害対策本部は立ち上がっていたと考えられる。今後は、災害準備に取り組み始めた時点を「災害対策本部立ち上げ」として、法人内外に示すことは有意義であると考える。

気象庁が記者会見するほどでなくても台風襲来が予報された場合には避難訓練と考えて、災害対策本部を設置して経験を積むのがよいと考える。対外的な発信はしなくても台風情報を収集する訓練のほかに、

表３　大型台風の際の避難タイムライン（グループホーム潮寮の例）

	報道 自治体	災害対策本部	入所施設	グループホーム	通所
４日前 10/8	気象庁会見	立ち上げ連絡[1)] 宿泊予約 外部支援者等への支援依頼	自宅待機連絡 常備薬の在庫確認（補充及び補充のための通院） 帰宅者の荷物準備（衣類、貴重品、薬など） 職員シフト確認 法人持ち出し物資準備 食事計画の確認[2)] 補充購入		休み 連絡
３日前		施設内外の整理	施設内外の整理（側溝掃除、屋外物品の固定） 利用者の持ち出し荷物確認		
２日前		災害情報収集	緊急時連絡先・連絡方法の確認 移動方法の確認[3)]		
１日前 10/11		避難予告[1)] 物資運搬 外部支援者等への支援確認	帰宅支援 物品の垂直移動[4)] 物干し竿を下す 窓の補強		
状況に応じて		物品垂直移動			
上陸当日 10/12 ※	避難所開設	物資運搬 避難所設営戸締り 避難報告[1),5)]	持出リュック確認 昼食繰上 職員車移動（２名設営） 戸締り（ブレーカー、ガス栓） 避難		休み
10/13		法人状況確認 帰園予定通知[5)]	帰園準備 帰園		
		帰園報告			

※　台風上陸が午前の場合は避難を１日から半日、早くする。

1）　連絡先は、市役所危機管理課、同障害福祉課、市社会福祉協議会、県社会福祉協議会、管轄消防署、避難先、理事・評議員などになる。

2）　食事計画の確認では、停電の際の食材の対応、持ち出し食材、購入資金、購入計画（誰が、どこで、何を購入するか）が含まれる。

3）　移動方法の確認には、避難先までの移動に必要な車の台数と割当、ピストン輸送が必要かの確認、車の高台移動先が含まれる。

4）　物品の垂直移動では、持ち運べる電化製品・重要書類など事前計画に従う。

5）　避難が２泊以上になった場合には、自治体等に食事、物資、二次避難先の手配を依頼する。

職員の家庭状況・利用者の体調など変動がある事象をシミュレーションすることができるからである。

6　いつ避難所に移動するか：自治体の防災メール・ツイッターで避難準備・高齢者等避難開始（警戒レベル3）が発出された時

大前提として、施設が立地する自治体の防災メールには平時から登録しておく。職員・利用者の自宅が立地する自治体の防災メールも登録しておくと、自治体による防災メール発信の違いを平時から知ることができる。台風の情報発信は水害の経験がある自治体ほど早く、地域を特定した精度の高い情報が提供される。一方、災害経験のない自治体では情報発信が遅れがちである。したがって、地縁がなくても2017年に九州北部豪雨で被災した福岡県朝倉市など過去の水害経験がある自治体の防災メールに登録しておくのも、テレビの天気予報と避難に関する情報を対比するのに有効である。

2019年台風19号の場合には、川越市は10月12日8時30分に、地域を特定して避難準備・高齢者等避難開始（警戒レベル3）と4避難所の開設を発信した。雨脚が強くないこの段階での情報発信は適切であったと考える。すでに前日には、市内のすべての公共施設が12日の業務停止を通知し、避難所として使用できる状態は確保されていた。けやきの郷は、昼食を早目に取り避難した。

7　降雨量予測は難しい

避難判断の指標としては、自治体からの情報のほかにインターネットを介して、「国土交通省 川の防災情報」または「Ｙａｈｏｏ！ 天気・災害 河川水位情報」から河川の水位や映像の情報を得ることができる。気象庁のホームページからは降雨量の予測を参照できる。観測地点は施設の所在地とは離れているので、最寄りの河川の水位や道路の冠水状況を指標にすることも勧められている。

台風が去った後には総雨量がわかるので、総雨量を次回の災害の避難判断にしがちである。しかし、雨量を事前に正確に予測することは難しい。正確に予測できないので、報道の印象も薄い。例えば、２０１９年台風19号では、台風上陸の４日前に報道された一日降雨量予測は「関東地方で３００～５００㎜」だったが、床上浸水したけやきの郷の避難基準であった総雨量３００㎜を超えていた。しかし、「関東地方」という大きな地域で示されると、施設が浸水するという実感はわきにくい。結果的に、川越市で氾濫した入間川の上流である秩父市の台風上陸日の一日降雨量は５１１㎜であり、同等の降雨量がはんらんした河川の上流で記録された。

8　災害時の職員の勤務体制：夜勤職員の増員、近隣に職員の宿泊手配

災害時の職員体制も検討課題である。交代時間が公共交通機関停止期間にあたる場合には、勤務時間の変更をしなければならないことがある。自動車通勤であっても、経路での危険を想定する必要はある。夜

勤体制では特に避難所に同行する職員数を、通常よりどのように増員するかも事前にめどを立てておきたい。家族に若年者や高齢者がいる職員は家にとどまる必要が高まるため、通常勤務を解く配慮も必要になる。

避難所に宿泊する必要はなくても、台風接近時に自宅に帰宅せずに近隣の宿泊施設を利用するスタッフが、避難中の連絡・翌日の出勤・連絡係を担ってくれる場合には、宿泊施設のめども立てておきたい。こういった任務にあたるのは例えば、理事長はじめとした災害対策本部の職員、遠方に居住する職員が想定される。

大規模災害では、職員だけでなく外部支援者の協力も必要である。専門職者には直接対人支援への協力を、地域住民には事務や労働への協力を分担して依頼する準備を行いたい。避難先で臨時に利用者の直接支援に入る要員の依頼先も平時から準備しておきたい。縁故があり利用者の様子をわかっている人を中心に、地域に外部支援者の養成を継続して行う必要があると考える。一方、避難先の近くで事務作業・買い物・洗濯などの後方支援に協力する人材を養成することも有用である。

9　避難訓練スケジュール：訓練開始から避難所での点呼までの所要時間、避難中の過ごし方は課題

入所施設が災害対策本部から避難指示の連絡を受けてから移動するための車への乗車完了までの所要時間、避難先での点呼までの所要時間は見込みを立てて、実際の訓練で確認する。訓練では入所施設と避難先に、それぞれ1名の撮影係を設定し要所要所での行動を撮影すると、撮影時間から所要時間を計測する

表4　避難訓練スケジュール

	予定	グループホーム	入所施設
作業場所への迎え	12：30		
訓練開始 法人災害対策本部から避難指示の連絡	13：00		
支援課長は各寮に避難開始の連絡	13：05		
避難誘導 ・ブレーカー、ガス元栓 ・利用者に避難リュックをもたせる ・マイクロバスに誘導 ・職員は非常用リュック・携帯品を持参	13：10		
乗車開始			12：40
乗車完了（点呼）	13：15		13：10
最終車両の出発			13：15
避難所到着	13：30	13：15 物資トラック到着 13：18-13：22　8台到着	
避難所責任者への到着の連絡（避難者一覧、責任者連絡先）			
部屋に移動開始		13：41	13：27
部屋に移動終了	13：45	13：45	13：27- 13：35
（館長によるあいさつ）		14：07	
部屋退出開始		14：14	
部屋退出終了			14：25
避難所出発			
帰着	15：00		
避難リュックを戻す			
訓練の振り返り			

ことができる（表4）。

また、避難所での滞在中に何をして過ごすかも事前に考えられるとよい。通常の日中活動ができないことに利用者は不安を感じ、混乱する場合もあるからである。けやきの郷では、避難場所での滞在時間約1時間を想定した訓練から始め、活動の内容は缶コーヒーを飲むことと、必要な者はトイレに行くことだけにとどめた。滞在中の活動を食事、宿泊に拡大し、円滑な避難生活のための準備をすることは、今後の課題である。

10 持ち出し荷物

水害の避難先では、一般に食事や滞在のための物品は自主的に調達する。指定避難所には飲食料品や毛布などの備蓄がある場合が多いが、設置運営の具体的な方法が整っているとは限らない。そこで、避難を予想する者は、避難先が自主避難所であれ指定避難所であれ、あらかじめ1～2泊の滞在に必要な物品を自分で準備して持ち込むのが安全である。施設からの避難の場合は、荷物が多いので事前に搬入と保管を避難所に依頼したり、避難先の備品で借用できるものも確認しておきたい。

災害が確定すると、災害救助法の規定により自治体により食事は一日１０００円程度、滞在のための物品・光熱費は一日３３０円程度の規定額の中で執行できる。障害特性により特殊な食べ物や物資が必要な場合には、事前に自治体担当部門に申し出ておかないと調達に時間を要する。

(1) 法人の持ち出し荷物：布団の手配は要検討

けやきの郷の避難訓練で法人からの持ち出し荷物は以下に示した通りで、法人のトラックで輸送した（表5）。第1回目の避難訓練では避難先での滞在時間を1時間と設定したため、食事や宿泊に必要な物品の選別は、これから行う。持ち出し荷物のうち避難所設営に必要なブルーシート・養生テープ・文具・部屋割り表・毛布・飲食料品の一部は、利用者の移動に先立って避難所に運び込み、避難先の倉庫などに前日から保管を依頼することもできると考える。

2019年台風19号の際には、敷布団の代わりに毛布を使い、タオルケットをかけて寝た。急な手配に布団のレンタル業者は、配達が間にあわなかったためである。布団の調達については、業者からレンタルする、簡易マットを備蓄する、簡易ベッドを手配するなどの方法の検討が必要である。特に、褥瘡《じょくそう》ができやすい利用者については、事前に準備したマットあるいは簡易ベッドを事前に持ち込み、就寝場所も決めておくことが望まし

表5　日帰り避難訓練での法人持ち出し荷物（先発物資トラック）

チェック欄	荷　物
	毛布　4箱80枚
	水、缶コーヒー
	ブルーシート、キャンプ用マット
	養生テープ、ガムテープ、文具（はさみ、マジック、ボールペン、ごみ袋）
	部屋割り表（表1）
	名簿
	避難者リスト（表2）
	体温計、血圧計
	金庫の中のお金、重要書類、業務日誌

い。図8の奥のブルーシートには養生テープで一人当たりの区画を示し、真ん中に区画番号をはった。ただし、行動障害がある利用者がこれらの機器を安全に使えるかは事前に検討を要する。また、保管・搬入・準備の便宜により選択する。

安価なキャンプ用マット（500~800円程度）は、床に直接に寝るよりは保温性に富み床反発力は低いと推測されるが、褥瘡予防にどの程度の効果があるかは不明である。一方、簡易エアーマット（図9、2000円以内）は褥瘡予防のためのマットレスよりも床反発力が低いことは実証されている。ふくらますのに5分程度かかる。折り畳み式のキャンプ用ベッドは携帯性に優れ床反発力も低い。[2)] エアーベッド（図10）は床反発力は低いが、重量は5kg程度ある。段ボールベッドは自治体に若干の備蓄があることもあるが床反発力は高いので布団も必要となる。

通常のスケジュールと違う活動であることに混乱した利用者は入所施設5名程度、グループホーム1名あったため、廊下の一角の休憩スペースに誘導し、倉庫のホワイトボードで仕切った。図11のような携帯式の簡易テントで休憩スペースを作ることも有意義と考える。

(2) 利用者と職員の持ち出し荷物

各利用者と職員がリュックに入れて持ち出す荷物として用意した物品を表6・7に示した。

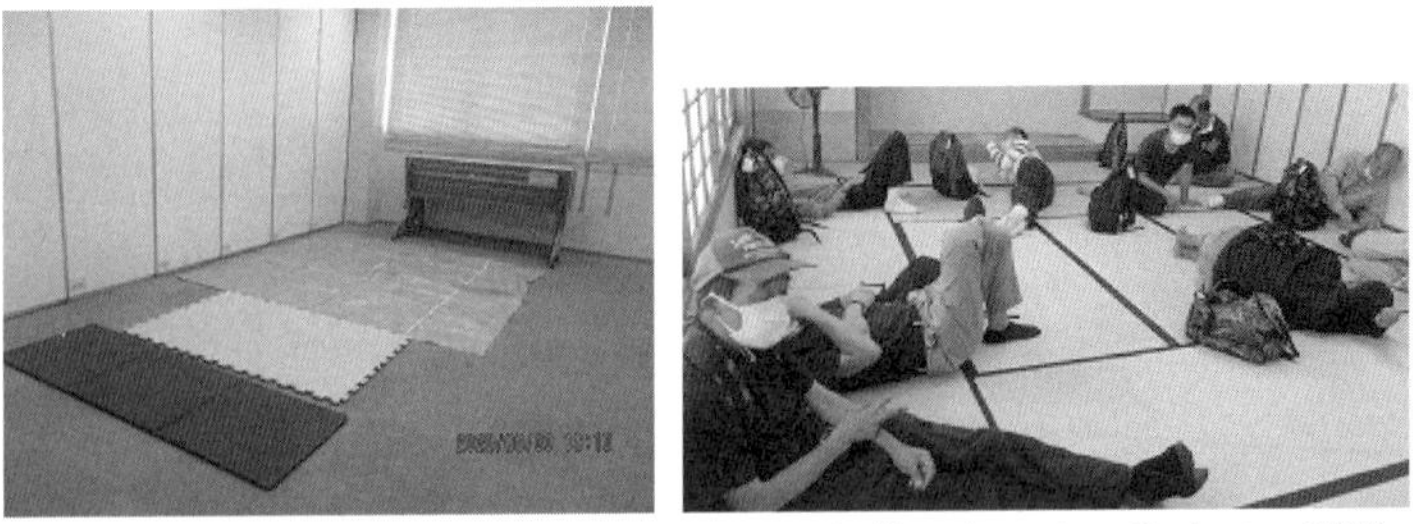

図 8　左：会議室にブルーシート、マットを敷いた　右：和室での避難

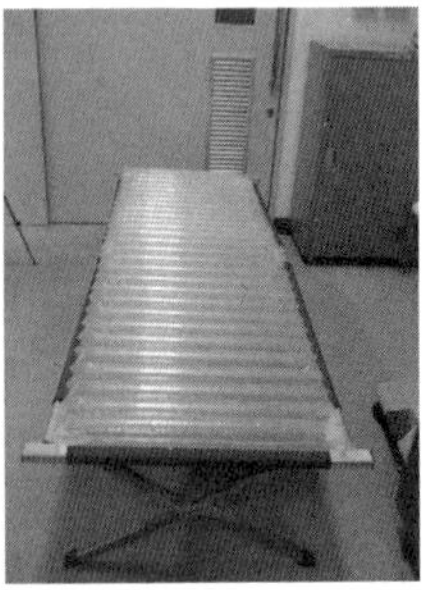

図 9　キャンプベッドの上に簡易エアーマットを敷いた

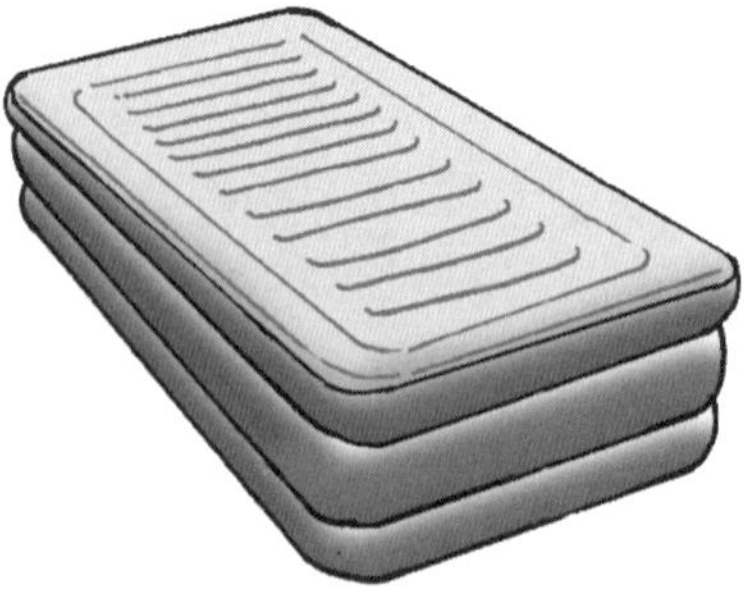

図 10　エアーベッド

図 11　ひなんルーム（不織布製で軽くて比較的安価）

表6　利用者の持ち出し荷物

チェック欄	荷　物
	リュック
	携帯電話、充電器
	着替え（下着、靴下、Tシャツ）
	タオル
	マスク、消毒薬
	飲料用のペットボトル
	軍手
	レインコート
	歯ブラシセット、タオル
	ティッシュ、ウエットティッシュ
	笛
	トイレットペーパー
	おむつ・生理用品（必要な人）
	スリッパ
	帽子

表7　グループホーム担当者の持ち出しリュック

チェック欄	荷　物
	懐中電灯、予備電池
	電池式携帯ラジオ、（電池式携帯テレビ）
	筆記具（ボールペン、油性ペン）
	衛生用品（ばんそうこう、消毒薬、ガーゼ、テープ、包帯、三角巾）
	ラップ、手指消毒剤、マスク1箱、使い捨て手袋1箱、メモ用紙、小型はさみ、ごみ袋大、ティッシュ、ビニール袋
	タオル、バスタオル
	軍手、ライター（マッチ）

(3) 避難所での食事

水害の場合に、避難者に1日目から食事が提供されることは期待できない。大型台風では、台風上陸前日からコンビニエンスストアの食品は売り切れることが多い。そこで、夕食の弁当、翌日の朝食のパン、翌日の昼食と飲み物は事前に準備するのが安心である。避難先に配達してくれる業者を探す方法もある。避難所の調理室が使える場合には、食材を持ち込む方法もある。避難先で2泊する必要性が見込まれる場合には、自治体や支援者に食事や必要物資の提供を依頼できるかの相談も事前に行っておきたい。

11 避難所の設営準備：2名で1時間（4名なら30分）

移動後直ちに避難者が部屋に落ち着くためには、利用者の到着前に避難先での設営準備もしてあるとよい（表8）。けやきの郷の避難訓練では、ボランティア2名が避難者到着予定時刻の1時間前に避難所に到着し、準備を行った。利用者の誘導と物資輸送にあたる必要のない職員がいる場合は、早く出発して避難所の設営準備を行うことを勧めたい。5つの部屋と廊下に一人ずつ配置できれば、10分程度で設営準備は終了することが見込める。

この役割は職員である必要はなく、近隣または避難先を使い慣れている地域住民が適任と考える。川越市社会福祉協議会が主催する災害ボランティアセンターや地域組織にも人員手配に関して協力を打診し、避難訓練への参加を依頼したい。

表8　避難所の設営準備項目

・避難先の台車の場所を確認
・鍵開け（講座室では、使わない室内のカギは施錠しガムテープなどで固定しておく）
・空調設定（図3、各部屋のパネルは設定時には隠さなかった）
・掲示物の撤去（図3）
・危険物を隠す（図3）：設営時には、非常ベル、非常階段のカギ、使用しない講座室の後ろのカギなど危険な場所だけ隠した。訓練では、掲示物や危険物の前には、職員が立っているようにしたこともあり、近づく避難者はいなかった。
・個別スペースの作成（図11）
・靴置き場の設定（図2-3の枠）
・部屋割表の掲示（図2-1、表1）
・ブルーシートを敷く（図8）
・机とイスを配置する（図4）
・倉庫の確認（図2-2）
・調理室の確認（図5、6、7）
更に、
・事務スペースの設定、ごみ袋の設置
・トイレに移動するためのスリッパの設置（図2-3のスリッパ）なども事前にできる。

12　避難訓練の頻度

利用者が避難行動に慣れるには1か月に1回程度、繰り返して訓練することが有効と考える。かつてけやきの郷の入所施設では、夜間想定の火災訓練を利用者も参加して毎月行った結果、「当初は避難訓練のために昼間の作業が1時間ほど早く終わることについて『なんでここ（作業所でなく入所施設）にいなくちゃいけないんだ』と怒る利用者もあったが、1年後には慣れて『『避難訓練だ』と理解した』と推測されたことが報告されている。[3)]

しかし、避難訓練の目的を避

難手順の定着だけだと考えると、避難訓練は利用者にも職員にも負担になると推測される。施設の浸水は、そう頻繁に起こるとは予想しにくいからである。

利用者の安定した日常生活を避難訓練はかく乱するので、その負担の成果が避難手順の定着以外にもあれば訓練を行う動機づけが強まると考える。そこで地域及び社会との連携を高める活動として、避難訓練を位置づけることを提案する。例えば、訓練を地域と共同で行い避難生活中に助け合う方法を協議する、訓練に避難所近隣の地域住民や避難所を平時に頻繁に利用している団体にも参加してもらう、避難先及びその地域のイベントへの参加を訓練の一部に取り入れる等が考えられる。

また、すでに、令和元年東日本台風については新聞・テレビで紹介され、けやきの郷への講演依頼は1年間で7回を数えた。被災経験をいかした避難訓練の実施について、職員全員が先駆者になり国内外の障害福祉施設への伝道者となることを期待する。

13　分散型避難訓練モデル

今後の避難訓練に追加するメニュー案を次にあげる。

(1)　ブルーシートに枠を書き込む：法人内で職員により実施可能

①ブルーシート1枚につき2名以上を配置する目算で。

②ブルーシートに、マジック（シート数分、部屋ごとにマジックの色を変えてもよい）で書き込む。
・2020年9月の訓練では、紙テープでブルーシートに1×2mの区切りを示した。
・ブルーシートでは紙テープははがれてしまうこともあるため、マジックで一人当たりの区画を書き込むのでもよい。
・最初に、方眼紙上で予定図を書いて配置及び一人あたりの区画を決める。
・そのまま会議室などに敷けるように、部屋番号、置く方向なども書き込んでおく。「他の目的に使うときに、区画は邪魔になるか?」を考えて準備する。

(2) **避難訓練不参加職員による避難先見学及び設営訓練**

・不参加職員、設営ボランティア候補を対象とする。
・計画書を避難先に出し、職員の参加・見学も歓迎する。
・講師は、前回の避難訓練に参加した職員とする。
・時間は1時間程度でとどめる。
・避難先で避難が想定される部屋を一部屋予約する。可能であれば避難が想定される別の大きさの部屋も一部屋予約する。
・駐車場、部屋、設備、備品の確認をする。公共施設の清掃日であれば、使用中の部屋はない。

・区画を書いたブルーシートをもち込み、食事のために机とイスをどう並べるとよいかを検討。
・配置したブルーシート、机、イスの写真を撮影し、避難計画書に追加する。
・調理室を借りて、炊き出し訓練をすることもできる。

(3) 利用者の滞在・宿泊訓練

・２０１９年台風19号の際に自主避難所に宿泊した職員から、過ごし方やあらかじめ準備しておけばよかったことは何かを聞く。
・宿泊訓練の目的と必要性をどう考えるか、まず、職員間で意見交換する。
※以前は冠水程度の場合に、一泊の宿泊体験をして、今後に備えていた。

(4) 地域に根づくためにも避難先施設の行事に利用者と職員で参加

・休日イベントとして個人単位でもよい（地域の参加者に法人のことを知ってもらうことも目的とする）。
・避難先施設の行事に、どんなものがあるかを知っておく（どの使用団体から協力を得やすいかを知ることを目的とする）。

(5) 近隣住民の避難支援・情報提供

近隣の住民も、床上浸水が見込まれる場合には避難が必須である。共に災害準備に取り組むことも提案したい。

例えば、以下のようなことである。

・災害発生に際して、法人が収集した災害情報や避難判断を共有する。
・利用者が避難する時に車の席に余裕があれば同乗を誘う。
・避難先の調理室と湯沸かし室の設備をほかの自主避難者と共同で使用する方法を考える。
・法人の災害記録、準備状況を簡単なチラシなどやフェイスブックなどで共有する。

(6) 利用者の混乱を減らすために

利用者をよく知る職員からの提案を募集する。

例えば、以下のようなことが考えられる。

・「昼食が早いとどこかに行く」という経験を隔月程度に行う。
・避難先の部屋で過ごすイベントを、全員でなく部屋単位で行う。

謝辞

掲載した一部の写真撮影と記録作成は、白神晃子講師（立正大学社会福祉学部）にご協力いただきました。

ここに、感謝の意を表します。

引用文献

1）須田初枝、阿部叔子、佐々木敏宏、水野努、北村弥生、河村宏．成人自閉症者入所施設における水害経験．国リハ紀要．26：25-30，2005．

2）北村弥生、広瀬秀行．脊髄損傷者に対する避難所における褥瘡予防プログラムの開発と評価：接触圧の観点から．国リハ紀要．35：13-18，2014．

3）北村弥生、久保義和、河村宏．重度自閉症者施設における火災避難計画の作成と効果．国リハ紀要．26：1-8，2005．

２０１９年、２０２０年の記録

法人がどう動いたか―理事長阿部叔子の日誌から―

２０１９年10月14日（月）

・災害対策本部の立ち上げ

「まほろば」研修ホールを事業所責任者全員の事務所とし、災害対策本部を「まほろば」に置く。

台風10号による壊滅状態の中、ただ一つ残った「まほろば」のホールをけやきの郷全体の「仕事場」とし、この日、管理職の職員で「災害対策本部　本部長―阿部理事長、副本部長―内山総務課長（当時）」を立ち上げ、毎日午後４時半から会議を行い、情報共有と問題点の整理・解決を図ることとした。この垣根をとりはらった会議は、職員の結束・自覚・成長に役立ったと思っている。

同時に、発災時より11月末までは、避難場所での支援とともに、それぞれ責任者を配置して、復旧作業―ボランティアの配置・調整、業者及び復旧工事関係に対する担当課との交渉、災害ゴミの整理、利用者の支援の問題を関係各機関と交渉にあたってきた。また、各事業所の職員のシフトの作成には、課長２名があたり、利用者の支援も、まさに「連携」の中で行ってきた。

なお、東日本大震災時より災害にかかわってきた鶴ヶ島市社会福祉協議会菊本圭一事務局次長を復興アドバイザーに迎え、国立障害者リハビリテーションセンター障害福祉研究部適応システム研究室の北村弥生室長からも、連日のように貴重なアドバイスをいただいた。

当日の対策本部会議には、けやきの郷の理事である、埼玉県立大学の新井利民准教授（当時）も参加。多くのアドバイスをいただくとともに、第一回の会議のメモを克明にとってくださった。それを読むと、この第一回会議で、今後のおおよその方向性を、新井理事のアドバイスもあってだが、組み立てていたのがわかる。
・埼玉県発達障害福祉協会より、①ゴミ・片づけボランティア、②各施設への利用者受け入れ。
・県社協より、ＤＷＡＴ（災害派遣福祉チーム）の提案あり。
・川越市障害者施設連絡協議会からも、同様の提案あり。

10月15日（火）

・市長と面会（利用者は、最初に避難した名細市民センターから、川越市立広谷小学校を経て、旧名細公民館に避難していた）
現状を報告するとともに、以下の点を要請。

①　早急な復旧のために、復旧費の補助。
②　この異常気象のもと、これからのことを考えると、今回復旧したとしても、可能な限り早く、安全な場所に移転を考えざるを得ないと思う。少なくとも、入所施設である「初雁の家」だけでも、早急な移転の必要があろう。そのため、移転の公的負担とともに、現在、在宅避難者も含め、復旧・移転するまでの「集団で避難ができる場」の提供、移転のための代替地、移転費用等の公的援助。
③　現在、在宅避難の利用者が半数ほどいるが、この状態が続くと支援費が入らず運営が困難になる。そのための運営費の補償。
④　災害ゴミの処理についての無償化。

今回の水害は1999年8月に続き2度目であるが、反対運動にあった結果、県からのあっせんを受け、市の了解のもと、この場所に建設せざるを得なかった経過がある。いわば、障害者差別の中での建設だったことから、合理的配慮のもと、以上の4つを考えてほしいとの申し入れを行った。

・担当部署と面会
市長に申し入れた事項を報告。同課では、旧名細公民館から川越市総合福祉センター「オアシス」への移転を要請された。「旧名細公民館の衛生状態が悪いこと」を日本赤十字社から指摘されたからとのこと。

1週間のうちに4回の移転！つらい!!

10月16日（水）

・オアシスを見学。体育館を生活の場とし、同じフロアに浴室、トイレ、調理室もあり、それらを使用してもよいとのことなので、初雁の家の利用者の移動を決定（18日移動、21名）。

・グループホームの利用者に関しては、けやきの郷評議員倉嶋元市議がデイサービスを行っていた「あぜ道」を借用することとなり17日移転（12名）。

10月19日（土）

・全日本自閉症支援者協会（全自者協）の松上利男会長、石井啓副会長が視察に来所。

災害の大きさに驚き、11月7、8日に、けやきの郷が主幹施設として、川越市で行われる研究大会開催について協議するが、開催の方向で決定。阿部の記念講演の中で、今回の水害報告を入れることとする。全自者協及び日本自閉症協会は、この見学をもとに募金を呼びかけ、「けやきの水害は、反対運動にあった結果、県・市のあっせんで決まった開設地で生じた人災である。安全な場所への全面支援を」とのアピール文を加盟団体に出し、11月7日の大会でも、この決議を採択することとした。

・この日より11月20日まで、ＤＷＡＴがオアシスの利用者支援に入る。

10月23日（水）

・川越市担当部署を訪問。「応急仮設住宅」をお願いする。

法人としては、利用者の一日も早い復帰、安全な場所への移転を考え、まったくの手探りの状態ではあったが、さまざまな方法・情報を収集していた。

その中で、前年の北海道胆振東部地震で、高齢者施設・障害者施設の「応急仮設から安全な場所への移転」の情報を知り、この方法の選択が、利用者にとっても最速であり、法人の経済的負担の面からも最適ではないかと考え、「応急仮設住宅」を、その候補地も含め提案した。

だが、結果としては、後述のような経緯もあって実現しなかった。

このことは、残念であった。この時点で、応急仮設住宅が認められるか、少なくとも、「可能性がある」と言われれば、「初雁の家」の「復旧」を中止して、2年後の移転の可能性が大きく残っていたからだ。というのも、この時点では、「初雁の家」では、家具等の搬出中で、泥かきもできず、本格的な復旧工事に入ったのは12月になってからだったからである。

そのため、法人としては、以後も、「応急仮設住宅」を求めて、交渉・暗中模索を続けていた。

10月25日（金）

川越いもの子作業所で、利用者4名を受け入れ。1名は、11月からとなった。日中活動にも参加させてくださるとのこと。以後、川越市内の各事業所での利用者受け入れが始まる。感謝しかない!

10月28日(月)

・水害の被害を受けなかった初雁の家の通所のベーカリー班が作業開始。以後、オアシス、あぜ道に、朝食パンを届ける。ベーカリー班は、川越市の中心部周辺にあり難を逃れていた。この困難な中にあって、一つの事業所でも、「日常」を取り戻したのはうれしい。何よりも利用者さんが喜んでいる姿がうれしさを倍増させる。

10月29日(火)

・市長と、2度目の面会

1.福祉避難所の指定、2.集団避難、応急仮設の場の提供 3.移転の公的補助の提供 4.運営費補助の提供　の4点をあらためてお願いする。

後日、移転の公的補助に関しては、「地震のように、地盤が割れるような災害以外は、行政の負担はできない。そのため、移転を考える場合は、通常の国庫補助の手続きで行ってほしい」との連絡が入る。

・「やまびこ製作所」では、2名の自宅からの通所者を受け入れ、職員と利用者とで片付け作業を進める。泥かき、泥まみれ材料の水洗い…利用者さんに大感謝。

10月31日（木）

・川越市に、改修の見積書提出。概算ではあるが、総額9億6千万円となる。その計算だと、自己負担額は、2億にも達する！

11月1日（金）

・全事業所とも、ほぼ、内部の家具等の運びだしを終了。延べ1000人を超えるボランティアのご協力に感謝。ここから、各事業所の本格的な泥かき、清掃が始まる。

11月5日（火）

・ワークセンターが作業開始。場所は、鶴ヶ島市にある、初雁の家のみつばち班の作業所。参加利用者は、27名中24名。皆、再開に大喜び！

本体の建物は泥かき、洗浄等の復旧が始まったばかりだが、利用者の日中活動の必要性を考えての再開である。そう！日中活動こそ、利用者の生きがいなのだ！（本稿、ワークセンターけやき高橋通泰課長の記録参照）

11月7日（木）、8日（金）

・けやきの郷が主幹施設となって、全日本自閉症支援者協会研究大会の全国大会が、川越プリンスホテルで開催された。参加者290名。冒頭、松上利男会長より、「今回の水害は人災であり、移転を含め公的な援助が必要」とのあいさつがあり、けやきの郷にとって、有難い後押しとなった。記念講演で、阿部が、今回の水害について30分ほど説明。松上会長の提案を大会決議とさせていただいた。

・朝日新聞、TBSの取材を受ける。

11月13日（水）

・H設計士を「復旧工事管理者」として、3業者、法人、各事業所長で復旧工程会議。相見積もり、工事写真、工程表の確認。以後、毎月1、3週の水曜日の午前中を工程会議とすることとした。

応急仮設の要望がかなえられれば、初雁の家の復旧工事の着工見送りも考えられるところであったが、要求の実現は今のところ不明である。また、不可能であることがはっきりすれば、自宅待機者のことも考え、一日も早く在宅者の受け入れのために、復旧工事を完成させなければならない。そのため、工事箇所の再確認と工事日程を最大限急いでほしいと要請。

・情報として、集団避難の場として、F小学校（廃校だが、一部、教育委員会が使用）はどうだろうかとの話があった。早速、現場を見学。教室をパーティションで区切り、トイレの改造、お風呂の増設をすれば、生活の場として可能であり、「応急仮設住宅」としても機能するのではないかとの考えから借用を申し出たところ、後日、「学校教育課の許可が必要で、なかなか難しい」との返答あり。

しかしながら、この「廃校を集団避難、応急仮設住宅の場所とする」案は、これからの災害を考えた時、適切な案ではないかと思い、実現にはいたらなかったが、以後、近隣の廃校探しを続けたことを付記する。

11月15日（金）

・埼玉県相談支援専門員協会（ＳＳＡ）日野原雄二代表理事より、在宅者の状況確認と要望等の聞き取りのため、各地域の相談員と行政担当者が在宅者の家庭訪問を行うことを報告。

11月19日（火）

・臨床発達心理士会埼玉支部のメンバー3名が来所。ＳＴ、ＯＴ、ＰＴなどで構成される団体で、オアシスに避難している利用者に日中活動プログラム、職員のメンタルヘルスケア等の提供を申し入れてくれた。日中活動は、具体的に進める予定で合意。

11月21日（木）

・川越市長が、県知事に応急仮設の要請をしたことを聞き、お礼に行く。あらためて、在宅者の問題を話し、一日も早く応急仮設での生活実現を考えてほしいと訴えた。

11月27日（水）

・やまびこ製作所に15名復帰。まだ、電気が復旧していないので、手打ちによりパレット製作を行っているが、売上も少しずつでてきている。

一方、水に浸かってしまったパレットや木材の洗いなど、片づけも平行して行っている。

・県の発障協を通じ、県内の施設からは、利用者93名の受け入れ可能の報告があった。有難い！心から感謝。

11月29日（金）

・担当課と面談。今後の復旧予定について相談。

「応急仮設」については、その後、市からは何の提示もなかったので、けやきの郷としては、独自に復旧を進めざるを得ないだろうとの判断もあり、けやきの郷の復旧スケジュールとして「初雁の家」の復旧が4月になる予定を提示したところ、市から、初めて応急仮設についての具体的な提案として「応急仮設」の完成も4月とするスケジュールを提示された。完成は同時期である。応急仮設を選択すれば、初雁の家の復旧は中止となり、その分、復旧費の負担がなくなる。そこで、初雁の家についても応急仮設の選択も考えたいと再表明した。その際、条件として、入所施設40名全員が入居できることをお願いしたが、担当からは40名は難しく、最初に避難した21名がベースになるだろうと告げられた。今後、この調整がポイントになるとともに、市より「仮に入居すると、入居期間が最長2年間であるため、2年間で移転先の土地をみつけ、補助金を使って施設の再建ができるか。また、申請のためには2週間以内に、土地の候補地、資金計画の提出が必要」と提示された。

市の提示を受け、早急に理事会を開催し、この問題を討議することとした。

・千葉県の自閉症者施設「菜の花会」小林勉理事長、與那嶺泰雄施設長が来所。法人及び保護者会より多額のご寄付をいただく。その際、小林理事長から、「菜の花会は、けやきの郷さんを目指し、けやきの郷さんに励まされて、ここまでやってきました。その感謝の気持ちです」との言葉をいただいた。けやきの郷の存在の重みをあらためて感じ、早期の復旧と利用者への確たる支援の更なる構築への責任を感じ、16時半からの災害対策委員会でこのことを伝えた。連帯の有難さに感謝。また、阿部は、1月26日の、千葉県施設協会主催の「災害を考える会」の講師を頼まれる。

12月2日（月）

・理事会開催。以下の問題を話しあった。

①これまでの経過

②避難所指定の問題

③在宅者の支援費の問題
④応急仮設住宅↓移転の問題
⑤あるいは、復旧後、初雁の家の「安全な場所」への移転の問題
「初雁の家」の安全な場所への移転については全員承認。応急仮設については、40名が入居できることが絶対条件。また、2年間で移転できるかどうかという不安もあるが、40名入居可能の点が解決されれば応急仮設に移転したいとの結論に達した。

12月3日（火）

・担当課と面会。応急仮設について40名全員の受け入れの件について協議するが、確答得られず。
・日本臨床発達心理士会埼玉支部の坂本佳代子臨床心理士ほか4名の臨床心理士が、本日より2月18日まで11回にわたり、主としてレクリエーション活動を通じて利用者支援に参加。一人一人の特性を理解して実施された活動は、利用者にとっても充実した時間となった。

12月4日（水）

・再度、応急仮設について、市に相談に行く。
応急仮設の入居者数については、本日も確認とれず。

利用者の一日も早い移転を考えると、理事会の決定もあり、残念ながらここで断念せざるを得ないと判断。その旨を伝える。

同時に業者に対して、「一日も早い復旧を」と工事の促進をお願いし、以後、急速に復旧工事のピッチが早まった。

12月5日（木）

・初雁の家保護者会。これまでの経過と移転の報告。

12月6日（金）

・茨城県の「梅の里」理事長、施設長、保護者会長夫妻が来所。多額の義援金をいただく。「先輩施設として、けやきの郷さんを見習ってきました」との言葉を頂戴した。あらためて、連帯の有難さをかみしめる。

12月9日（月）

・毎日新聞、埼玉新聞の取材を受ける。

12月11日（水）

・「彩の国すこやかプラザ」にて、県発達障害福祉協会の長岡洋行会長、白石孝之副会長、山路久彦副会長、県社協の鈴木哲也現債権管理センター副センター長に対し、DWATを含め、共助の有難さに対してのお礼を述べるとともに、けやきの郷の復旧状況、利用者の現状を説明。

また、今後の問題として、①集団避難の方法、②応急仮設の必要性、③ハザードマップ上にある施設の移転を考える際に、危険度に応じた公的支援などを協会としても考えてほしいと訴えた。

また、入所施設利用者は要援護者名簿には載っていないので、各施設があらかじめ集団避難の場所を各機関と連携をとり用意しておくことが不可欠であることも提案した。長岡会長は、「会員施設は、次は自分たちも同じ状況に立たされるかもしれないという危機感もあって、けやきの郷の援助に入っている」ということだけでなく、「災害時の施設の運営費、人件費の問題も今後、考慮しなければならない大きな問題である」ことに言及してくれた。

12月16日（金）

・初雁の家の利用者の「一日も早く安全な場所への移転」を考え、「初雁の家移転計画建設委員会」を設置。

・グループホーム「あかつき寮」「七草の家」仮開所で、14名が入居。

12月18日（水）

・建設委員会会議開催。

12月24日（火）

・川越市指導監査課による監査。

オアシス、やまびこ、あぜ道を査察。在宅者の場合の記録のとり方等を指導される。

・建設委員会会議

それぞれの委員から、更に具体的に建設内容を提案―地域のために必要な施設であること、災害の場合、地域を含めた避難場所であること、けやきの郷の理念も確認し、共生社会の実現をめざした施設であることで一致。

12月25日（水）

・国立障害者リハビリテーションセンター障害福祉研究部社会適応システム開発研究室の北村室長と、東京女子大学の前川あさ美教授（心理学）が来所。管理職に対してのメンタルヘルスケアを行う。

12月26日（木）

・日本自閉症協会より多額の義援金が振り込まれた。加盟施設である福岡県の「志摩学園」からも励ましの電話があり、涙がこぼれた。

（12月30日～1月5日までは冬休み。阿部は、1月4日夜より、38度の発熱・せき・胸痛・下痢で、13日まで仕事ができなかった。疲労も重なり、風邪が長引いたと思われる。）

2020年1月15日（水）

・工程会議。順調に復旧が進んでいることを確認。

・日本自閉症協会の大岡事務局長より、シンガポールの財団から寄付があるとのこと。初雁の家の厨房機器をお願いすることとする。

・4月の復旧をめざし、利用者の復帰も視野に入れた動きをしないといけない。そのため、オアシスの体育館にパーティションを設置することとし、選定したパーティションの設置を、障害者福祉課に依頼。

・AAR Japanより、援助の申し出があり、初雁の家の厨房機器を依頼する。

・国庫補助金交付のための実地調査が3月に入ることになった（この実地調査は、「コロナ」のため、7月27日まで延期となった）。

1月16日（木）

・全日本自閉症支援者協会（全自者協）より、多額の寄付が振り込まれる。仲間である自閉症施設の方たちの応援は、言葉がないほど有難く感謝でいっぱいである。

1月22日（水）

・施設整備についてのスケジュールと補助金額について、川越市より説明がある。

1月25日（土）

・初雁の家の田崎久美子副事業所長が、太田ステージ研究会の発表会で、今回の災害における利用者の状況について講演。

1月26日（日）

・阿部、障害者相談・地域支援センターけやき水野センター長、内山総務課長（当時）が、千葉県知的障害者福祉協会主催の「災害の報告会」に出席。５００名の保護者、施設関係者にプレゼンテーションする。

1月29日（水）

・工程会議。各施設とも、2月下旬～3月上旬に消防検査終了の見込みが立つ。

1月30日（木）

・工程会議の結果を受け、川越市内の各施設（ともいき会、川越いもの子作業所、川越親愛センター、親愛南の里、川越にじの会）を訪問。利用者受け入れについてのお礼とともに、利用者と面会し、今後の見通しについて説明。各施設とも4月の復旧が見えてきたことを喜んでくれるとともに、やはり、「いつ災害にあってもおかしくない」ということで、共助と準備の重要性を共有できたことはうれしいことであった。

1月31日（金）

・市より、オアシスにパーティションを2月1日に設置するとの報告あり。

2月6日（木）

・彩の国すこやかプラザにて、日本信号株式会社より、義援金1００万円の贈呈式。感謝状贈呈とお礼のスピーチを阿部が行う（7日の埼玉新聞に掲載）。

授賞式の後、県発障協の長岡会長に、復興状況について報告。長岡会長より、発障協として「特別災害委員会」を作る計画があるので、是非協力していただきたい旨のお誘いがあった。

2月13日（木）

・午後、川越市の福祉部長以下、障害者福祉課副課長、高齢いきがい課長4名が、初雁の家、グループホームの復旧状況を視察。

2月14日（金）

・19時より、川越市障害者福祉施設連絡協議会の新年懇親会がウエスタ川越で開催される。市内の施設より、100余名参加。社会福祉法人皆の郷川越いもの子作業所の大畠施設長の挨拶も、社会福祉法人川越にじの会高橋施設長の挨拶も、「けやきの復興のために」が中心であった。みんな、けやきの復興を心から願っている。それは、志を同じくする仲間だからだよ、というメッセージ！

3月4日（水）

・設計士による全施設の検査完了。いくつかの手直しあり。
・埼玉県発達障害福祉協会より多額の義援金の通知を受け取る。心より感謝。
・日本自閉症協会大岡事務局長より、シンガポールの財団から寄付金の振り込みがあったとの連絡あり（初雁の調理器具にあてる予定)。感謝。

3月19日(木)

・オリックス株式会社、公益財団法人オリックス宮内財団より、乗用車1台寄付。県社協にて贈呈式。

3月21日(土)

・日本自閉症協会市川宏伸会長以下、厚生労働省の災害対策研究班のメンバー3名が来所。今回の水害の経緯、問題点等を報告する。

3月23日(月)

・グループホーム「潮寮」「第二潮寮」「しらこばとの家」の復旧が終了し、入居可能となった。「あぜ道」に仮住まいしていた利用者、自宅待機していた利用者が復帰。仮入居していた「あかつき寮」の復旧工事が4月よりはじまるため、「あかつき寮」の利用者が「あぜ道」に移動。「あかつき寮」の工事は、6月に完了の予定。

3月24日（火）

・川越市総合福祉センター「オアシス」の体育館を10月18日より利用していた者が、明日、25日、「初雁の家」に復帰する。オアシスの管理者、川越市担当職員と、けやきの郷の利用者代表2名、阿部他職員8名で感謝の会を開く。利用者が製作した「くす玉」等を招待客にプレゼントした。

3月25日（水）

・16時、「オアシス」に避難していた初雁の家利用者と他施設利用者が、復旧した初雁の家に復帰。オアシスでは「元気でね」のはり紙を玄関ポーチに飾り、職員総出で送り出してくれた。初雁の家では、「お帰りなさい」の花飾りで迎え入れる。その様子を、埼玉新聞、東京新聞が取材。また、同じく被災した特別養護老人ホーム川越キングスガーデンさんより、復帰を祝して、飾り花2基をいただく。感無量！　法人としては、今まで利用者を受け入れてくれていた施設ほか、関係施設・機関に、直接お礼の電話をする。

3月30日（月）

・川越市長に面会。

無事、初雁の家、グループホームが復旧し、利用者が復帰できたことについてお礼を申し上げるとともに、課題となっている「集団避難」「初雁の家の移転」についての援助を要請。

3月31日（火）

・この日をもって、「けやきの郷災害対策本部」を解散する。2月当初より騒がれ始めた新型コロナウイルス感染拡大に伴い、「コロナ対策本部」を立ち上げた。

4月1日（水）

・初雁の家、やまびこ製作所、ワークセンターけやき、グループホームの事務所機能は、元の場所に移動。「まほろば」に残るのは本部だけとなった。本部が初雁の家の事務室に移動できないのは、ネット環境が整備されていないのが理由である。

5月10日（日）

・東京新聞に「こちら特報部―重なる試練」の記事が掲載された。4月中旬より、「水害、コロナ」の重なる試練について、電話・メールによる取材を受けていた。テーマは「自助頼み『日本の縮図』」。今まで、コロナ感染症対策が必要になってから高齢者施設への言及はあっても、障害者施設に対しては、どのメディアもほとんど触れず、いわば「忘れられた存在」であったと思う。その意味では、「障害者施設」に焦点をあてた取材は、おそらく初めてだろうから、意義のあるものと思う。また、この記事は次週、中日新聞にも掲載され、読者から、早速、義援金、消毒液等の寄付の申し入れがあった。その反響の大きさに驚くとともに、感謝の気持ちでいっぱいになった。

6月1日（月）

・本部、初雁の家事務室に引っ越し。「やっとここまできたか」との思い。机は全部新しい、とはいっても、中古屋から買ったもので、まだ慣じめない。でも、今日から利用者と同じお昼の給食が食べられる。コンビニから買ってこなくてもよいので、ほっと一安心。

6月23日（火）

・グループホーム「あかつき寮」の完了検査終了。これで、水害を受けたすべての施設の復旧が終わった。利用者は、26日（金）に「あぜ道」から移動。

6月30日（火）

・「あぜ道」から、すべて引き上げ。建物の復旧、利用者の復帰も、これですべて終了となる。ただ固定電話の復旧は完了せず、7月中旬となる予定。

以上、水害にあってからの、けやきの郷の法人・職員・利用者と一体となった「経過」を、日時を追って記した。この経過の中から、今後の課題は、自ずからみえてきた。けやきの郷各職員が、すでに記しているところではあるが、最後にあらためて追記する。

① 障害者支援施設「初雁の家」の水害の危険のない安全な場所への移転
② 着工寸前であった「高齢化対応グループホーム」の問題
③ 避難計画の見直し
④ 避難場所の確保—避難に際しては、障害に対応した避難所を用意すること—集団避難の問題
⑤ 同右にもとづく避難訓練
⑥ 地域への啓発、地域を巻き込んでの災害対策—安心安全なまちづくり
⑦ 「応急仮設」の問題—施設の災害復旧が長期化する場合に対しては、すみやかに「応急仮設」を用意し、再建を保証することを行政に要請
⑧ 公的補助—危険地域にある施設に関しては、公有地を提供し、移転の費用を国庫負担とすることの訴え
⑨ 利用者が避難している期間の運営費の保障
⑩ 「共助」への発信—助けられた者として、助ける立場に

以上を、課題及び要望としてあげたい。

以上、記す中で、２０２０年７月５日の熊本県をはじめ、九州地方を襲った「線状降水帯」による「洪水」の惨状に言葉を失っている。

「線状降水帯」をもたらした「地球温暖化」の問題なくして、今後の課題は語れないだろう。また、「障害者・高齢者差別」の見本のような、あの熊本県の「特別養護老人ホーム」の立地の問題なくして、今後の課題は語れないだろう。

「温暖化」に対しては、世界の英知に任せるとしても、「立地」の問題は前述のとおりである。

実は、このほど、国土交通省が、「危険地域にある福祉施設の安全な場所への移転を進めることと、この移転にともなう費用の３分の１の補助」を決定すると聞いた。詳細については承知していないが、事実とすれば、私たちの陳情が国を動かしたことになる。

あらためて、障害者・高齢者差別の観点から、「ともに生きる社会」のために、以上を報告、提案するものである。とともに、共助の力、励ましのことば、尊い義援金をお寄せくださったすべての皆さまに、あらためて心から感謝申し上げます。

（付記）阿部もまた、台風19号の直接の被災者の一人である。阿部の生活するケアハウス「主の園」もまた、1階が水没、3月まで避難生活を余儀なくされた。ほとんど着の身着のまま、10月14日に脱出、けやきの郷利用者・職員と合流、災害対策本部を立ち上げ、以後は特養にお世話になった。夜中近くに帰宅することもあった阿部に、いつも温かい食事を用意してくださった特養の方々に感謝するとともに、「被災」を身をもって体感したからこそ、「命を守ること」の本質的な意味を、この記録から読みとっていただきたいと切に願っている。

むすびにかえて

障害のある人たちが同じ苦境に立たされぬよう、地域のための語り部となる

社会福祉法人けやきの郷 総務部長　内山智裕

社会福祉法人けやきの郷では、重度の知的障害を伴う自閉症の人が75名生活し、車椅子ユーザーが3名いる。皆障害は重く、日常生活では24時間支援が必要な人たちである。重度の障害のある人が台風による風水害で被災したら――その現実を私たちは２０１９年の10月に目の当たりにした。

「令和元年東日本台風」と命名された大型台風によって被災した私たち法人の経験は、想

像をはるかに上回る困難の連続だった。事前避難、避難生活、施設復旧、復興、移転計画のいずれにおいても一筋縄では進まず、一進一退を繰り返し不安と混迷の毎日を過ごした。希望通りに進まず頓挫したことも少なくない。知的障害を伴う自閉症の人たちにとって避難（生活）は、避難といえども突然の環境の変化をともない、それこそ〃災害〃であったと思う。

この経験と被災記録をもとに私は検証を繰り返した。私たちの判断の甘さ、迷い、知識不足は拭えない。この辛酸をなめる思いは今、同じ苦境に立たされる障害のある人たちを生まないために、何ができるか、に変わりつつある。

防災・減災は〃避難〃から始まる。が、重度の障害のある人たちには、安心して〃避難〃できる場所がこの地域の中にあるのだろうか、災害時にも必要な支援を常時受けることができるだろうか、と今現在も心配が絶えない。重度の障害がある人にとって、環境の変化は生命に直結する問題となりえるからである。

水害の場合、考えるべきことは。①避難する必要があるか、②その場合、どこに、誰と避難するか、③移動手段はどうするか、④避難（生活）で必要な支援をどうするか、⑤支援者をどう確保するか、等々がある。

人によって支援の必要性が異なるために、個別性が高くなる。これらの点を網羅し安心して避難（生活）につなげるためには、福祉の果たす役割が大きい。今後は、サービス等利用計画などにおいて利用者の障害の差異を考慮し個別に定める必要性が求められるだろう。

一方で、市区町村は障害のある人の防災に向け「要配慮者名簿」と個別計画の作成を進めているが、私たちのような障害者支援施設の場合、名簿の対象に含まれず、施設の管理者等に避難確保計画の作成と訓練が義務づけられている。

入所施設等にとって避難場所確保の課題は切実である。一次避難でさえ、体育館でよいわけではない。しかも即席にできるほど環境整備は簡単なことではない。地域のどこに避難しても安心できるようにするためには、翻って障害の有無に関係なく安心してくらせるまち作りが欠かせない。これは、多くの障害者施設が行政と手を携えて進めてきた地域共生社会作りそのものではないか。被災して痛感したのは、このことだった。

折しも今般の被災で、障害と災害時支援研究の世界的な第一人者である北村弥生先生との出会いがあった。

北村先生によれば、世界的に見ると日本は自然災害大国で、日本で生じる激甚災害の経験は人類のための遺産なのだという。「激甚災害で被災し亡くなられた方もおられる中、被災者にとってみれば苦しく、気持ちの整理すら簡単にはゆかない過酷な現実ではあるが、被災した人にしか知り得ないことがあり、同じ災難を繰り返さないよう人智を結集させ、人のため、地域のために語り部になりなさい」という教訓を頂戴した。

日本で自然災害は、はるか昔からある。けやきの郷も川越市平塚地区に古くからくらし続ける地域住民の語り部によって、洪水がある地域であることを知った。そして、土地を1・5ｍかさ上げして施設を建てた。過去に洪水があったこの土地にしか、施設を建てることができなかったのは本文に詳しい。備えていたにもかかわらず、水害にあった。これが自然災害である。自然災害は人智を超えて起こる。これもまた、昔から変わらない教えの一つである。

被災経験を語り、多くの方の知恵と力、ご支援を賜りながら一歩ずつ歩を進めるほかない。一朝一夕に自然災害をなくすなど不可能だからだ。

今回の被災では、多くの方のご支援をいただき、復旧までようやくたどり着くことができた、というのが正直なところである。あらためて、ご尽力いただいた皆様に、そしてご寄付くださいました方々に深く感謝申し上げます。また、本書にご寄稿を頂戴した皆様は、けやきの郷の被災に心を砕き先頭に立ってご支援くださった方々である。この場をお借りして重ねて感謝申し上げるとともに、その支援者の思いを乗せたこの本を多くの方に読んでいただけることを切に願っている。

災害で苦しむことのないように、障害があってもなくても。

私たちが命を守るためにしたこと

2019年台風19号、障害者施設〝けやきの郷《さと》〟の記録

2021年6月14日　第1版第1刷発行

編　　著　　社会福祉法人けやきの郷《さと》
発 行 者　　加藤　勝博
発 行 所　　株式会社 ジアース教育新社
〒101-0054　東京都千代田区神田錦町1-23 宗保第2ビル
TEL：03-5282-7183　FAX：03-5282-7892
E-mail：info@kyoikushinsha.co.jp
URL：https//www.kyoikushinsha.co.jp/

■表紙・本文デザイン　小林峰子（アトリエ・ポケット）
■口絵デザイン　小笠原准子（アトム☆スタジオ）
■編集協力　大熊文子
■印刷・製本　三美印刷株式会社
Printed in Japan
ISBN978-4-86371-588-2
○定価はカバーに表示してあります。